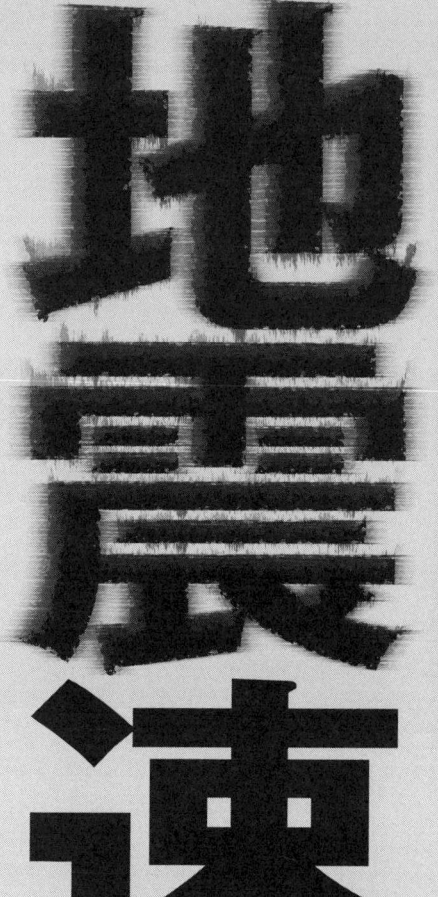

緊急地震速報

― 揺れる前にできること ―

監修
東京大学教授 生産技術研究所
目黒公郎
NPO法人 リアルタイム地震情報利用協議会 専務理事
藤縄幸雄

東京法令出版

序

　日本は世界でも有数の地震大国です。歴史上繰り返し地震被害を受けてきました。そして、近い将来、東海、東南海、南海地震をはじめとした巨大地震の発生が予想されています。国全体で適切な対策を採らなければ、国民が安心で安全な生活を営み、国が持続的に発展していくことはできません。

　本書が取り上げる「緊急地震速報」は、揺れが来る前に地震の到来を知らせる画期的なシステムです。日本の優れた科学技術と整備された地震観測網があってはじめて実現したものであり、世界にも先例がありません。これにより、揺れが来る前に先んじて対策を打つことが可能となりました。日本の科学者が約40年前に描いた夢が、実現したのです。その上日本では、若者の理科離れが危惧されていますが、緊急地震速報が理科教育の一環としても役に立つと期待しています。

　ただし、このシステムを最大限に活用するには、正確な理解が不可欠です。本書では、緊急地震速報の特性、利用可能性を述べる一方で、その限界と課題を見据えた議論がなされています。

　これらを踏まえた上で、先進技術が与えてくれた"猶予時間"をどのように活用するかを考えていただきたいのです。国民、行政機関、企業がこの緊急地震速報を自らの危機管理に正確に位置づけ、整備・運用することができれば、地震による被害を減らすことができるのです。

　ご一読していただき、今や国民運動の一つとなりました大規模地震対策の推進に、参加されることを願っています。

　平成19年8月

　　　　　　　リアルタイム地震情報利用協議会会長　有馬朗人

まえがき

　地震大国日本に住む皆さん、そしてその地震多発エリアを対象に防災対策に励んでおられる皆さん、最近地震が多いと思いませんか？現在、日本は地震活動度の高い時期を迎えています。21世紀の前半から半ばまでに、わが国ではマグニチュード8クラスの地震が4、5回、その前後には、兵庫県南部地震や現在発生が危惧されている首都直下地震などのマグニチュード7クラスの地震が40〜50回発生すると思われます。これら一連の地震による被害総額は、条件が悪いと国家予算の2倍をはるかに超える額になることが政府中央防災会議より報告されています。

　このような状況下で、いよいよこの10月から「緊急地震速報」の一般配信が始まります。緊急地震速報とは、地震動のP波とS波の伝播速度の違いを活用して、被害を及ぼす主要動が襲ってくる前に揺れの強さと到達時刻を評価して、これを伝えるものです。

　この情報は、素早く正しく配信され、これを市民が正しく理解し、素早く正しい対応ができれば、被害を大幅に軽減できる可能性があります。しかしそのためには、事前の準備と訓練が不可欠ですし、間違った理解や利用法が取られると、被害を減らすどころかかえって増長してしまう「両刃の剣」の特徴を有しています。

　本書は、緊急地震速報の特徴を理解し、これを最大限効果的に活用していただくために、防災関係者が緊急地震速報を利活用する上でのポイントを、「緊急地震速報の基本的な知識と総論」、「実際の活用事例」、「今後の展望と課題」に分けて解説する、防災関係者の必読書です。

　地震大国日本の地震活動期に生きるひとりの個人として、人々を災害から守る防災関係者として、本書を有効活用し、地震被害の軽減に努めていただきたいと思います。

平成19年8月

東京大学教授 生産技術研究所　目黒　公郎

本書の一部には、文部科学省と独立行政法人防災科学技術研究所が実施しているリーディングプロジェクト「高度即時的地震情報伝達網実用化プロジェクト」による成果を使用しています。

目　次

序　　　　　　　　　リアルタイム地震情報利用協議会会長　　有馬　朗人
まえがき　　　　　　東京大学教授 生産技術研究所　　　　　目黒　公郎

第Ⅰ章　総　論

1．緊急地震速報の一般配信を迎えて
　　理想的な緊急地震速報の利用法とその効果とは？
　　　　　　　　　　　　東京大学教授 生産技術研究所
　　　　　　　　　　　　都市基盤安全工学国際研究センター長　　目黒　公郎……2

2．緊急地震速報とは？　―その仕組み・歴史・現状―
　　　　　　　　　　リアルタイム地震情報利用協議会　専務理事　　藤縄　幸雄……26

3．緊急地震速報―その原理・心得と気象庁の取り組み
　　　　　　　　　　気象庁地震火山部管理課 地震情報企画官　　上垣内　修……48

4．緊急地震速報の精度と今後の地震防災システム
　　　　　　　　　　　　　（独）防災科学技術研究所　　堀内　茂木……58

5．我が国における地震防災対策と緊急地震速報の本格運用に向けての取り組み
　　　　　　　　　　内閣府参事官（地震・火山対策担当）　　池内　幸司……68

6．J-ALERT（全国瞬時警報システム）による緊急地震速報の住民への伝達
　　　　　　　　　　総務省消防庁国民保護室長　　平口　愛一郎……81

第Ⅱ章　緊急地震速報の有効活用に向けて
　　　　　―各方面からの活用に向けての研究・考察

1．自治体（消防）における緊急地震速報の利活用
　　　　　　　　　東京消防庁防災部 震災対策担当副参事　　川村　達彦……90

2．医療機関における緊急地震速報の利活用
　　　　　　　　　（独）国立病院機構　災害医療センター　　堀内　義仁……100

3．学校教育現場における緊急地震速報の有効利用
　　　　　　　　　東北大学大学院教授 工学研究科　　源栄　正人……111

4．精密工場（半導体工場向け等）での利活用
　　　　　　　　　宮城沖電気株式会社 代表取締役社長　　吉岡　献太郎……121

5．建設工事現場における活用―高層住宅建設現場の事例―
　　　　　　鹿島建設㈱ 研究・技術開発本部 小堀研究室 室次長　　宮村　正光
　　　　　　鹿島建設㈱ 技術研究所 都市防災・風環境グループ　　大保　直人……134

6．移動体での利活用（移動体における利用と課題）
　　　　　　　　　NHK放送技術研究所　企画総務担当部長　　伊藤　泰宏……146

7．道路交通における緊急地震速報の利用と課題
　　　　　　　千葉大学大学院教授　工学研究科　山崎　文雄
　　　　　　　千葉大学大学院助教　工学研究科　丸山　喜久‥‥154
8．交通機関（鉄道）での緊急地震速報の利活用
　　　　　　　　　　　㈶鉄道総合技術研究所　芦谷　公稔‥‥165
9．メディア特性をふまえた緊急地震速報伝達のあり方
　　　　　東洋大学社会学部教授 メディアコミュニケーション学科　中村　功‥‥175
10．不特定多数の収容施設・集客施設での利用と課題
　　　　　　　日本大学文理学部 社会学科准教授　中森　広道‥‥188
11．「緊急地震速報の配信システム」に関する活用と課題
　　　　　　　リアルタイム地震情報利用協議会　研究部長　六郷　義典‥‥203

第Ⅲ章　今後の展望と課題
1．緊急地震速報の限界の打破
　　　　　　　リアルタイム地震情報利用協議会　専務理事　藤縄　幸雄‥‥218
2．緊急地震速報の高度利用
　　　　　　　　　　　東京大学教授　地震研究所　堀　宗朗‥‥227
3．津波対策における緊急地震速報の活用―課題整理と低減対策に向けて
　　　　　　　東北大学大学院教授　工学研究科　今村　文彦
　　　　　　　東北大学大学院　　　工学研究科　阿部　郁男‥‥239
4．電力分野における活用のあり方
　　　　　　　　　電源開発㈱ 技術開発センター　有賀　義明‥‥256

第Ⅳ章　資料編
1．一般向け緊急地震速報の利用の心得‥‥‥‥‥‥‥‥‥‥‥270
2．一般向け緊急地震速報の放送における表現の例‥‥‥‥‥‥274

あとがき　　リアルタイム地震情報利用協議会専務理事　藤縄　幸雄

COLUMN

- ●イッツ・コミュニケーションズ㈱‥‥25　　●㈱シーファイブ‥‥47
- ●㈱3Softジャパン‥‥67　　●小田急電鉄㈱‥‥174
- ●東京ケーブルネットワーク㈱‥‥187　　●八重洲地下街㈱‥‥202
- ●NTTコミュニケーションズ㈱‥‥216　　●㈱レスキューナウ‥‥238

第 I 章 総論

1 緊急地震速報の一般配信を迎えて理想的な緊急地震速報の利用法とその効果とは？

東京大学教授
生産技術研究所
都市基盤安全工学
国際研究センター長

目黒 公郎

著者プロフィール
1991年東京大学大学院工学系研究科博士課程修了。工学博士。日本学術振興会特別研究員、東京大学助手、助教授を経て、2004年より現職。専門は都市震災軽減工学。「現場を見る」「実践的な研究」「最重要課題からタックル」がモットー。

目黒研究室 URL http://risk-mg.iis.u-tokyo.ac.jp/index2.htm

1．はじめに

　いよいよこの10月から「緊急地震速報」の一般配信が始まる。著者はこれまでに緊急地震速報の有効性や可能性、そして課題について、次のようないくつかの論文で報告してきた。

　平成16（2004）年9月には、緊急地震速報の有する大きな可能性を伝えるために、事前の適切な準備や体制が整備された上で、同情報が理想的な条件下で活用された場合の人的被害軽減効果を、想定東海地震（M8.0）と想定宮城県沖地震（M7.5）、さらに1995年兵庫県南部地震（M7.3）を対象として紹介した[1]。その中では、想定東海地震では、緊急地震速報がなければ亡くなってしまう死者の8割以上、宮城県沖地震ではその9割以上を重傷や中傷以下の状態に移行できる可能性があることを示した。一方、被災地のほぼ真下で発生した兵庫県南部地震では、1％程度の死者を減らすことが精一杯であったこと、しかし周辺でけがをした人たちに関しては約3,000人が無傷になった可能性を示した。

　平成17（2005）年10月には、物的被害の軽減事例として、同年7月23日16時35分と8月16日11時46分に発生した千葉県北西部地震（M6.0）と宮城県沖地震（M7.2）を対象に、緊急地震速報によるエレベーターの閉じ込め事故回避に関する研究を報告した[2]。検討の結果、千葉県北西部地震では閉じ込め事故が発生した78台中の76台（97％）で、宮城県沖地震では23台のすべての閉じ込め事故を回避できたことを示した。エレベーターの制御では、P波検知システムも効果の高いシステムであるが、この方法では検

知が難しい比較的遠地の地震によって高層ビルのエレベーターに影響が出るような場合でも、緊急地震速報であれば対応可能である。またこれらの報告に先立って、平成16（2004）年2月には、緊急地震速報利用に関する課題についてもまとめている[3]。なお、これらの一連の報告は、平成16年2月25日の緊急地震速報の試験運用に関連して行ったものだ。

　その後気象庁は、試験運用を踏まえ、平成18（2006）年5月に「緊急地震速報の本運用開始に係る検討会」の中間報告[4]をまとめた。そして試験運用から一般利用に向けたステップとして、平成18年8月1日から緊急地震速報の先行的な提供を開始している。ただしこの先行的な提供に当たっては、事前に気象庁が情報の受け手に情報の利用目的等について確認手続きを行っている。理由は緊急地震速報が地震災害の軽減に大きな効果を発揮することが期待される一方で、適切に活用できないと無用の混乱を生じる可能性があるためだ。さらに気象庁は、先の中間報告[4]と先行提供を踏まえ、平成19（2007）年1月に「中間報告以降の進捗状況について（案）[5]」をまとめ、パブリックコメントを受けた後、6ヶ月程度をおいて、いよいよ一般利用を開始する計画を打ち出した。パブリックコメントを受けている期間内の平成19年2月末には、日本民間放送連盟（民放連）が緊急地震速報について、「現状の低い認知度と政府の取り組みが不透明な中で、躊躇を感じざるを得ない」として、秋からの放送は困難との見解を表明するなどの動きもあった。しかし気象庁は、これらの課題の解決への努力を継続しながら、平成19年10月1日より、テレビやラジオ、防災無線などを通じて一般向けに提供を始めることを決定し、政府の中央防災会議でも報告された。

　本書『緊急地震速報―揺れる前にできること―』は、上記のようなこれまでの経緯を踏まえた上で、緊急地震速報が地震被害の軽減に効果的に活用されることを願って企画出版されるものである。さらに本稿は、本書の各章で紹介・解説されている個々の内容について、読者の皆さんに、より深くご理解いただくために、その導入として、緊急地震速報の一般利用を取り巻く様々な課題を整理するものである。

2．緊急地震速報を有効活用するための基本知識
(1)　緊急地震速報に関する最小限の知識
　緊急地震速報を有効活用するためには、言うまでもなく、その意味を理

解していなくてはいけない。理論やシステムの詳細は、本書の他の章に譲るとして、ここでは課題を理解するうえで最低限必要な部分に限って解説する。

地震は地下の断層の破壊現象であるが、この断層の破壊現象は時空間的に広がりを持った現象である。図1に示すように破壊の開始点が震源であり、この真上の地表の点を震央という。震源と震央から私たちのいる場所（これを一般的には観測点という。）までの距離を、それぞれ震源距離と震央距離と呼ぶ。

地震の規模を表すマグニチュード（M）は、断層周辺の応力条件や断層面上に部分的に壊れにくい箇所があったりすることで多少変動するが、基本的には最終的に破壊した断層面の大きさ（面積）による。しかし破壊の開始時点や進展中では断層面の最終的な面積が決定していないので、正確にMを評価することは不可能である。ここに時間と精度とのトレードオフが存在する。

断層面に作用している応力のつりあい条件が乱れると破壊が発生し進展していくが、その破壊箇所からは応力波が四方八方に放射される。この応力波が私たちの位置している場所に伝わると、これが揺れとなって感じられる。

一般の人々は地震の際の揺れを「地震」と呼ぶことが多いが、これは間違いで、「地震動」が正解だ。地震の際の揺れの正体は地震動であり、この地震動は、図1や図2にも示したように、断層から観測点に直接到達す

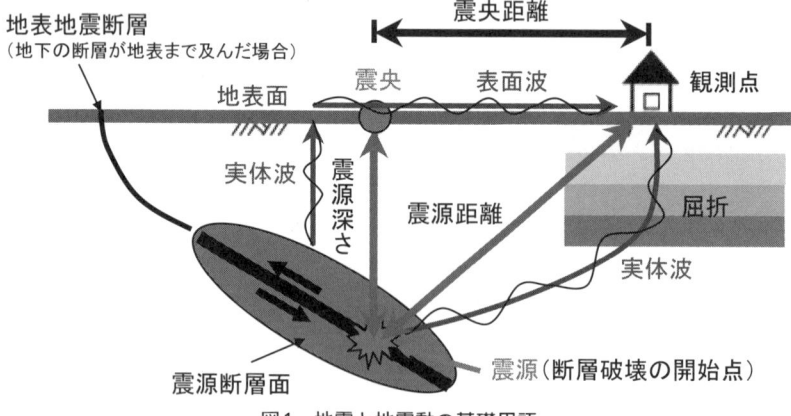

図1 地震と地震動の基礎用語

る「実体波」と、いったん地表に出た後に地表に沿って伝播してくる「表面波」に分けられる。さらに「実体波」はＰ波とＳ波に分けられる。これらの３種類の地震波を地震計で記録すると図３のような波が記録される。この図から、これら３つの地震波の波動伝播速度には差があり、早い方からＰ波＞Ｓ波＞表面波の順であることがわかる。卓越周期は、表面波＞Ｓ波＞Ｐ波の順で長く、卓越周波数はその逆である。

図２にもあるように、Ｐ波は波の進行方向に平行な成分を持つ波で、体積が大きくなったり小さくなったりしながら伝播するので、「粗密波」と呼ばれる。一方Ｓ波は、構造物に被害を及ぼす主因となる揺れで、波の伝播方向に直交する（90度）成分を持つ波である。体積は変化しないで、せん断変形しながら伝播するので「せん断波」と言われることもある。通常実体波は、深い硬い地盤から地表付近のやわらかい地盤に伝わってくる過程で屈折を繰り返すので、少し震央距離が長い地震では、地震動はほぼ真下から伝播してくるようになる。その結果、Ｐ波は上下動として、Ｓ波は水平動として感じられる。図４のように震源距離が短く、観測点の近くで起こった地震の場合には、真下から入射するのではなく、斜め下方向から地震動が入射するので、Ｓ波の上下動成分が大きな上下動を生じさせることになる。

表面波には、ラブ波とレイリー波があるが、これらの卓越周期は長く、

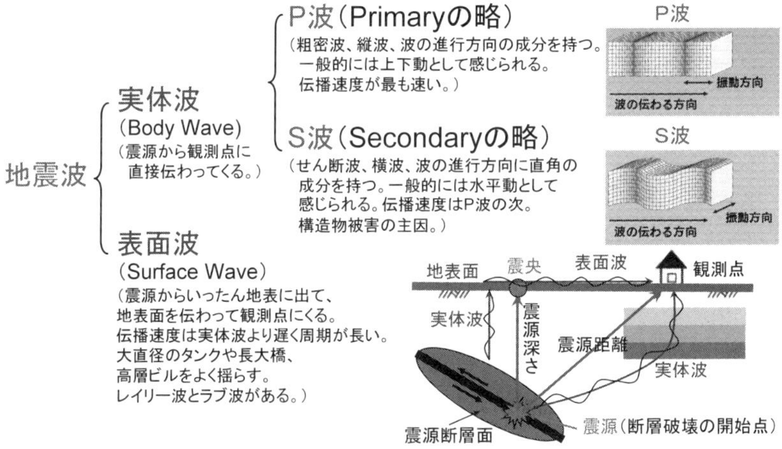

図２　地震波の種類と特徴
（地震動の伝播速度は、Ｐ波＞Ｓ波＞表面波の順番）

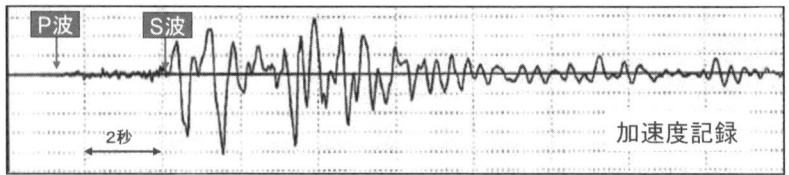
(a)観測点に近い場所で発生した(震源距離の短い)地震

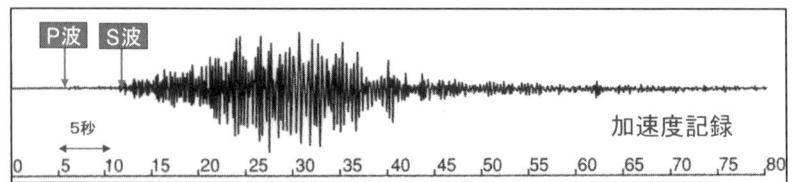
(b)震源距離がaとcの間の地震

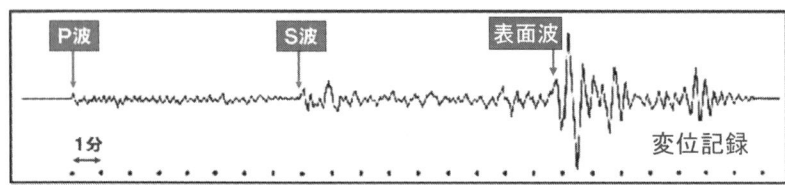
(c)観測点から遠い場所で発生した(震源距離の長い)地震

図3　地震動の記録に見られるP波、S波、表面波

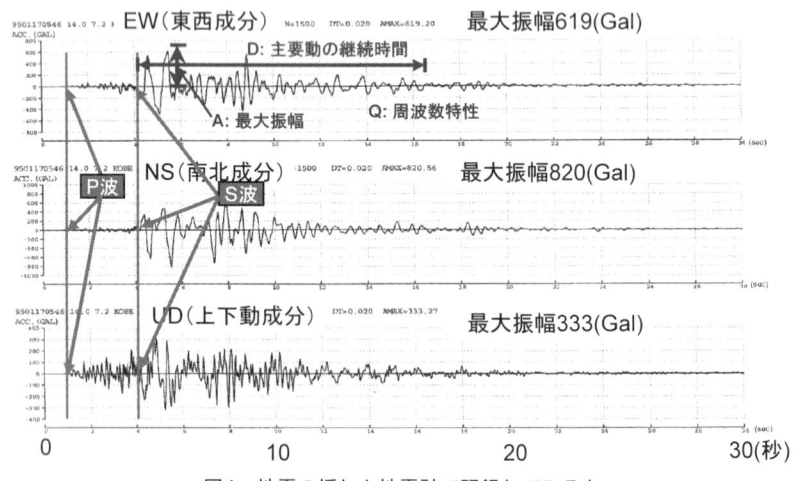
図4　地震の揺れを地震計で記録してみると
(兵庫県南部地震の際に神戸海洋気象台で記録された加速度記録)

長大橋梁や大きな直径の備蓄タンク、高層ビルや免震ビルなど、固有周期の長い構造物に影響を及ぼす。

緊急地震速報は、上で説明したＰ波とＳ波の伝播速度の差を利用して、観測点が激しい地震動に襲われる前に、揺れの程度と猶予時間をある一定水準以上の精度で知らせるものである。

現在わが国には多数の地震計が設置されており、地震動の高密度の観測体制が整ってきた。これによって、どこかで地震が発生すると、最寄の地震計がＰ波を検知し、これを即座に気象庁に伝送し分析できるようになった。Ｐ波の検知から約４秒間でそのＰ波がどこで発生した、どの程度の大きさ（マグニチュード）の地震から発せられたのかが評価できる。

この地震の位置とマグニチュードと発生時刻から、少し離れた場所であれば、その場所が激しい揺れに襲われる前に、「○○秒後に、あなたの場所は震度△△で揺れます」という情報を発信することができる。これが緊急地震速報だ。観測点から震源までの距離（Ｌ：震源距離）は、Ｐ波到達時刻とＳ波到達時刻の差（Δｔ）から、

$$L = \Delta t \cdot \underline{V_p \cdot V_s / (V_p - V_s)} \tag{1}$$

で表される（V_p、V_sはそれぞれＰ波とＳ波の伝播速度）。

式(1)の下線部分は、通常７～８km/sとなるので、分析のための時間４秒間を代入するとＬは30km前後（28～32km）になる。Ｓ波の到達前に速報を届ける（実際はＳ波の到達時刻で地震動が最大になるわけでないが）には、現在のシステムでは、おおむね震源距離が30km以上の地震に限られることがわかる。

この緊急地震速報を効果的に活用する上での課題を以降で述べる。

(2) **被害を及ぼす地震動の性質と地震・伝播特性・観測点の地形や地盤条件**

地震動を地震計で記録すると図３や図４のように記録されることは既に説明したが、これが被害に与える影響は一般に地震動の持つ３つの特性、「Ａ：最大振幅」、「Ｄ：主要動の継続時間」、「Ｑ：周波数特性」で決まる。被害は最大振幅が大きいほど、激しく揺れる主要動の継続時間が長いほど大きくなる。地震動の卓越周波数（成分として多い周波数という意味）に関しては、これが対象となる建物の固有周波数に近いと、共振現象を起こしやすく、被害が大きくなる。地震動の強さを表す指標として一般的に用いられる気象庁の震度階もこれら３つの関数となっている。

地震動のこれら3つの特性に影響を及ぼすのが、「地震の規模や震源の特性」、「震源から観測点までの伝播距離や伝播経路」、「観測点のサイトエフェクト（地形や地盤の良し悪し）」の3つであり、それぞれ「マグニチュード（M）」、「震源距離」、「観測点の地盤条件」が主要なパラメータとなる。この地震動の3特性とそれに影響を及ぼす3つの条件との関係をまとめると、表1のようになる。この表の内容の理解が緊急地震速報を有効に活用する上でも重要になる。

　「マグニチュード（M）」、「震源距離」、「観測点の地盤条件」が地震動に与える影響をそれぞれ議論する際には、他の2つの条件は同一として考える。すなわち、マグニチュード（M）の影響を考える際には、震源距離と観測点の地盤条件は同一で変化させない。

　Mが大きければ大きいほど、最大振幅は大きくなり、主要動の継続時間も長くなる。周波数特性としては、建物の被害に影響を及ぼしやすいやや長周期の振動成分が増える。震源距離が地震動に与える影響としては、震源距離が大きくなると最大振幅は小さくなる。地震動の継続時間は図3のP波とS波の到達時間の差が大きくなることからも長期化することがわかる。しかし最大振幅が小さくなるので、Mが大きな地震でない場合は被害に与える影響は軽くなる場合が多い。周波数特性としては、伝播距離が長くなると地震動の中の高周波成分は減衰するので、相対的に低周波成分が卓越するようになる。「観測点の地盤条件」の影響としては、地盤が軟弱であると地震動が増幅するので最大振幅は大きくなり、主要動の継続時間も長くなる。周波数特性は低い周波数が卓越するようになるが、この周波数は地盤が軟らかければ軟らかいほど、その層の厚さが厚ければ厚いほど低くなる。

　以上の特性を踏まえて、緊急地震速報との関係をまとめると、被害が特に甚大になる「大きなMの地震が震源距離の小さな近い場所で発生した場合」には、激しい地震動が到達する前に速報を伝えることは難しい。効果が期待されるのは、「震源距離がある程度大きくて猶予時間が提供できるが、Mが大きいので被害が発生する可能性のある地震」ということになる。また観測点の地盤条件の違いが地震動の特性に与える影響が非常に大きいので、きめ細かで正確な対応をとるには、事前にユーザーの位置やサイト特性を十分踏まえて、ユーザーが受ける揺れの強さや対処法に関して情報を送ることが重要だ。Mと震源距離が同じでも、地盤条件が異なれば揺れ

表1 被害に影響を及ぼす地震動の特性とそれに影響を与える原因、さらに緊急地震速報との関係

	地震の規模と震源特性		地震動の伝播距離や伝播経路		観測点の地形や地盤特性	
代表的なパラメータ	マグニチュード（M）		震源距離（起震断層と観測点の位置関係）		地盤特性	
	大きいほど	小さいほど	大きい（遠い）ほど	小さい（近い）ほど	かたい地盤	やわらかい地盤
A：最大振幅	大きくなる	小さくなる	小さくなる（減衰する）	変化しない	変化しない	増幅する（大きくなる）ただし地盤そのものが壊れる（例えば液状化現象）ほどの強い地震動では、地盤の非線形性によって応答は小さくなる
D：主要動の継続時間	長くなる	短くなる	長くなるただし、振幅が小さくなるので、被害に与える影響は小さくなる	変化しない	変化しない	長くなる
Q：周波数特性	低周波成分が増える	高周波成分が増える	低周波成分が卓越する　高周波成分が減衰するので、相対的に低周波成分が多くなる	変化しない	変化しない	低周波成分が卓越する　卓越周期が低くなり、低周波の波が増幅される
緊急地震速報との関係	時間・空間的に進展する断層の破壊現象が地震であり、Mの大小は、基本的に断層の破壊面の大きさによる。大被害を及ぼす大きなMの地震では、Mが発達する（大きなエリアの断層が破壊する）までに時間がかかるので、初期から正確なMを評価することは理論的に無理である。緊急地震速報の精度と時間のトレードオフが存在する。		緊急地震速報による猶予時間は震源距離が短い（近くの地震）ほど短く、震源距離が長い（遠くの地震）ほど長くなる。ゆえに近くで発生した大きなMの地震は、被害が甚大になる可能性が高いが、猶予時間は短く、緊急地震速報での対応は難しい。緊急地震速報が高い減災効果を持つ地震は、震源距離はある程度長いが、Mが大きいために被害が発生しうるような地震である。		Mと震源距離が同じでも、実際に観測者が受ける地震動特性（最大振幅、主要動の継続時間、周波数特性など）は、観測者のいる場所の影響で大きく変化する。同じ位置でも、地下と地上と高層ビルの上階では受ける揺れは全く変わる。高速道路の高架橋を走っている自動車の中であれば、高架橋によって増幅された地震応答動を受ける自動車の応答をドライバーシートのクッションを介して感じることになる。	

は大きく変わるし、同じ地盤条件でも、地下と地上と高層ビルの上層では揺れの強さは大きく変わる。高速道路の高架橋上を走る自動車のドライバーは、高架橋によって増幅された地震応答動を受ける自動車の応答をドライバーシートのクッションを介して感じることになる〔第Ⅱ章－7（山崎・丸山）参照〕。ビルの工事現場で働く人々は、建設の進展に応じて振動特性が毎日変化するビルの応答を地震時の揺れとして受けるのだ〔第Ⅱ章－5（宮村・大保）参照〕。

3．緊急地震速報を有効活用するための課題
(1) まず全体としての課題

　緊急地震速報は、予想される地震動の強さと猶予時間を精度高く評価し、これを迅速かつ確実にユーザーに伝え、ユーザーは事前の周到な準備と訓練に基づいてこれを正しく使って、最大限の被害軽減に努めることが理想である。しかし一般利用では、従来の先行利用とは異なり、緊急地震速報の持つ意味や精度、その利用法の理解と事前訓練が十分とは言いがたいユーザーが対象になる。ゆえに「ユーザーのいる場所」、「震度の推定値」、「主要動到達までの猶予時間」を総合的に評価して、適切に対処する緊急地震速報の高度利用は難しい。そこで気象庁は、パニックなどの無用の混乱を最小限にする理由から、「一般向け緊急地震速報」としては、以下のような基本条件を考えている〔第Ⅰ章－3（上垣内）参照〕。

　①発表は1つの地震に対して原則1回とし、誤報、強い揺れの地域の拡大等、特段に必要がない場合を除き続報の発表は行わない。②強い揺れが推定された場合に発表すること。③誤報を防止する。④可能な限り迅速に発表する。⑤推定誤差を考慮した適切な表現とする。⑥避難等の対応が必要な地域をある程度限定できる。⑦テレビ等映像による情報提供に必要な情報を含む。

　具体的には、地震波が2点以上の地震計で観測され、最大震度が5弱以上と推定される場合を対象に、震度4以上の揺れが推定されるエリア（エリアの単位は全国を200地域に区分した大きさ）に情報を流す。最初の速報の後、継続解析の結果、震度3以下と推定されていた地域が震度5弱以上、あるいは新たに震度5弱以上が推定された場合の震度4以上の地域には続報を流す。しかし、いずれの場合も、緊急地震速報の提供によるマイナスを最小化するための配慮から、個別契約に基づく伝達でない場合には、

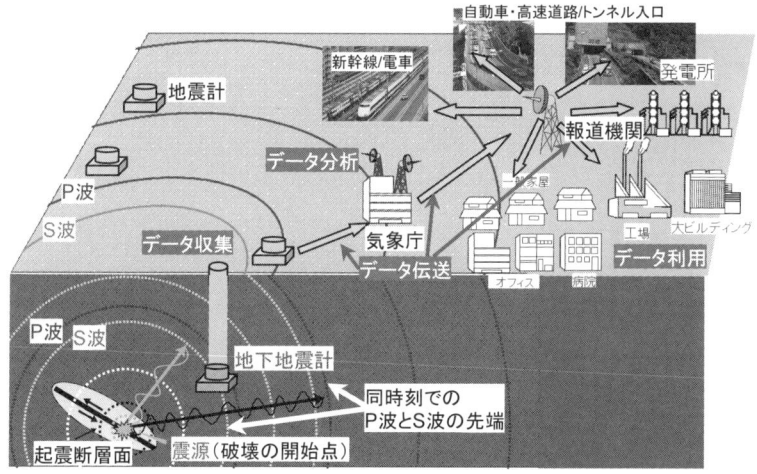

図5　緊急地震速報の概要（手続きの流れ）と課題

震度情報と猶予時間情報はあえて市民には伝えない。

　気象庁が「一般向け緊急地震速報」の初期段階として上記のような姿勢をとることは理解できる。しかし著者は、一般市民を対象とした場合にも、将来的には緊急地震速報のより高度な利用を目指していくべきだと考えている。そこで本稿では、緊急地震速報がユーザーに提供され、対応をとるまでの流れの中で、将来の高度利用のための課題を整理し、それぞれの解決策に関して簡単に解説する。

　まず図5に地震計によるP波の観測から、最終的に緊急地震速報としてユーザーに配信され、これをユーザーが活用するまでのステップを示す。以下に示す6段階の手続きを経てユーザーは最終的な対応をとる。

　「1）震源の最寄りの地震計がP波を観測」し、これを「2）即座に気象庁へ送る」。気象庁は「3）送られてきた記録から震源位置とマグニチュード、発生時刻を評価」し、これを「4）放送（情報配信）機関や防災機関に伝送」する。これを受けて「5）放送（情報配信）機関や防災機関がユーザーに情報を伝送」する。ユーザーは「6）受けた情報に基づいて、その時点の状況と猶予時間を踏まえた各種の対応」をする。

　これらの各ステップを、情報発信者側の課題と情報受信者側の課題に分けて以下で説明する。

(2) 情報配信者が「より早く、より正しく」情報を出すために

先に述べた6つのステップの中で、1）～5）は情報配信者側の問題といえる。ただし5）は気象庁から情報を受信する立場であることを考えれば、受信者側の側面も持っている。

情報配信者側としては、「なるべく早く地震動を捕らえ、なるべく早く正確に震源とMと地震の発生時刻を評価し、すばやく配信する」ことが求められる。これらのミッションと1）～5）のそれぞれのステップの課題を対応させて簡単に説明する。

1）の「震源の最寄りの地震計がP波を観測」は「なるべく早く地震動を捕らえる」ためのものであり、震源に近い位置に地震計が設置されていることが重要となる。これを実現するには、地震計の高密度配置〔第Ⅰ章－4（堀内）参照〕、地下地震計の配置（これは落雷に対しても有利）、海底地震計の配置〔第Ⅰ章－2・第Ⅲ章－1／（藤縄）、第Ⅲ章－3（今村・阿部）参照〕などが効果的である。断層が特定される場合は、その近傍に配置するのも効果的である。

2）の「即座に気象庁へ送る」や4）の「放送（情報配信）機関や防災機関に伝送」、5）の「放送（情報配信）機関や防災機関がユーザーに情報を伝送」などは情報伝送の迅速さと信頼性の向上の問題である〔第Ⅰ章－6（平口）、第Ⅱ章－6（伊藤）参照〕。

3）の「気象庁が送られてきた記録から震源位置とマグニチュード、地震発生時刻を評価」に関しては、これらを評価する手法とシステムの改良がポイントである〔第Ⅰ章－4（堀内）、第Ⅱ章－11（六郷）参照〕。5）の「放送（情報配信）機関や防災機関がユーザーに情報を伝送」部分も、ユーザーの存在位置や利用目的で配信すべき情報の内容や精度が変わるので、適切な加工が必要になる〔第Ⅱ章－9（中村）参照〕。後者に関しては本稿の次章で述べる。

6）の「ユーザーが受けた情報に基づいて各種の対応」を適切に行うための課題に関しては、ユーザーの災害イマジネーションがポイントになるので、これに関しても本稿の次章で説明する。

(3) 情報受信者が「より早く、より正しく」対応するために

① 災害イマジネーションの向上がキーポイント

情報受信者としてのユーザーが、受けた緊急地震速報を活用して、「より早く、より正しく」対応するには、緊急地震速報に関する周知度と理解度が

高いことは言うまでもない〔第Ⅰ章-3（上垣内）、第Ⅰ章-5（池内）参照〕が、加えて災害状況を適切にイメージできる能力「災害イマジネーション」が求められる。災害状況を適切にイメージできない人が災害時に適切な対応をとることは絶対にできない。この能力を向上させるのに効果的なトレーニング手法が「目黒メソッド」[6]やこれを簡略化した「目黒巻」[7]である。

目黒メソッドでは、図6に示すような表を使う。縦軸の平均的な1日の行動を考える際には、自宅や職場周辺の環境、建物の耐震性や家具配置、時間帯別の家族各メンバーの居場所や行動などもまとめておく。さらに通勤手段が使えなくなった状況を想定し、すべて徒歩での所要時間も考える。その上で、季節や天候、曜日を決め、各時間帯に大きな地震が発生したと仮定し、発災からの経過時間に伴って、自分の周りで起こること、やるべきことを具体的に記載してもらう。ほとんどの人は、状況がイメージできず何も書くことができない。つまり地震時に適切な行動が取れないということである。

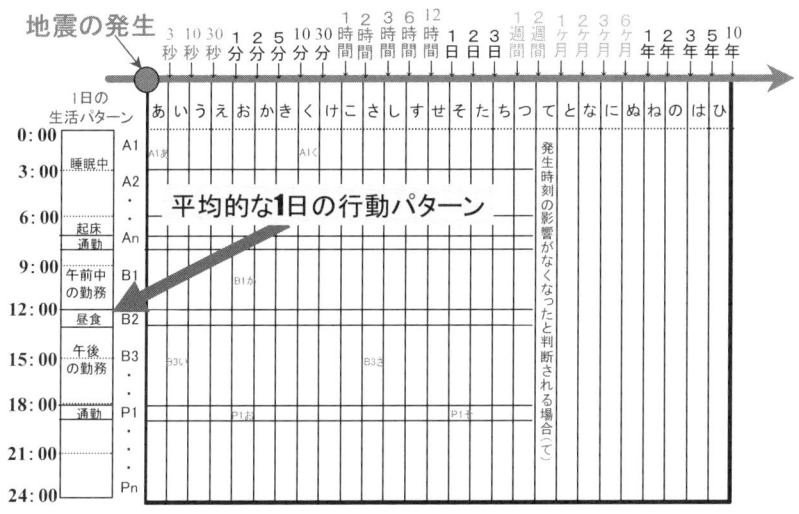

図6　目黒メソッドで用いる表

平均的な1日の行動パターンを縦軸に、発災後の経過時間を横軸とした表を用いて災害状況のイメージトレーニングを行うもの。縦軸の平均的な1日の行動を考える際には、自宅や職場周辺の環境、建物の耐震性や家具配置、時間帯別の家族各メンバーの居場所や行動などをまとめたり、通勤手段が使えなくなった状況を想定し、すべて徒歩での所要時間も考えておく。その上で、季節や天候、曜日を決め、各時間帯に大きな地震が発生したと仮定し、発災からの経過時間に伴って、自分の周りで起こること、やるべきことを具体的にイメージし記載していく。季節や天候、曜日などの発災条件や、事前対策の有無で変化する災害状況を理解することで、具体的な防災対策の実施につなげていく環境整備を狙っている。

② 徹底した当事者意識と個人としての多面性の認識

　目黒メソッドで特に大切な点は、自分の生活を強く意識して考える点だ。この点がしょせんは他人事と受け取られ、実際の対策に結びつきにくかった従来の災害教訓特集との差だ。目黒メソッドを通して、自分の持つ「社会的な顔と私的な顔」、「つくってあげる側ともらう側」、「情報を出す側と受ける側」などの多面性に気づく。自分は「守ってもらう側」と考えている大多数の市民が、例えば家庭の若い主婦が、家に子供と自分しかいない時間帯に地震に襲われれば、自分が「守る立場」にならざるを得ないことを実感する。自治体の防災関係者が、職員として住民を「守る側」にいる時間が、1日8時間勤務、週休2日、その他の休暇…と考えていくと、自分の時間全体の2割程度であることに気づく。他の住民同様に被災する可能性と、防災職員として活動できない状況の多さも実感する。適切な災害対応には自分と家族の安全確保が不可欠である。

　「目黒巻」は、保育園や幼稚園、小学校や一般家庭等での活用を主目的としており、自分で条件を設定して、災害時の様子を、自分を主人公とした物語として書いていくものだ。細長い紙の上に経過時間に沿って物語を書き込むので、巻物状になるため「目黒巻」と呼ばれている（図7）。

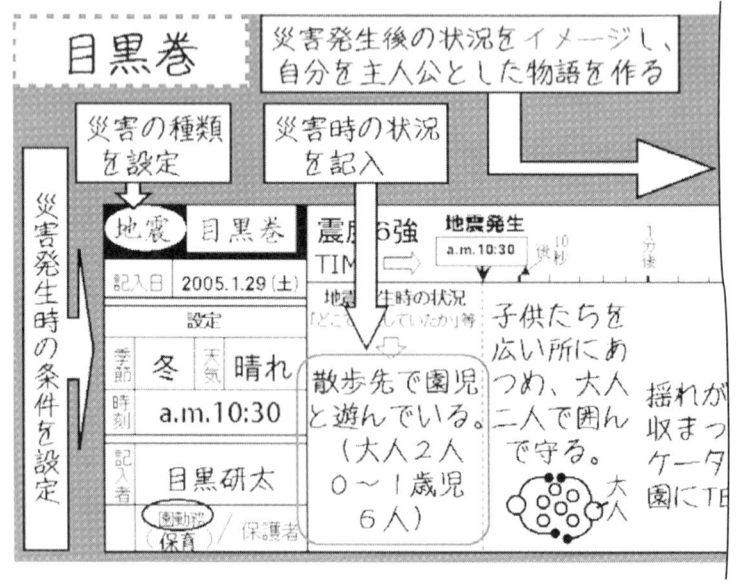

図7　目黒巻の例

目黒巻を書き進めるなかで、現状の問題点が認識されるとともに様々な疑問点が出てくる。みんなの目黒巻を並べると、同じ時間帯での各人の内容が比較でき、認識の誤りやずれなどが発見できる。これらをみんなで話し合ったり、調べたりすることから、具体的な防災対策が始まる。どうすれば、自分の物語がハッピーエンドになるのかを考えることがポイント。事前に何をしておけば、物語がどう変わるのか。事前対策の重要性が認識され、事後対応力もつく。関係者で条件を変えながらやってもらうことで、個人個人の、そして組織としての防災力を高めることが可能となる。学期や季節に合わせて、学年が変わった時、引っ越した時、それぞれのタイミングで実施すると効果的だ。

③　「健常者＝潜在的災害弱者」の意識と死後の物語の想像

　多くの人は緊急事態でも、自分が健常であることを疑わない。就寝中の地震、揺れの最中に、眼鏡やコンタクトレンズが紛失し、被災家屋の中でスペアも見つからない。落下物で腕や足を骨折した。そのような条件下で目黒メソッドの表をもう一度埋めてみる。自分が簡単に災害弱者になることに初めて気づく。防災では、「健常者＝潜在的災害弱者」と考えるべきだ。この認識を持つと見えてくる世界が変わる。健常者の意識しかない人間は、バリアフリーなどの対策は自分と無関係の対策としか認識できない。しかし「健常者＝潜在的災害弱者」の認識を持つと、福祉と防災をあわせて実施することの合理性や有利性に気がつく。

　さらに不幸にして自分が亡くなってしまう状況ではどうか。目黒メソッドでは、自分が死亡する状況では、そこで物語を止めるのではなく、まわりの人々が自分の死をどう受けとめ、その後の人生を過ごされるのかを考える。すると否応なしに、自分の周辺の人々への感謝と自分が死んではいけない存在であることが強く意識される。この感覚が得られると、人は「防災対策しなさい」などと言われなくても、自分でできる対策をしっかり考え、これを実施するようになる。

　従来の「Aやれ、Bやれ、Cやるな」的防災教育の効果は低い。今やるべきことは、災害イマジネーションを向上させることだ。

　地震が起こるまでの時間と地震直後の時間、どちらの方が時間的な余裕があるだろうか。もちろん前者だ。図6の地震発生からの時間軸を、図8のように地震発生までの時間軸に変えて考えると、災害イマジネーションのある人は、現在の自分の問題がわかるので、発災までの時間を有効活用

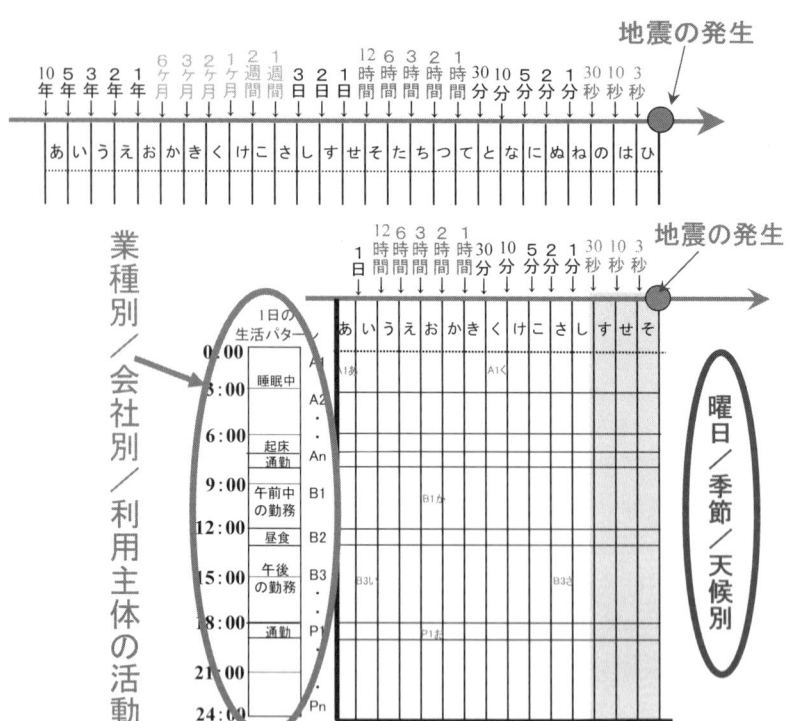

図8 地震までの時間が与えられた場合にその時間をどう有効活用するか
（上段はある程度の長い時間が提供された場合、下段の30秒以内は緊急地震速報の活用範囲）

して適切な事前対策をとることができる。ここで初めて減災が実現する。
　そしてもっと時間が短くなって30秒以下くらいになると、これが緊急地震速報の利用できる猶予時間だ。これにしても、事前に、季節や天気、曜日や時刻、その時の自分の位置や活動を前提に、何秒あれば何ができるかを具体的に考え、それを実行できるように準備しておかないと、有効利用することは難しい。その際には図9に示すような各種の被害に影響を及ぼす条件の違いにも配慮することが重要である。
　「グラッと来たときに、やるべきことがなるべく少なくてすむ状況」を事前にまず準備する。そして実際にそのときを迎えた際には、時間先取りで自分の直面する状況をイメージし、それがなるべく悪くならないように、そのつど適切な対応をする。これが被害全体を最小化できる術なのだ。

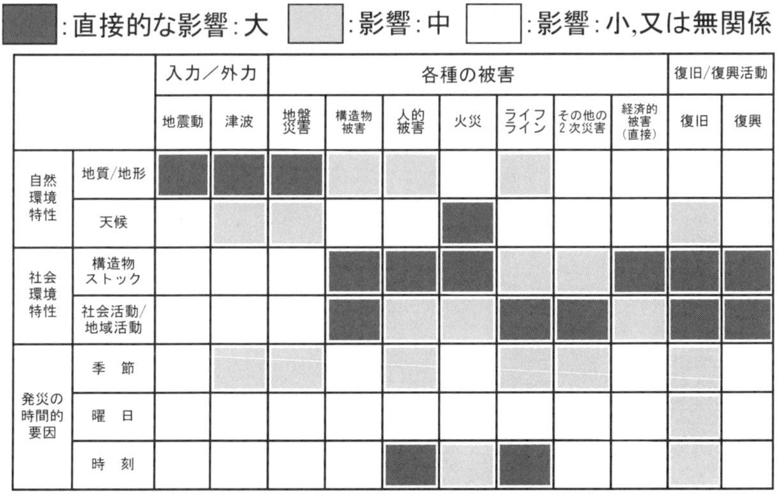

■:直接的な影響:大　　▨:影響:中　　□:影響:小,又は無関係

		入力/外力		各種の被害							復旧/復興活動	
		地震動	津波	地盤災害	構造物被害	人的被害	火災	ライフライン	その他の2次災害	経済的被害(直接)	復旧	復興
自然環境特性	地質/地形	●	●	●							◐	◐
	天候		◐				●		◐		◐	◐
社会環境特性	構造物ストック				●	●	◐	●	◐	●	●	●
	社会活動/地域活動					◐	◐		◐	◐	◐	◐
発災の時間的要因	季節					◐	◐					
	曜日					◐				◐		
	時刻					●	●					

図9　地震被害に与える諸条件
(マグニチュード、震源深さ、断層メカニズムなどは共通として)

表2　緊急地震速報の効果の分類

(一般的に直接的な効果が議論されることが多いが、著者は間接的な効果をより重要視すべきであると考える)

	直接的な効果	間接的な効果
プラスの効果	緊急地震速報の活用で被害が軽減される	緊急地震速報がきっかけで、防災の事前対策が推進する
マイナスの効果	理解不足や適切な対処法を知らないことで、パニックなどを起こし、災害状況が悪化する	緊急地震速報の一般配信により、市民が根拠なく安心し、防災対策を怠る ストック・マーケットへの影響など

4．緊急地震速報が有する直接的・間接的効果とプラス・マイナス

　緊急地震速報による影響や効果は、表2に示すように、直接的なものと間接的なもの、さらにプラスとマイナスに分類できる。一般的に議論されているのは、プラスにしろマイナスにしろ直接的な影響であることが多い。しかし著者は、むしろ間接的な効果の持つ大きなプラスとマイナスの影響

を重要視している。

　以下では、緊急地震速報の持つ（直接、間接）×（プラス、マイナス）のそれぞれの効果に関してその概要を述べる。

　【直接：プラス】の効果は、多くの皆さんが一般に期待する効果である。緊急地震速報に対する事前の理解と周到な準備、限られた猶予時間の中で具体的なアクションを取るためのシステムの構築と訓練を実施しておくことで達成されるものである。適切な避難行動や災害回避行動の実施による人的被害の軽減（余震が頻発する中での様々な事後対応などにおいては特に有効性が高い）〔第Ⅱ章－3（源栄）、第Ⅱ章－5（宮村・大保）、第Ⅲ章－2（堀）、第Ⅲ章－3（今村・阿部）参照〕、事前情報に基づく振動制御による建物被害の軽減、エレベーターや工業機械等の事前停止による被害軽減〔第Ⅱ章－4（吉岡）、第Ⅲ章－4（有賀）参照〕、火気器具・電熱器具の事前停止による火災災害の軽減、緊急地震速報と連動した転倒防止装置による文化財（物品）の被害防止やウォータースクリーンによる文化財（建築物）の火災被害防止、消防〔第Ⅱ章－1（川村）参照〕や病院〔第Ⅱ章－2（堀内）参照〕などにおける発災直前からの対応の準備や開始による迅速な災害対応の実現と人的・物的被害の軽減、自動車〔第Ⅱ章－7（山崎・丸山）参照〕や列車〔第Ⅱ章－8（芦谷）参照〕への情報提示による事故回避などである。

　【直接：マイナス】の効果もよく指摘されるものである。緊急地震速報を受けた市民が、その意味や対処法を知らず、情報によってかえって混乱し、最悪の状況ではパニックになってしまい、情報がなかった場合よりも状況が悪くなる類のものだ〔第Ⅱ章－10（中森）参照〕。この状況は避けなくてはいけないし、この問題の解決の基本は教育と訓練である。その際に災害状況をイメージできる能力を高めることがポイントであることは既に説明したとおりである。

　【間接：プラス】の効果は、これまで防災教育の場としての利用〔第Ⅱ章－3（源栄）参照〕など、ごく限られた範囲でしか考えられてきていないが、一般配信に際しては、この〔間接、プラス〕の効果をもたらす利用法が最も重要だと著者は認識している。緊急地震速報の一般配信をきっかけに、その有効活用法を探すために、「目黒メソッド」のような方法を繰り返して災害イマジネーションを高めていく。この能力が向上するほどに確信されていくことは、緊急地震速報を効果的に活用するために不可欠な

事前対策と訓練の大切さ、緊急地震速報の活用では防ぎようのない災害状況に対する理解である。例えば、家族で今2秒の時間があったら何ができるか、5秒であれば、10秒であれば、寝ている時間帯であったらどうか、と徹底的に具体的な対処法を議論していくと、行き着くところは、事前対策、特に被害抑止力の重要性の認識である。すなわち、既存不適格建物の建替えと耐震改修、地震に強いまちづくりの実践である。

【間接：マイナス】の効果については、著者はこれを絶対に避けなくてはいけないと考えている。この効果の代表は、緊急地震速報の一般配信が市民に根拠のない安心感を持たせ、これが防災対策の促進を阻害する事例だ。またストック・マーケットに与える影響にも配慮する必要がある。国内の問題としては、緊急地震速報に基づいて、被害の予想される地域の建設業や建設資材を扱う会社など、株価がほぼ確実に高騰すると思われる企業を地域ごとに事前に選別しておき、この会社の株を緊急地震速報の受信を合図に自動的に買占め、その後あらかじめプログラムされている時間経過時にその株を売りさばくものだ。これはまっとうな経済行為だと言う人がいるかもしれないが、海外資本との関係として考えると問題はより深刻になる。わが国の国益を失する可能性が高いという意味だ。

わが国が世界で最も地震が頻発する先進国であること、またわが国のみが緊急地震速報システムを持っている状況を考えると、外国資本は緊急地震速報に基づいて、わが国が甚大な地震被害を受けるような状況において、直前に自分の資本を安全に回収できる可能性がある。わが国からの撤退などがスムーズに実施できる可能性が高まる。しかしわが国の資本家は、地震頻発地域で緊急地震速報が実現している地域がほかにないことから、他国を相手に同様な対応はできない。一方的にアクションを取られるのみだ。このような問題については、慎重な事前対策が求められよう。

5．おわりに

本稿では、緊急地震速報の一般利用に際しての課題を、地震計によるP波の観測から、最終的に緊急地震速報としてユーザーに配信され、ユーザーがこれを有効活用するまでのステップを6段階に分け、各ステップごとの課題を整理するとともに解決策を説明した。また緊急地震速報の持つプラスとマイナスの効果を、直接的な効果と間接的な効果に分類し、その意味を解説した。

これらは本書の本稿以外の各章で紹介・解説される個々の内容を、読者の皆さんにより深くご理解いただくために、その導入としてまとめたものである。最後に本稿の概要を復習しておく。

(1) **全体としての課題**

　最初に全体の課題をまとめる。緊急地震速報は、予想される地震動の強さと猶予時間を精度高く評価し、これを迅速かつ確実にユーザーに伝え、ユーザーは事前の周到な準備と訓練に基づいてこれを正しく使って、最大限の被害軽減に努めることが理想である。しかし一般配信による一般市民の利用では、先行利用とは異なり、緊急地震速報の持つ意味や精度、その利用法の理解と事前訓練が十分とは言いがたいユーザーが対象になる。

　このような状況を踏まえて、この10月からの一般配信に対する気象庁の現在の基本姿勢は、最初のステップとしては理解できる。しかし私たちはなるべく早く、一般配信による利用に関しても緊急地震速報の高度利用が実現できる環境の整備に努力すべきだ。

　理由はそれを有効活用するための事前の検討が市民に真剣に防災を考える機会を提供することであり、その結果として（間接、プラス）の効果として事前対策を推進できる可能性があるからだ。さらにこの（間接、プラス）の効果の進展こそが、（直接、プラス）の効果を実現する上で最も重要な前提条件であるからに他ならない。一方で、緊急地震速報の一般配信が市民に根拠のない安心感を持たせ、これが事前の防災対策の促進を阻害するような（間接、マイナス）は絶対に回避しないと、（直接、マイナス）効果以上に被害を拡大させる可能性が高い。被害の軽減を目的に開発されたシステムが、結果的に被害を増長するようなことになってはならない。

(2) **情報配信者に対する課題**

　緊急地震速報がユーザーによって有効活用されるまでの6つのステップに対して、情報の送り手と受け手に分けて、それぞれのポイントをまとめておく。6つのステップとは次のとおりである。1）震源の最寄の地震計がP波を観測し、これを2）即座に気象庁へ送る。気象庁は3）送られてきた記録から震源位置とマグニチュード、発生時刻を評価し、これを4）放送（情報配信）機関や防災機関に伝送する。これを受けて、5）放送（情報配信）機関や防災機関はユーザーに情報を伝送する。ユーザーは6）受けた情報に基づいて、その時点の状況と猶予時間を踏まえた各種の対応をする。

　まず送り手である情報配信者に求められる役割は、「より早く、より正

しく」情報をつくり伝えることである。そのためには「なるべく早く地震動を捕らえ、なるべく早く正確に震源位置とマグニチュードと地震の発生時刻を評価し、これをすばやく配信することが求められる。さらに一般利用の場合には、末端ユーザーがその情報を有効活用するための利用法の提示もポイントになる。これらのミッションと先に説明した1）～6）のそれぞれのステップの課題を対応づけて簡単に説明する。

　1）の「震源の最寄の地震計がP波を観測」は「なるべく早く地震動を捕らえる」ためのものであり、震源に近い位置に地震計が設置されていることが重要となる。これを実現するには、地震計の高密度配置、地下地震計の配置、海底地震計の配置などが効果的だ。断層が特定される場合は、その近傍に配置するのも効果的である。

　2）の「即座に気象庁へ送る」や4）の「放送（情報配信）機関や防災機関に伝送」、5）の「放送（情報配信）機関や防災機関がユーザーに情報を伝送」などは情報伝送の迅速さと信頼性の向上の問題である。3）の「気象庁が送られてきた記録から震源位置とマグニチュード、地震発生時刻を評価」に関しては、これらを評価する手法とシステムの改良がポイントである。最近提案された震度マグニチュードなども有効性が高い。

　末端ユーザーがその情報を有効活用するための利用法の提示に関しては、具体的な利用法までをわかりやすく提示する仕組みを整備することが重要だ。もちろん猶予時間の制限から利用法までの提示が困難な場合も多いので、受け手側の反射的な対応が可能となる平時からの教育環境づくりが求められる。これらがないと、不特定多数の人々が集まる施設や場所で、緊急地震速報の提供によって多数の人が出口に殺到して混乱が起こったり、多くの死傷者が発生したりする（直接、マイナス）の効果が出てしまう。また（間接、マイナス）効果を防ぐ意味でも、いかに努力しても「緊急地震速報」を有効に活用できないケースの存在も繰り返し説明していく必要がある。なぜなら兵庫県南部地震のように、ごく近傍の地震では、「緊急地震速報」の伝達可能な時間よりも先に激しい揺れが被災地を襲う。このようなケースでは、事前のハード対策で被害を抑止する以外に効果的な被害軽減策はない。事前の訓練と緊急地震情報によって素早く潜り込んだ机の下で、校舎の倒壊で大勢の小学生が死んでいる光景などは絶対に見たくない。

(3) 情報受信者に対する課題

　緊急地震速報の受け手側のポイントは、受けた情報を「より早く、より正しく」活用することである。既述の6つのステップの中で、5）の「放送（情報配信）機関や防災機関がユーザーに情報を伝送」部分は、放送（情報配信）機関や防災機関を情報配信側と見れば、既に説明したように、情報伝送の迅速さと信頼性の向上の問題になる。しかし気象庁からの情報受信者と考えると、情報配信する末端ユーザーの利用目的を踏まえて、これを適切に配信することが求められ、これは6）の「ユーザーが受けた情報に基づいて各種の対応」を適切に行うことそのものである。すなわち、放送（情報配信）機関や防災機関は、自分が情報発信するユーザーの存在する場所や利用目的で配信すべき情報の内容や精度が変わることを踏まえて、緊急地震速報を適切に加工して配信することが求められ、これが緊急地震速報を「より早く、より正しく」活用することになる。

　放送（情報配信）機関や防災機関のような中間ユーザーであっても、一般市民のような末端ユーザーであっても、情報受信者としてのユーザーが、受けた緊急地震速報を活用して、「より早く、より正しく」対応するためには、緊急地震速報に関する周知度と理解度が高いこと、そして災害状況を適切にイメージできる能力「災害イマジネーション」が求められる。災害状況を適切にイメージできない人が災害時に適切な対応をとることは絶対にできない。

　個々のユーザーが、季節・天候・曜日別に、自分の生活スタイルの中で、どの時間帯であれば、どこで何をしているので、「○○秒の猶予時間が与えられれば、△△ができる」などの洗い出しと、それを実際に実施できるようにするための訓練を徹底的に進める環境づくりがポイントだ。企業や団体においても同様で、業種別／会社別／利用主体の時間別活動状況を踏まえた上で、何秒あれば何ができるのかを吟味し、それを実現する体制と環境を事前に整備することである。これらの検討に当たっては、「目黒メソッド」や「目黒巻」などの利用をお薦めする。その際には既に説明したように、徹底した当事者意識や個人としての多様性の理解、「健常者＝潜在的災害弱者」の認識と自分の死後の物語を考えることまでを実践して欲しい。

　様々な時間帯や場所に居るときの緊急地震速報の活用法を考えると、緊急地震速報を有効活用する上での事前準備の重要性に気づく。そして個人

で対処可能なことは、事前に確実に実施していくことがポイントだ。しかし一方で、個人ではなかなか対処できないことがらの多さにも同時に気づくだろう。例えば満員電車に乗っていた場合、新幹線に乗車していた場合、自分で事前にできることは限られている。このような点については、電車の性能やシステムに関わる人々に、「目黒メソッドや目黒巻などをぜひやってみてください」と言いたい。そしてその上で「自分や家族が電車や新幹線を利用している際に緊急地震速報をもらったらどのように活用するか、事前に列車のハード・ソフトシステムに何らかの工夫をすることで、より有効に速報を活用する方法はないか」を尋ねてみたい。あることに気づいているにもかかわらず実現しておかないで、自分や家族に万が一のことが起こった場合には、大変な後悔をすることを伝えたい。ホテルやレストラン、デパートや劇場に勤める人には、「自分や家族が客としてその空間に居るときに緊急地震速報の配信を受けた場合に、どう対処するのが最も適切か、事前のハード・ソフトシステムへの何らかの工夫で格段に緊急地震速報を効果的に活用する方法はないか」を尋ねたい。

　様々な業種の人々が、同様に自分の職種において、緊急地震速報を有効に活用するための事前のハード・ソフト対策を真剣に考え、それを実現していくようにすれば、それは結果として、より多くの人々を地震被害から救うことにつながる。これは私が重要性を指摘する（間接、プラス）の効果そのものでもある。

(4)　著者の考える理想的な緊急地震速報の利用に向けて

　本稿では、緊急地震速報のプラスとマイナスの効果を、直接的なものと間接的なものに分けて説明したが、直接、間接を問わず、マイナスの効果の発現を阻止し、プラスの効果が最大限発揮できるようにすることが重要なことはいうまでもない。そのための理想的な緊急地震速報の利用に対して最も重要なポイントは何か？

　著者は次のように考えている。緊急地震速報の一般配信をきっかけに、ユーザーの市民には、発災の時間、場所、季節、天候などの状況と猶予時間に応じて、緊急地震速報をどのように活用できるかを真剣に考えてもらいたい。「いつどこで、何秒の猶予時間をもらったら何ができるか」の洗い出しである。このような検討を事前に真剣に行うこと、またその検討に基づいた事前の準備や訓練があって初めて、緊急地震速報が利用可能となり、条件が良ければ被害を大きく軽減できる。しかしこの事前の検討とそ

れに基づく準備や訓練を介して、市民は緊急地震速報の大きな可能性を知ると同時に、その限界や間違った利用の怖さを認識することになるだろう。この認識を持った市民はどうするか？ここに、緊急地震速報の理想的な利用法のためのポイントがあると著者は考えている。

　緊急地震速報の一般配信は市民に真剣に防災のことを考えるきっかけを提供すること。これが市民の災害イマジネーションの向上を実現する。そしてその結果として、5年後、10年後には、弱い建物の建替えや耐震補強、インフラの更新や改善をはじめとした事前対策が各段に進み、ハード・ソフトの両面で、真に災害に強い人とまちが実現し、将来の地震被害を劇的に軽減する。

　皆さん、これを目指してがんばりましょう。

（めぐろ　きみろう）

参考文献

1) 目黒公郎・藤縄幸雄・川上則明・西野哉誉：緊急地震速報の導入によるインパクト，緊急地震速報活用システムに関するシンポジウム梗概集，pp.53-59, 2004.9.
2) 目黒公郎・柳川智明・藤縄幸雄・六郷義典：緊急地震速報を利用した減災効果―エレベータの閉じ込め事故防止効果について―，緊急地震速報伝達システムの開発と地震災害の軽減に関するシンポジウム梗概集，7ページ，2005.10.
3) 目黒公郎：リアルタイム地震情報利用に関する課題，第3回国土セイフティネットワークシンポジウム梗概集，pp.39-46, 2004.2.
4) 緊急地震速報の本運用開始に係る検討会：「緊急地震速報の本運用開始に係る検討会」中間報告，2006.5.
5) 緊急地震速報の本運用開始に係る検討会：「緊急地震速報の本運用開始に係る検討会」中間報告以降の進捗状況について（案），2007.1.
6) 目黒公郎：大規模地震の動的被害予測モデル，地学雑誌，日本地学協会，Vol. 110, No.6, pp.900-914, 2001.
7) 目黒公郎：防災ワークショップの実践～目黒巻ワークショップに挑戦して，防災力を高めよう，地震なんかに負けない！幼稚園・保育園・家庭防災ハンドブック―子どもの命を守るための防災マニュアル，土木学会，pp.74-pp.94, 学習研究社，2006.1.

COLUMN
日頃の防災対策と合わせた利用を
～地元のNPOと連携して

　震源からの距離で揺れの到達時間は異なる。当然緊急地震速報の内容も場所によって変わってくる。ケーブルを介して情報を送るCATVの場合、利用者の住まいの位置が分かるため、利用者がより的確な情報を受け取ることが可能になる。CATV会社各社は、10月の一般配信に合わせて、緊急地震速報の配信サービスをスタートすることにしている。

　ただ、不安がないとはいえない。利用者が過度に信用して、緊急地震速報があるから防災対策が万全と思われては本末転倒になってしまう。

　この点、東急沿線を中心に約20万世帯のユーザーをかかえるイッツコムでは、申し込んだユーザーに対して、気象庁の「利用の心得」を説明することにしている。さらに、「防災対策ガイドブック」を配布して、緊急地震速報も家屋の耐震補強、家具の転倒防止があって初めて生きてくることを訴えかけていく。7月からモニターへの試験配信が始まっているが、その説明をしているのが地域で防災対策の普及活動をしているNPO法人（東京いのちのポータルサイト、横浜青葉まちづくりフォーラム，防犯ネットワーク）。耐震補強が遅々として進まないことに危機感を持っている人たちである。

　イッツ・コミュニケーションズ㈱の市来カスタマー本部長は、「緊急地震速報は世界に誇れるシステム。技術的な限界もあるので、いざというときに使えるようにするため、ユーザーに正確な知識を伝えることが不可欠です。あわせて日頃からの防災意識が高まれば地震被害は大きく軽減されます。防災を熱く語れる人たちと連携を取りながら、地域の防災力向上を訴えていきたい」と語る。

〈http://www.itscom.net/〉

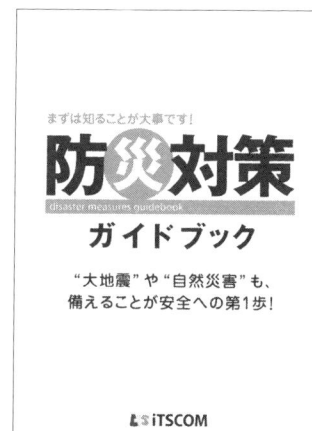

2 緊急地震速報とは？
―その仕組み・歴史・現状―

リアルタイム地震情報
利用協議会 専務理事
藤縄 幸雄

協議会URL http://www.real-time.jp/

著者プロフィール
1965年東京大学理学部物理学科卒。同年、国立防災科学技術センター入所。以後、平塚支所沿岸防災研究室長、第2研究部地殻変動研究室長、流動研究官、特別研究官、先端解析技術部部長を歴任。2003年より特定非営利活動法人リアルタイム地震情報利用協議会専務理事。現在に至る。

1．はじめに

　洪水や地震などの災害に備える方法は多岐にわたるが、その中で代表的なものは、あらかじめ事象の発生を知って対策を早めに立てることがある。地震の場合には地震予知であるが、残念ながら、いまだ研究段階にあって、実用のめどは立っていない。一方、地震が発生して大きな揺れが来る前にそれを予測する技術が、ここ5年の実験により実用化段階となってきた。使える時間は、数秒から十数秒にすぎない。それでも上手に使えば、大きな揺れの前に知ることができるので、人の命を守ったり、ガス・電気などを自動的に止めて火災の発生を大幅に減らすことができる。ここでは、緊急地震速報と呼ばれる地震早期警報について、その概要を紹介する。

2．リアルタイム地震情報の活用の歴史

　地震発生直後から地震情報をできるだけ早く提供して、自治体や企業の防災に役立てることを目的とした研究・開発が、1990年代から活発に行われるようになった。平成7（1995）年の阪神・淡路大震災の際に、被害の規模が半日近く不明であったことが救援・復旧対策の齟齬をもたらしたという認識から、横浜市、広島市などの先進的な地方自治体や企業で、いわゆるリアルタイム地震情報システムの導入が行われた。実用化されている利用法として主なものは、大地震発生後の強震計データに基づいた即時的な被害予測である。

　一方で、地震波の主要動が到達するまでの時間を活用するについては、

我が国では最も早くは1960年代に、科学技術庁の主導で研究が開始された。またJR各社によって新幹線の地震時安全確保のために開発が行われ、1980年代には実用化が始まった。しかし、国民レベルでの活用には、一向に関心が向いていなかった。そのような状況で、阪神・淡路大震災後全国規模で整備された基盤観測網による成果の社会還元の一環として、文部科学省・防災科学技術研究所でリアルタイム地震情報の伝達と利用に関する特別研究が平成13年度より開始された。具体的な成果があがってくるとともに、社会的な関心を引き、さらに気象庁と鉄道総研との鉄道対応システムの研究開発も順調な発展を見せていた。

3．実用化の条件（地震観測網）

緊急地震速報は、一般には高密度な地震観測網があることを前提としている。中でも、気象庁によるものと、政府の地震調査推進本部によるものが利用されている。

(1) 気象庁の観測網

気象庁ではディジタル強震波形観測網が整備・維持されている。この震度計は、ほぼ20kmを基本とした全国メッシュのうち約600箇所に整備されている。1995年の阪神・淡路大震災を契機として、都市部及び郡部における震度計の新設がなされた。

このほか、緊急地震速報のための多機能型地震計が、新たに、全国200箇所に整備されている。この地震計は、国鉄鉄道技術研究所（現在の財団法人鉄道総合技術研究所）と気象庁で開発したUrEDAS式で、一点の波形データの解析によって、震央位置、震央距離、地震の規模を推定できる。

(2) 地震調査のための基盤観測網

阪神・淡路大震災のあと成立した地震防災対策特別措置法により、地震調査研究推進本部が設立され、地震についての総合的な計画が策定されている。その一環として、全国規模での観測網が整備された（第Ⅰ章-3参照）。地震がどのように発生するのか、強い地震動の特性など地震防災に役立ちうる情報を得ることを目的としたもので、緊急地震速報に関係するのは、高感度地震観測網である。

微小地震を含む詳細な地震活動を調べ、地震予知研究につなげることを目的とした観測網である。地表ノイズを避けるため、深さ約100m～2,000mの観測井の孔底、地下の基盤に設置されており、高感度での地震計測が行

われている。震度4クラスの地震では地震の近くでの観測点では、波形が歪む。一方、強震計3成分も地表・孔底に設置されている。これまでリアルタイム伝送がなされていなかったが、2007年度からNTTコムのIP/VPNを使った方法によるリアルタイム伝送が実現し、使用の条件が揃う。

4．仕組み

防災科学技術研究所や気象庁における研究・開発により、緊急地震速報のうち震源情報は、平成14年度秋には、精度及び解析速度において飛躍的に向上した。その結果、かなりの分野で使われてもよいレベルに達した。防災科学技術研究所で新たに開発された即時震源決定システムでは、最初の2観測点に地震波が検知されるとほぼ同時に、かなりな精度で震源パラメーターの決定がなされるようになっている（図1）。震源地に近い地点でP波を検知し、気象庁で震源情報を推定して、緊急地震速報としていち早く利用者に伝達することで、遅れてやってくる大きな揺れ（S波）の到達を事前に知ることができる。利用者の位置情報（緯度・経度）を用いて、

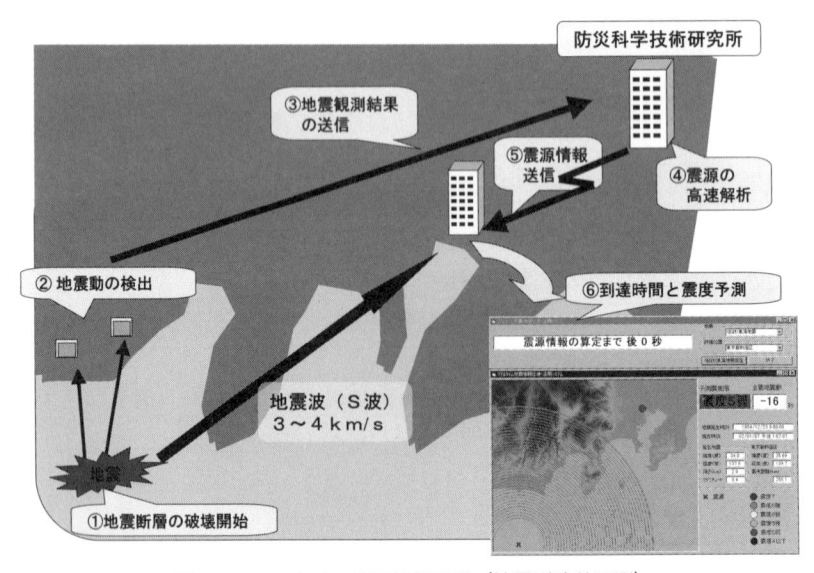

図1　リアルタイム地震情報活用（地震到達前予測）
緊急地震速報の仕組み。右下の図は、評価点における地震危険度（震度、到達時間）のリアルタイム予測表示の例。

何秒（余裕時間）あとに震度いくつ（揺れの大きさ）の揺れがくるかを推定する。

最初の観測点で地震波が検知されてから、2秒ぐらいから震源が決まりはじめる。時間とともに、逐次検測する観測点が増え、そのたびに震源の再決定がなされる。したがって、一般に時間とともに精度の向上した情報が出される（図2）。日本で有感の地震のうち、決定に至らない地震の割合が1%以下と、使い方によっては十分役に立つレベルにあることが明らかになった。

震源パラメータの解析が完全自動であることから、①ノイズを地震と誤認し誤報を出したり、②余裕時間が少なく十分防災効果を上げることができない、③予測震度・予測到達時間の精度に不足があるなどの、本質的な限界がある。利用にあたっては、利用者自身がこれらの限界を理解して、

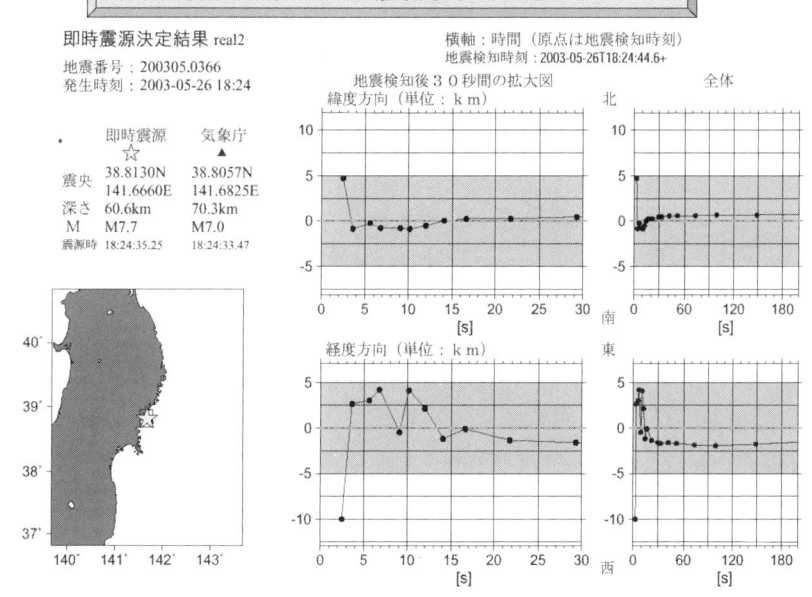

図2　防災科学技術研究所で開発された緊急地震速報解析システムによる、計算例。2003年5月26日宮城県沖地震（M7.0）の際のもの。この図では、震央位置の推定経緯が示されている。左上には、気象庁のオフライン決定結果と即時推定結果が示されている。縦軸は、気象庁による報告値との差が示されている。

利用価値を最大限生かすという態度で使うことが前提である。

　地震の規模を表す量がマグニチュードで、地震の危険度をあらかじめ推定するには、マグニチュードも迅速に求める必要がある。しかし、断層面の破壊は、ほぼＳ波速度で進行するため、マグニチュードの推定値が確定するのは、破壊が終了してからになる。マグニチュード６程度の場合には破壊が終わるまでの時間が、ほぼ３秒なので、第１回目の解の時点でほぼ最終マグニチュード値となっている。一方大きな地震、例えば2003年の十勝沖の巨大地震では、M＝0.0（６秒後）、M＝7.5（13秒後）、と推定値はほぼ単調に増加した。大きな地震では、このようにマグニチュードの決定には、所定の時間がかかる。防災対策に活用するうえで、マグニチュードの時間的推移を予測する実用的な方法が開発されるべきである。

　通常のシステムでは１秒フレームごとに地震波が到着しているかをチェックし、あらたなデータがあれば、震源の計算をし直すようになっている。数多くの地震について平均すると第１回目の解から既に許容範囲に入っている。ばらつきは回数とともに小さくなり、精度は報ごとに向上する。このような特性を踏まえて、防災対応システムの設計・運用を行うことになる。

　実運用に供される統合化情報では、フレームが新しくなって、新たなデータが付け加えられるたびに発信されるのでなく、新たな情報が、先に情報とどれだけ離れているかも勘案して配信されるが、多様な利用形態を考えると、より柔軟な配信方法が望まれる。

5．実用化研究（LP）

　リアルタイム地震情報に関する防災科学技術研究所での研究開発では、防災対応を支援するシステムの開発も進められ、表示に限ったシステムは、2002年から藤沢市・東京海上火災などでの実証実験が行われた。また、気象庁ではナウキャスト地震情報として鉄道総研と推進していた。

　このような状況のもと、平成15年度より５か年計画で「高度即時的地震情報伝達網実用化プロジェクト（以下「LP」と略称）を開始した（図３）。

(1) 緊急地震速報解析システムの開発

　情報を作成するのを、担当行政機関である気象庁と防災科学技術研究所で、両者の緊密な協力の下での開発の結果、2004年３月から実証実験が

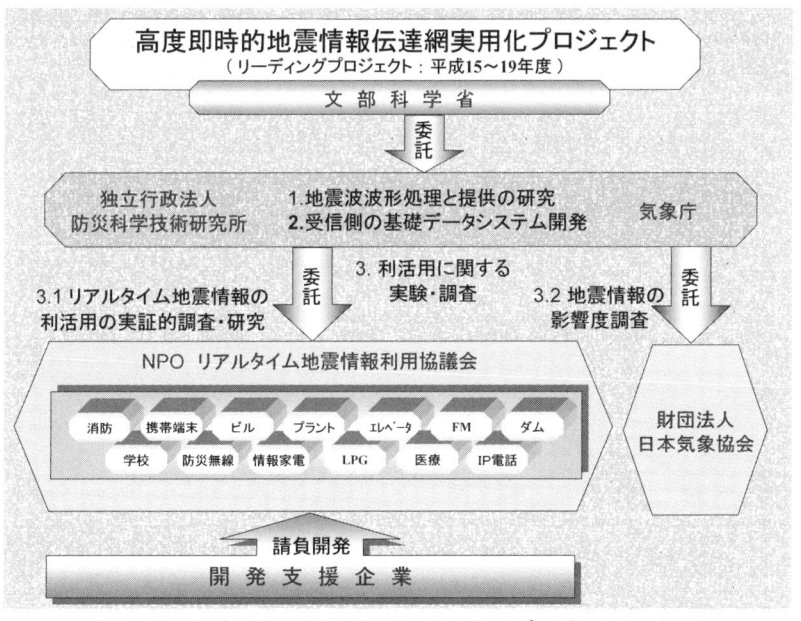

図3 高度即時的地震情報を実用化するためのプロジェクトの概要

開始されるまでになった。2006年8月からは、部分的な本格運用である先行運用が開始されている。2つの解析システムから求められた結果を震源要素ごとに比べ、優れた部分を採用するという方針で情報の統合化が図られ、統合化情報として、2004年6月より実証実験のための配信が、また2006年8月には先行運用が開始された。平成19年5月31日現在では、約500機関が開発目的あるいは、実利用を目的として、気象業務支援センターから受信している。

(2) **緊急地震速報の実例**

統合化情報の例を、以下に2つ示す。

① 2005年8月16日の宮城県沖地震（M7.2）の例

この時の、緊急地震速報による各地の地震危険度（S波到達時間と地震の強さ）の推定値を、実測と比較したものが、図4である。余裕時間を同心円で、地震の強さを地名の下に付記した。大局的に良く合っていると言える。仙台市では余裕14秒で、震度4の予測に対して、実測4であった。

推定精度については、平成18年8月までの時点で、予測震度が±1程

度との報告がある（気象庁、2006年）。これは、2観測点以上のデータを用い、最大震度が5弱以上と推定された場合で、震度4以上と推定された地域（137地域）において観測された震度との比較から得られたものである。また、予測到達時間では、ほぼ±3秒である。

② 2005年7月23日に起きた千葉県北西部地震（M6.0：典型的な直下型地震）

この時の、緊急地震速報による各地のS波到達時間と地震の強さを、代表的な評価点に対して求め、実測値と比較したものが表1である。

この地震は直下型地震ではあるが、震源の深さが70kmと深かったことから、震源の真上にある千葉市でも3.6秒の余裕時間があった。この時間は、一見大変短いが、電気・ガスの緊急遮断のためには十分長く、主要動の到達前に緊急遮断が可能である。

この種の情報の余裕時間は、生活感覚からいって決して長いものでなく、数秒から数十秒であって、震源に近いところでは、余裕時間が無い場合も

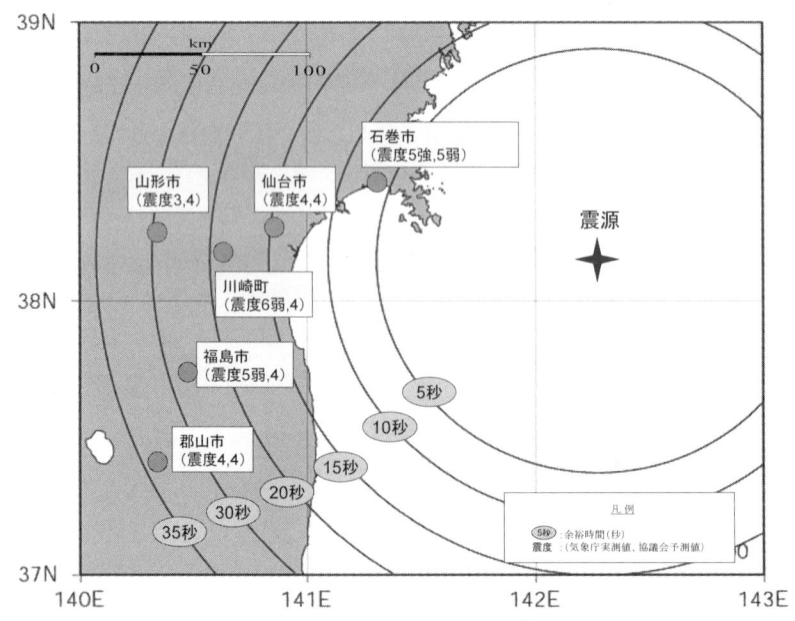

図4　2005年宮城県沖地震における緊急地震速報の発信

緊急地震速報をつかっての地震危険度推定の例。2005年8月16日に起きた宮城県沖地震で、典型的な海洋性の地震である。

表1　千葉県北西部における緊急地震速報の発信状況

	地域	地点	震央距離(km)	P波 到達時間(秒)	P波 余裕時間(秒)	S波 到達時間(秒)	S波 余裕時間(秒)	予測震度 A&N	予測震度 S&M	実測震度(JMA)
1	東京	足立区伊興	40.3	12.7	-0.3	22.2	9.2	5.2	4.8	5強
2		大田区本羽田	43.8	13.0	0.0	22.5	9.5	5.1	4.7	5強
3		東京	19.5	13.4	0.4	23.2	10.2	5.0	4.7	4
4		多摩市関戸	68.1	14.9	1.9	25.9	12.9	4.6	4.2	4
5		町田市役所	68.2	14.9	1.9	25.9	12.9	4.7	4.4	3
6	埼玉	草加市高砂	43.2	12.9	-0.1	22.5	9.5	5.1	4.8	5弱
7		さいたま中央区下落合	57.5	14.0	1.0	24.3	11.3	5.0	4.7	4
8		熊谷市桜町	94.7	17.5	4.5	30.4	17.4	4.9	4.5	3
9	千葉	市川市八幡	27.4	12.0	-1.0	20.9	7.9	5.5	5.1	5弱
10		木更津市役所	35.8	12.5	-0.5	21.7	8.7	4.8	4.4	5弱
11		千葉中央区中央港	6.7	11.4	-1.6	19.9	6.9	5.3	4.9	4
12		茂原市道表	21.1	11.8	-1.2	20.5	7.5	4.9	4.5	3
13	神奈川	横浜中区山下町	53.1	13.6	0.6	23.7	10.7	5.3	4.9	5弱
14		厚木市酒井	77.7	15.8	2.8	27.4	14.4	4.9	4.5	4
15		相模原市大島	74.7	15.5	2.5	26.9	13.9	4.5	4.2	5
16	茨城	つくば市谷田部	49.2	13.3	0.3	23.2	10.2	5.2	4.8	4
17		水戸市中央	85.0	16.5	3.5	28.7	15.7	4.7	4.4	3
18	栃木	佐野市高砂町	96.6	17.7	4.7	30.8	17.8	4.6	4.3	4
19		日光市中宮祠	137.9	22.2	9.2	38.8	25.8	4.0	3.6	3
20	静岡	熱海市網代	116.8	19.8	6.8	34.6	21.6	4.1	3.8	3
21		静岡市清水区庵原町	168.4	25.8	12.8	45.2	32.2	4.2	3.9	3
22	宮城県	丸森町鳥屋	261.1	37.2	24.2	65.3	52.3	3.1	2.7	3
23	福島県	表郷村金山	161.5	25.0	12.0	43.7	30.7	3.8	3.5	3
24	群馬県	前橋市粕川町	134.7	21.9	8.9	38.2	25.2	4.4	4.1	3
25	新潟県	塩沢町塩沢	200.2	29.7	16.7	52.0	39.0	3.5	3.2	3
26	山梨県	山中湖村山中	123.1	20.5	7.5	35.8	22.8	4.1	3.8	3
27	長野県	長野南牧村海ノ口	160.9	25.0	12.0	43.6	30.6	3.8	3.5	3

緊急地震速報を使っての地震危険度推定の例。2005年7月23日に起きた千葉県北西部地震で、典型的な直下型地震である。

あることを理解される必要がある。ただ、時間が短いから役に割り切ることは良くないと思う。大切なのは、どのようにすれば役に立てられるかを考え、そのような仕組みをつくりだすことである。

6．利活用システムの開発

　本節ではLPを進めている分野別の防災対応プロトタイプの開発の状況を紹介する。

(1) 概要

　緊急地震速報を利用して、主要動到達前に機器を制御し、あるいは人に対し最適な報知を行い、防災・減災効果を高めることを目的としている。取り組んでいる14分野で、民間機関と協力して緊急防災対応システムのプロトタイプの開発を行うと共に、実証実験によって実用化を図っている。

　実施にあたっては、大学・研究所・行政機関・関連業界などの学識経験者をメンバーとしたワーキンググループによって、技術的課題、開発システムの仕様、システムの検証および評価、普及促進に向けての標準化などの課題につき調査・検討を行ってきた。

(2) 開発におけるポイント

　実用化・商品化を目指す観点から、以下のような点に留意して開発を行っている。

① 機器の汎用性

　　普及・促進を進めるためには、機器に汎用性を持たせ、通常は地震以外の用途に利用し、地震時は緊急地震速報の伝達媒体となるような付加機能を持たせることが重要である。例えば、集合住宅では既存のインターホンに地震緊急報知機能を持たせ、ガス・電気遮断ではメーター読みとりとの連動が、IP電話対応では24時間稼働して、生活者の居住場所に近接した場所にある電話との連動が実現している。

② 認識度向上（サイン音・ピクトグラム）

　　緊急地震速報は1秒を争う情報である。機器の自動制御と異なり、人間が速やかな緊急避難行動を行うためには、発報とほとんど同時に緊急地震速報であると直ちに分かるようにすることが必要である。そのため、サイン音とピクトグラムが有用であり、WGなどでの検討・調査によって成案を得、実証実験の試用に供している。幅広い実証実験によって実証的な調査を行いつつ、緊急地震速報利用者協議会の場での統合化の議論に積極的に、参与している。

③ トリガ発信条件

　　逐次発信される緊急地震速報のどのデータ（第何報）を利用するかを決めるには、緊急地震速報の精度、対象物（人か機械か）、トリガー信号に対する確度などの要因を考慮する。例えば、自動制御の場合には、作動時間に従って限界余裕時間があらかじめ定められるが、推定余裕時間が限界余裕時間に達するまでの時間で、最も信頼度の高い

情報を利用するように設計する。

人に対しては、機器と異なり、1秒でも速く危険報知を行いたいというニーズが一般的で、現在採用されているシステムでは多くがこのような考えに基づいている。しかし、余裕時間が十分にある場合には、十分な精度の報を使うのが妥当であろう。このような観点からも、到達時間の精度が利便性向上の鍵を握っていることが分かる。

④ 情報配信内容

現在の緊急地震速報の内容は震源情報と、震度5弱以上の地震では、代表的な場所における地震危険度である。協議会では、配信される情報の精度評価及びLP実証実験参加企業等の希望をもとに、緊急地震速報の配信内容として追加したいデータについて整理した。最も多かったのが、地震の閾値、更新情報の条件、観測点数情報、観測点名情報（精度評価に使用）や周波数情報（長周期波対策に使用）であった。これらの利用者の声を集めて、より情報の持っている潜在的な防災力を現実化するべく努める。

⑤ データ伝送上のセキュリティ対策

データ配信側が信用を失うことがないように、しっかりとしたセキュリティ対策を施す必要がある。専用線でも多種多様であり、一概に安全とはいえない。まして、インターネットを利用した配信の場合は特に配慮しなければならない。その際、情報配信における遅延及びコストの跳ね返りをできるだけ小さくする必要がある。また、セキュリティ対策の一環として、運用する人間側の管理にも配慮しなければならない。

7．利活用システムの開発現況

LPで実施しているそれぞれの分野別プロトタイプの開発の現況（表2）を以下に述べる。

(1) 消防防災職員に対する消防初動体制支援システムの開発・研究

現行の「消防指令管制システム」では、発災前の消防体制の確立を支援する手段は、ほとんど講じられていない。そこで緊急地震速報を活用することにより、早期消防防災体制の確立を支援するシステムを開発している。機能としては、職員の安全確保、被害予測、非常呼集、機能維持である。

平成17年度は、実証実験を千葉県松戸市消防局で開始し、神奈川県川

表2 分野別プロトタイプの開発一覧

システム 通信

(0)	0	即時的地震情報のデータベース化の研究		
(1)	1	消防防災職員に対する消防初動体制支援システムの開発・研究	○	
(2)	2	防災現場関係者に専用防災無線を用いて安全確実に伝達するシステムの開発・研究		○
(3)	3	医療関係者向け災害時広域医療救護活動支援システムの開発・研究	○	
(4)	4a	家庭内制御ネットワーク向け自動防災システム（情報家電）の開発・研究	○	
	4b	家庭内制御ネットワーク向け自動防災システム（IP電話）の開発・研究	○	○
(5)	5	発電所・工場プラント向け防災システムの開発・研究	○	
(6)	6a	特定利用者向け公衆移動通信を活用したリアルタイム地震情報の通信システムの開発・研究		○
	6b	屋外作業者及び屋外レジャー用リアルタイム地震情報提供携帯端末の開発・研究		○
(7)	7	学童及び学校職員のためのリアルタイム地震情報を用いた防災教育支援システムの開発・研究	○	
(8)	8	既設ダムの即時地震被害予測と2次災害防止のための警報システムの開発・研究	○	
(9)	9	リアルタイム地震情報活用のためのFM文字多重チューナーの開発・研究		○
(10)	10	リアルタイム地震情報と連動させた2次災害防止のための家庭内LPG自動遮断システムの開発・研究	○	
(11)	11a	リアルタイム地震情報と連動させた災害防止のためのエレベータ制御装置の開発・研究	○	
	11b	リアルタイム地震情報と連動させた災害防止のためのビル設備の中央集中監視装置の開発・研究	○	

開発している分野別プロトタイプ。右端の欄には、防災対応のシステムか、情報の伝送対応かの区別を記す。計画の終了時までに、出来るだけ多くの分野で実用化を目指す。

崎市で新たに実験が始まったほか、東京消防庁にも導入され、実用化の目途が立った。

(2) 防災現場関係者に専用防災無線を用いて安全確実に伝達するシステムの開発・研究

　防災無線は、自治体における防災及び関連情報を伝達する基幹的なインフラとなっている。防災無線を活用し、到達前地震情報等を防災関係者・住民あるいは重要施設に伝達し、被害軽減に利活用するためのプロトタイプを開発し、実証実験に基づき、製品化・普及を図っている。

　放送方式としては、今後普及が図られるデジタル方式を用いているが、アナログ方式でもほぼ同じ機能が達成できるよう検討した。

　課題としては、自治体における防災情報伝達のインフラとして、この他、コミュニティFMやCATVもある。どのメディアにするべきかという議論より、住民がTPOに応じていろいろなメディアを使って情報に接している状況を考慮して、最大伝達を目標にして、緊急地震速報の伝達に必要な条件を満たしている多メディアによる安心・安全ネットワークの構築を図るべきである。

(3) 医療関係者向け災害時広域医療救護活動支援システムの開発・研究

　緊急地震速報を活用することにより、地震発生時の医療ミス・医療関係施設の保全・医療関係者の安全を図る。機能としては、以下のものが実装されている。

① 推定した地震波到達前情報などを伝達し、手術室、検査室、ナースセンター、防災センター、エネルギーセンター、宿直室等の管理区域にて表示する機能。
② 外来患者、入院患者など不特定者への通知を行う機能。
③ 支援計画策定のための広域被害予測機能。
④ 施設職員及び広域医療救援支援関係者一斉招集機能。

(4) 家庭内制御ネットワーク向け自動防災システムの開発・研究

　阪神・淡路大地震の例をみても、家庭内での人身事故、火災発生などによる二次災害は大きなものである。これらの被害を未然に予防・軽減することを可能とするプロトタイプを開発し、製品化・普及を図るシステムである。機能として緊急地震速報などのリアルタイム地震情報に基づき、個々の家庭に必要な情報を配信し、在宅者の安全確保、情報家電の自動制御を行うプロトタイプを開発する。制御の対象は、電気錠、ドア非常開閉装置、熱源遮断装置、ガス用電磁弁、避難口表示照明灯などである。

　本分野は、もっとも早く実用化の実が上がっている。特に、集合住宅で

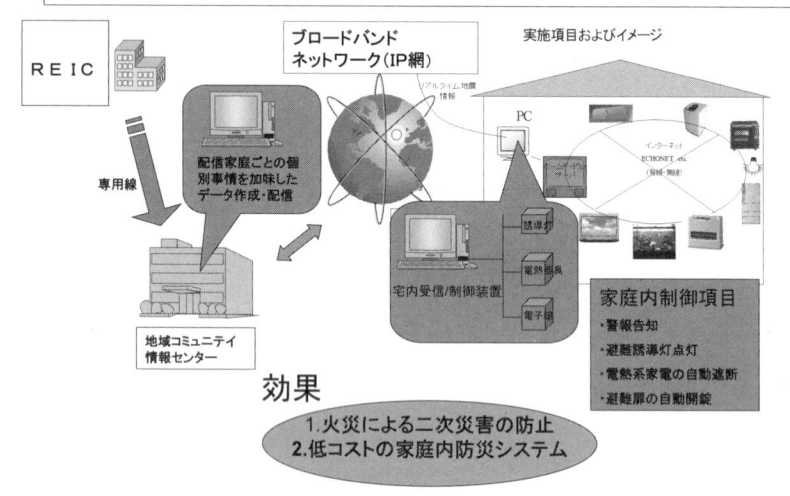

図5 家庭内制御システムの概要

は大がかりな実証実験が行われており、実用化・商品化が図られている。IPテレビ電話、インターネット配信では、実用化レベルのシステムが、民間機関（NTT東）との協力で完成し、実証実験を仙台市の団地で実施している。

他方、既存住宅でのホームネットワーク用無線LANに接続した既存住宅に対するシステムにも高いニーズがあることから、一般個人がオープンなインターネット環境でも利用できる家庭内制御ネットワークの開発を推進している。さらに既存ビルでの利用に関連してエレベータダクトに光回線を敷設するなどの事業の推進を企画している。

(5) **発電所・工場・プラント向け防災システムの開発・研究**

発電所・工場では、地震発生時にプラント作業員の負傷、汚染物質の拡散、機器損傷等による給電中断、経済的ダメージ、環境破壊などのリスクがある。これらリスクを軽減する防災対応システムの開発を進めている。

電力業界での利用は、人向けの利用を中心に着実に進展している。ただ、原子力発電所における緊急遮断など自動制御による利用については進展がみえない。

高い信頼度が要求される半導体工場などにおける緊急地震速報利用システムでは、現地地震計を用いて、推定の信頼性・制度向上を図り、館内放送、特ガス遮断及び製造ラインの機器自動停止システムが実用化されてきた（第Ⅱ章－4参照）。

(6)a 特定利用者向け公衆移動通信を活用したリアルタイム地震情報通信システムの開発・研究

災害時における有線・無線・衛星による即時情報の伝達では、有線の切断・アンテナ転倒・輻輳や規制などによる通信断の発生の可能性が予想される。そのため、通信手段の多重化によって信頼度の高い情報伝達装置を開発した。

また、IPv6マルチキャストを用いた一対多（数百万ユーザ）の緊急地震速報配信システムをNTT東と協同して開発、実証実験を行った。トータルのデータ伝送遅延は100ms程度であり、実用上問題の無い範囲に収まることを確認した。

(6)b 屋外作業者及びレジャー用リアルタイム地震情報提供携帯端末の開発・研究

屋外作業では、予期せぬ自然災害の被害にさらされやすい。この種の災害を未然に防ぐシステムである。

通信衛星経由などで受信した緊急地震速報をもとに、特定小電力無線によって当該データを送信し、作業者の携帯端末を通じて可視・可聴表示による警報を発するシステムを開発する。平成17年度をもってプロトタイプ開発を完了させ、一部の利用者対応では商品化レベルが完成した。平成18年度には、モバイル衛星方法を使った簡便なシステムも開発され、実用化のめどが立っている。

(7) 学童及び学校職員のための防災教育支援システムの開発・研究

緊急地震速報が一般にも有効に活用されるためには、周知・訓練が必要で、学校教育の場での学習が有効である。児童・学童・教職員の安全確保と共に、防災教育を行うためのシステムを開発した（第Ⅱ章－3参照）。

(8) 既設ダムの即時地震被害予測と二次災害防止のための警報システムの開発・研究

地震発生によってダム周辺及び下流域に二次災害発生の危険性が予測される場合には、地震防災及び洪水などの二次災害情報（危険警報あるいは安全情報）を、地震情報を活用した既設ダムの地震時損傷形態を定量的・

即時的に予測して行う。

損傷形態早見テーブル及び二次災害早見テーブルを開発し、以下の機能をシステムに備える。①早見テーブル検索機能、②二次災害規模即時評価機能、③ダムの地震被害の危険性及び二次災害の危険性がある場合に、関係者に通報し人的及び物的被害を未然に防止する最適警報機能。

また、プロトタイプシステムの実用化を視野に入れ、ダム本体だけでなくダム関連施設やダム周辺での利活用、地震防災情報と地理情報の複合的利用技術の最新動向について調査し、有効性の高い複合的利活用システムについて検討し、実用化を図る。また、早見表による手法は他の重要な設備・施設の地震時点検などに応用できるもので、多方面の利用が考えられる。

(9) リアルタイム地震情報活用のためのFM文字多重チューナーの開発・研究

当初、FM文字多重チューナーに、主要動到達時間のカウントダウン演算機能、警告文表示機能などの機能を持たせたプロトタイプを開発し、基本的な性能を確認した。

利活用する分野は、防災関連機関、ビル、公共運輸機関など多種にわたるが、一般家庭を含め広く利活用される必要がある。現状では数百万から数千万にのぼる多種多様なユーザーに緊急地震速報の加工・伝送・配信及び家電の制御を保証できる利活用インフラが十分整備されておらず、潜在的に大きな防災効果を有する情報を活かされないおそれが大きい。この課題を通信と放送の融合ネットで実現しようという考えとして、安心・安全ネットを提唱してきたが、先に述べた、IPv6によるマルチキャスト、CATV、地域FM、地上波デジタル、モバイル放送、及び防災無線などの多メディアによる伝送が必要になると想定している（図6）。

(10) リアルタイム地震情報と連動させた2次災害防止のための家庭内LPG自動遮断システムの開発・研究

家庭用の場合、LPGの遮断のみを目的としたのではコスト面で実用化は難しく、自動検針、自動復帰機能を有するシステムが期待されるところである。次世代マイコンメータがその拡張性を有しており、普及・活用させる必要がある。これにより、平常時のガス漏れ検知とともに、地震時のガス漏れと電力復電との複合要因による火災発生が防止され、地震の二次災害防止に大きな効果が期待される。現在の課題は、どのようにして全戸普及を推進するかである。

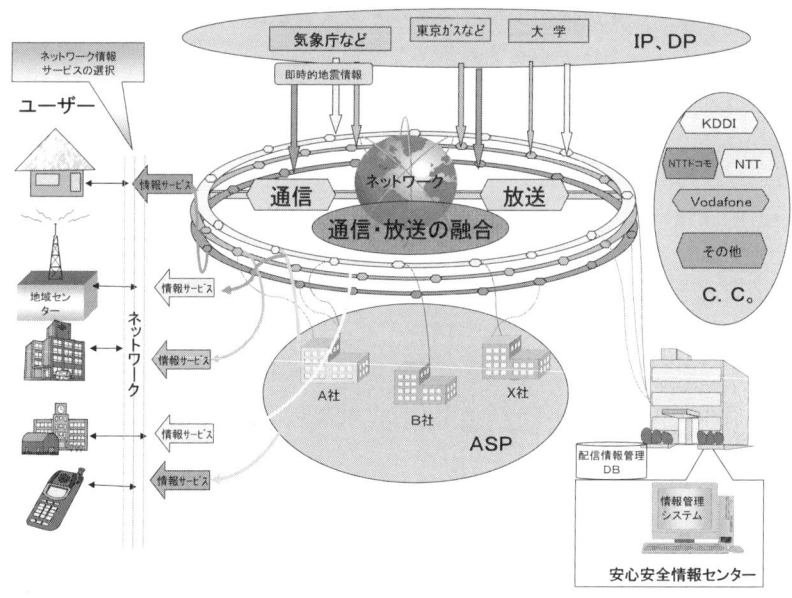

図6 安心安全ネットワーク（構想）

データを有する機関（DP）とリアルタイム情報を有する機関（IP）が、通信放送融合ネットに情報データを投入し、ASPがエンドユーザーにカスタマイズしてサービスする。安心安全情報センター（仮称）が基本システムの調整と運営を行う。

⑾a　リアルタイム地震情報と連動させた災害防止のためのエレベーター制御装置の開発・研究

緊急地震速報を利用し、主要動到達前にエレベーターの停止制御を行うプロトタイプを開発し、閉じ込め事故等を減少させる。

平成17年度では、エレベーター協会と協同して、地震時管制運転におけるP波センサーと緊急地震速報をどのように活用すべきかにつき、実証実験データ、シミュレーション結果を用いて検討した。結論としては、併用して使うことで、安全の確保の大きな効果が期待されることを示した。

一方、やや長周期地震動に対する対策など安全性向上・復旧時間短縮については、引き続き検討すべき課題として残る。

⑾b　リアルタイム地震情報と連動させた災害防止のためのビル設備の中央集中監視装置の開発・研究

緊急地震速報などのリアルタイム地震情報を利用し、主要動到達前にビ

ル設備全体（非常放送、エレベーター、エスカレーター、自動ドア、照明器具、ボイラー、リアルタイム免震など）を制御するプロトタイプを開発し、防災・減災に役立てる。

8．一般利用

　一般放送による緊急地震速報の配信については、気象庁により、今年10月1日に開始される見通しが伝えられている。既に開始されている先行的利用においては、利用者が情報の持つ特性・限界・責任の所在などにつき理解しそれを契約によって明確にすることで使用が認められている。一方、一般利用が開始されると、緊急地震速報は、テレビ受像器・ラジオ受信機に、無差別に届き、受信機の電源が入っていれば、好むと好まないにかかわらず発報されることになる。

　このような伝達方法による活用では、特定利用で課される条件、すなわち的確かつ妥当な活用を担保するべく設けられた使用上の制限が課せられない。そのために、混乱なく活用して防災の実をあげる上で、十分な検討と事前準備すべき事柄があるとして、緊急地震速報の本運用開始に係る検討会でも、長く議論されまたマスコミでもしばしば取り上げられている。

　本節では、一般利用について原点にもどって検討してみる。

(1)　**正しい情報をつくる**

　地震防災の観点から「正しい情報」とは何かということを規定してみたい。
　緊急地震速報の限界については、気象庁から、次のようなことが、報告されている。

① 誤報の可能性が少ないながらある。一定の大きさの地震の時、気象庁の2点以上のデータを用いる場合には、誤報はない。
② 地震の強さの精度は、気象庁の観測点で、ほぼ±1、時に2以上の差になる。
③ 予測到達時間の精度は、数秒程度である。

　開発の一定段階でその限界を示し、遺漏のない利用に導くことは、当然のことである。しかし、以後開発を止めていいことにはならない。最大の防災軽減が実現するまで、限界をできるだけ解消するべく改善を行ってもらう必要がある。

　利用が国民レベルであることから、情報を作るための地震観測網の整

備・運用は国が担当することになる。緊急地震速報では、①観測網の整備は気象庁と防災科学技術研究所が、②配信システムの整備・運用は気象庁が、③新たな解析アルゴリズムの研究開発では、防災科研などの研究機関が担当して、不断に課題の解決に向けて、努める必要がある。

観測網については、基幹部分を国とするも、補助的には自治体・民間企業などがそれらの地震計データを集めて、特定の地域では、より信頼度の高い情報を作ることも考えられる。既に幾つかの提案がなされており、民間の活力の利用を真剣に検討する時期にきていると思う。

(2) 正しく伝える

緊急地震速報の伝達については、地上線、無線、衛星回線、放送など、メディアは多岐にわたる。リーディングプロジェクト（LP）でも、幾つかのメディアを使って、伝送の問題に取り組んでいる。中には、IPv6マルチキャストによるシステムのように、普及型が出現している。放送と通信を融合した安心・安全プラットフォームの樹立を目指しており（図6）、地上デジタル波、地域コミュニティFM、CATVなど多彩なメディアからなる伝送の仕組みによって実証実験を、藤沢市などで気象庁も参加して、実施している。

緊急地震速報の一般利用にかかわる配信では、J-ALERTに関与しては国（消防庁）であり、放送に関しては、NHKなどの放送機関と無線通信業であろう。J-ALERTに一般利用情報を載せるのか、特定利用のために震源情報を流すのかは分明でないが、伝送上のセキュリティについてはまず問題ない。問題があるとすれば、自治体がその住民に防災情報を伝えるインフラとして位置づけられている防災無線である。聞きにくいケースがままあることと、各自治体での受信のあと防災無線につなげる際の遅延の問題がある。実際に使用するのであれば、これらの基本的な課題をまず解消すべきであろう。

放送機関からの配信では、放送責任と編成権との関連で、緊急地震速報の放送が問題視され、種々議論もなされている。放送責任に関していえば、緊急地震速報の特定利用にあたっても一定の免責を条件としている以上、一般放送の場合でも免責でなければ、実施はあり得ない。法的にそれを担保することも検討すべきであろう。

編成権の関連でいえば、気象庁から放送局に配信される情報は、全日本向けには最適な形で作成されるので、右から左に放送しなければならない

ように考えられるが、必ずしもそうではない。各放送局は、自らの責任を達成するべく、特定の放送局のサービスエリア内で最も有効な情報を流すべく、国からの情報をカスタマイズして誤報などが無いか、より的確な内容を放送する、すなわち、コンテンツを自らの責任で作成して放送するという形での編成権を行使すればいい。発想の転換を図って、10月1日を迎えて欲しいものである。

(3) **正しく咀嚼し・支援する**

　放送による配信では、一律の情報が流れるわけであるが、利用者がそのTPOに応じ、また利用の方法にしたがって的確に使えるように利用環境を整える必要がある。すなわちマニュアル、教材を使った教育・訓練など利用環境を整え、利用能力の確保・維持を図ることである。その根幹は、学校における教育であり、各自治体における防災教育・訓練である。後者では、CATV、コミュニティFMなどが自治体と協力して一定時間を常に防災情報の利用に使うようにすることが有用であり、また必要なことだと思う。

　集客施設での放送で問題となるのは、パニックの発生がある。一般利用を実施するということは、パニックの発生の可能性を前提として、国民が等しく緊急地震速報の便益を享受できるようにするという機会均等の原則を貫くという姿勢に基づくものであろう。パニックが発生するか否かではなく、いかに発生しないようにするのかが重要となる。パニック発生には3つの条件、

① 　その場のほとんどの人々が切迫した恐怖を共有している。
② 　脱出口があるが、自分の脱出は保障されていないという強い不安感がある。
③ 　人々の間で正常なコミュニケーションが取れていない。

があるという（広瀬、2004）。

　また、これらのことが、実際に起きなくても、人々がそう意識すれば、上記の条件が満たされるという。また、パニックを恐れて正しい状況判断のための情報を出し渋った場合には、③の正常なコミュニケーションが成立しなくなり、不安に駆られた人々がかえってパニックを起こす可能性がある。

　集客施設で的確な活用を目指すには、防災管理者の真剣な取り組みと奮起を待つしかない。それと共に、行政の立場からそれを指導・監督するの

は、ほとんどが消防法に関係していると思われるので、行政での担当は消防庁・自治体の消防機関となる。これらの担当機関が、既存の集客施設における地震災害対策マニュアルを、緊急地震速報の存在と利活用を考慮して改訂するよう、指導することになる。その際、最近の災害心理学の発展を踏まえてパニック・混乱の発生を極力抑えるように努めることになる。新情報の利用という面からの不公平をできるだけ早く解消するべく、この課題の存在をまず認識し、必要な対策を実行してもらわなければならない。

　また、最も難しいのは、自動車のドライバーによる利用である。自らの行動が他の者の安全に影響を及ぼすことから、複雑な問題を抱えている。このこと自体は、公道を不特定多数の者が利用することに由来するもので、本質的な新しい事態ではない。また、運転にあたっては安全確保の責任を守って運転することが義務となっている。その規範のもとである道路交通法の改正を含めて、緊急地震速報の的確な運用の仕組みを構築すべきである。すなわち、国全体で、関連する法整備を早急に行うこと、本運用開始までに、周知・訓練を行っておくことが重要である。

　法整備などのソフト的な対処以外に、伝達システムを「賢い」ものにして、不都合な場所に、情報が流れないようにする新たなシステムの考案をすべきではないか。

(4) **正しく使う**

　利用者は、情報の特性を理解し、最大限有効に使用することが大切である。
　利用にあたっては、TPOに応じて、考慮すべきこと、守るべきことを、意識・訓練することである。
　一般利用では、①ほとんど一人でいる場合、②グループでいる場合、③不特定多数といる場合、④管理者がいる場合、⑤不完全な管理がなされている場所にいる場合、などに分かれる。
　避難時の事故には、建物の構造要因による群集事故、パニックによる群集事故、災害そのものに巻き込まれる事故などがある。これらは、逃げる時間もなく被害に遭う場合を除いて、人間行動に深くかかわっている（末松ら、2005）ことを理解して、管理者の指示を極力守って行動をする、してもらうことが大切である。
　管理者から出される情報そのものが妥当でない可能性がなくはないことも事実である。だからといって、管理者の指示を信じないで、軽々しく独

自の行動をとることには、与するべきでない。

9．おわりに

　緊急地震速報の利活用システムの研究・開発を目的とし、リアルタイム地震情報利用協議会では、各分野に応じたリアルタイム地震情報対応プロトタイプシステムの開発と実用化を進めている。これらの大部分は、社会の関心の高まりを反映して、需要が大きくなり、会員企業などの開発努力によって実用化が急速に進んでいる。しかし、災害時要援護者対応、津波対応システム、原子力施設対応など、未着手の分野も多く、国による継続的な投資と新たな企業の参入を望みたい。

　また、日本の被害地震の多くが海底で発生しているのに、地震計が海底に極端に少ないアンバランス、直下型地震に備えるための余裕時間の増加、誤報対策など、緊急地震速報の防災軽減能力を十分に発揮させることで、地震災害の半減が達成されるとの認識が広がり、実現されることを願っている。

（ふじなわ　ゆきお）

参考文献

- 広瀬弘忠：人はなぜ逃げおくれるのか―災害の心理学，集英社，2004．
- 末松孝司ほか：密集空間を対象とした総合避難誘導シミュレーションシステム研究，大都市大震災軽減化特別プロジェクト平成16年度報告書，2005．
- 目黒公郎：目黒メソッド（http://risk-mg.iis.u-tokyo.ac.jp/index2.htm），2003．
- 山崎登：災害情報が命を守る，消防科学と情報，2004．

COLUMN

かけがえのない命を守るために…
～緊急地震速報と内蔵型地震計を利用した、
新築マンション専用「地震防災システム」を開発・提供～

「安心、便利で快適な暮らしを。」㈱シーファイブは、首都圏を中心にITマンション・クリエーターのパイオニアとして、数々の実績を築き上げてきた。

この5月からは、これまでのシステムをさらに改良し、緊急地震速報と内蔵型地震計を利用した新築マンション専用の地震防災システム「EQ - Reporter（イーキューリポーター）Ⅱ」を開発、提供を開始している。

本システムは、「直下型地震にも対応している」点が、これまでのものと決定的に異なる。その特徴を、以下に挙げる。

① 音声で地震が来ることを通報。マンション単位の予想震度、予想到達時間とエレベーターとの連動により、閉じ込めを回避。
② ガス・電気を事前に遮断し、二次災害を防止（オプション）。
　●電気…ブレーカーから別回路で構築し、防災コンセントのみ遮断。
　●ガス…内管部にガス遮断弁を設置。事前遮断で更なる安全確保を図る。

ただし、課題もある。内蔵地震計による通報は、誤報の可能性と通報が間に合わないということも考えられるという。この点を踏まえ、代表取締役の鈴木利幸氏は、「ほんの数秒といえども、安全な空間、例えば玄関などに避難することで、家具類の転倒・ガラスの飛散などから身を守ることができます。今後当社では、システムメンテナンスを兼ねた防災訓練を実施し、普段からの心構えを持つことの必要性を訴えつつ、ハード・ソフトの両面から支援を行っていきたい。」と語る。

〈URL：http://www.ccccc5.com/〉

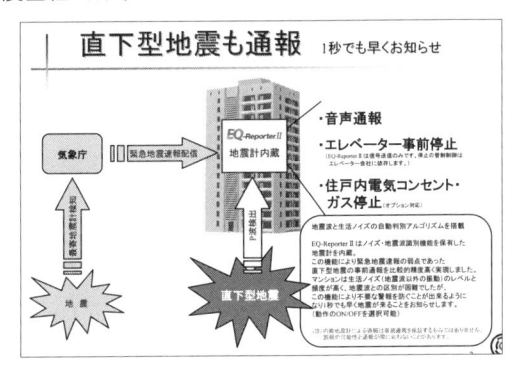

3 緊急地震速報
―その原理・心得と気象庁の取り組み

気象庁地震火山部管理課
地震情報企画官
上垣内　修

気象庁 URL　http://www.jma.go.jp/jma/index.html

著者プロフィール
1982年3月東京大学理学部地球物理学科卒業。1984年4月、気象庁入庁。以後、同庁地震火山部地震予知情報課課長補佐、同課評価解析官、地震火山部管理課課長補佐、地震火山部地震津波監視課国際地震津波情報調整官を経て、2007年4月地震火山部管理課地震情報企画官（現職）。

1．はじめに

　気象庁では、突然襲ってくる地震災害に対して、これまで地震発生後の初動体制の迅速な構築のため、津波予報や震度・震源に関する情報の迅速な発表に取り組んできた。近年、従来は強震動災害に対しては事後の「揺れました」という情報であった震度情報をより一歩進めて、直前の対策を可能とする目的で、地震の揺れが来る前に「揺れます」旨を伝えるという新たな情報の取り組みが始められた。それが緊急地震速報である。

　緊急地震速報は、地震（地下の岩盤の破壊）の発生を予知して事前に情報を提供するものではない。発生した地震による揺れを震源付近の地震計ですばやく検知し、地震の場所、規模を即座に解析し、予想される揺れの強さを迅速に情報伝達するものである。このことにより、ほんの少しではあるが強い揺れの到来に備える時間を作ることが可能となった。

　この情報は、全国に稠密に張り巡らされた地震観測ネットワーク、高度なデータ処理・通信技術、信頼性の高いシステムの構築とその運用があって初めて可能となるものであり、国内全域を対象としたサービスとしては世界で初めての試みである。

2．緊急地震速報の概要

　緊急地震速報の技術的な概要は、次のとおりである。
　まず、地震発生直後に震源に近い観測点で比較的揺れは小さいが伝わる速度が速いP波をとらえ、それを直ちに解析する。これにより、地震の震

源や規模（マグニチュード）、各地での主要動（伝わる速度が遅いが強い揺れをもたらすS波）の震度や到達予想時刻を、P波の検知から数秒以内で推定することができる。これらの情報を、強い揺れが到達するまでの短い時間に伝えようというものである（図1参照）。

少々技術的な話に触れる。

震度や、強い揺れが襲ってくるまでの時間を予測するためには、震源の位置と地震のマグニチュードを推定しなければならない。

|震源|

まずは震源であるが、従来は、少なくとも3点以上の地震観測点における、4つ以上の地震波到着時刻データを使用しなければ計算ができなかった。これでは、迅速な緊急地震速報の発表を実現することができない。そこで、地震観測網として得られる情報と、1点の観測点から得られる情報とを組み合わせて、迅速性とともに最大限の精度を確保することとした。

「観測網として得られる情報」を簡単に言えば、「震源は、最初に地震波が到着した観測点の近くにある」ということである。稠密に地震観測網が張り巡らされていれば、この考え方により、最初の1点で地震波をとらえた瞬間に、震源の位置をある程度絞り込むことができる。地震観測網の内

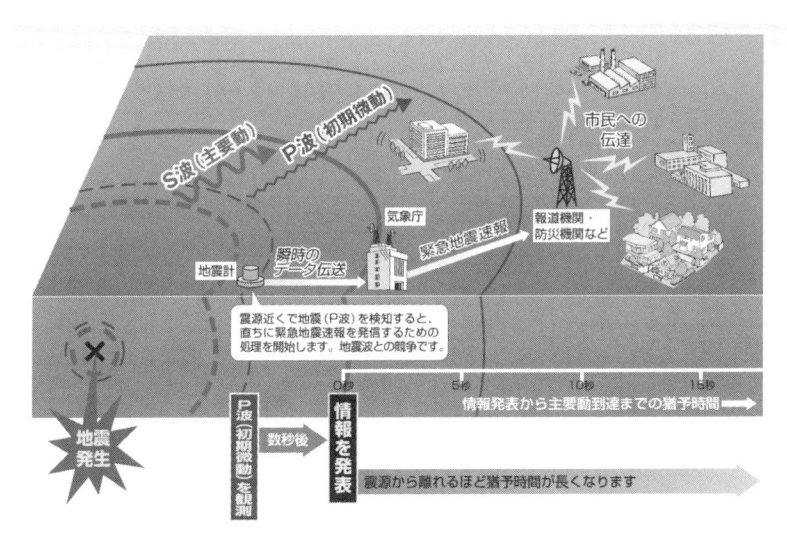

図1　緊急地震速報の原理

側（つまり内陸）で発生する地震についてはこれでうまくいくのであるが、海域でも大きな地震は発生する。こうした観測網の外側で発生する地震についても迅速に震源を決定するためには、別の方法を使う必要がある。すなわち、最初の1点で観測された地震波形の、最初の2秒間の部分を使って、その観測点から震央までの距離と方向を解析する方法を使うのである。これらの方法を組み合わせることで、内陸・海域を問わず、迅速に震源の位置が推定できるようになった。

　以上が、最初の1点で地震波を観測した場合の震源推定方法であるが、少ないデータから推定を行うため、十分なデータを得てから行う方法による結果と比べると、どうしても精度は劣る。そのため、その後時間の経過とともに2点、3点と地震波を観測した地震観測点が増え、利用可能なデータが増加するのにあわせて、その時点での最適な計算方法を用いて繰り返し計算を実行し、精度の向上を図ることとした（図2参照）。すなわち、緊急地震速報とは、ひとつの地震に対して1回だけ発表される情報ではなく、第1報発表の迅速性は確保しつつ、時間の経過とともに刻々と精度を上げながら原則複数回発表される情報である。

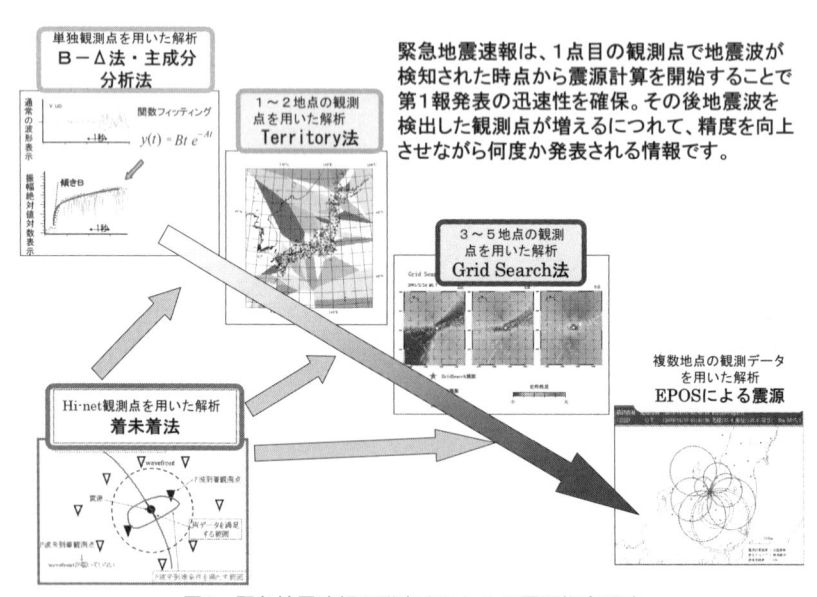

図2　緊急地震速報を発表するための震源推定手法

こうした技術開発は、気象庁、(財)鉄道総合技術研究所、(独)防災科学技術研究所が協力して行った。
　オンライン接続された計算機であれば、このように次々と発表される情報に対してあらかじめプログラミングを行うことにより、自動制御等に活用することが可能である。しかし、こうした情報が人間に対して伝えられた場合には、まず対応は不可能であるし、そもそも目まぐるしく更新される情報のすべてを言葉や文字で伝えることはできない。そのため、一般向けに伝えられる場合の緊急地震速報の内容・表現方法については別途考える必要があり、後段で解説することとする。

マグニチュード

　次に、マグニチュードである。実は、地震の規模を発生から間もない時間で推定することは本質的に難しいのである。なぜなら、地震とは地下の岩盤の破壊現象（「震源断層」と呼ばれるある広がりを持った面を境にして、岩盤がずれ動く現象）なのであるが、一瞬で破壊が完了するわけではなく、大きな地震になるほど、破壊の開始から完了までに時間がかかるのである。マグニチュード8クラスの地震であると、1分近くかかることもある。よって、破壊全体の規模を表すマグニチュードは、基本的には破壊が完了するまで確定しないということになる。
　地震は「その破壊開始時点で自分の最終的な大きさを知っている」とする学説もあるが、その真偽につき結論は出ておらず、たとえそうであるとしても、地震波形の最初の部分（破壊の初期段階に対応）を使って最終的規模を推定する手法については確立されていない。そのため、オーソドックスではあるが、観測された地震波の最大振幅が成長していく様を1秒ごとにモニターし、マグニチュードの計算を繰り返すことにより、規模の推定を逐次更新することとした。
　ただし、できるだけ早く規模推定を行う必要があるので、気象庁で従来から行ってきたような、地震波形データ全体の中での最大振幅（通常、遅く到達するS波に該当）を用いるマグニチュード計算式に加えて、早く到達するP波部分の振幅から推定できる式も開発し、時間の経過に応じて切り替えて使用している。

|予測震度・主要動到達予測時刻|

　各地の震度は、地震の規模（マグニチュード）と震源からの距離を使って予測する。具体的には、①地震の規模、震源断層面からの距離に応じて揺れの振幅がどのように変化するかを予測する経験式と、②表層地盤による増幅係数を組み合わせて計算するが、地震発生直後の解析からは震源断層面の広がりや傾きなどを推定することが技術的に困難なので、震源を中心とした球を震源断層に見立てて推定する。球の半径は、地震の規模と震源断層の平均的な長さを関係づける経験式により与えている。

　主要動到達予測時刻は、気象庁の地震波速度構造モデルを用いて、震源からの距離に基づき計算する。

　こうして計算された震源の位置、マグニチュードと、全国を約200に分割した地域ごとの予測震度・主要動到達予測時刻を内容とする緊急地震速報が、「大きな地震・強い揺れ」としてあらかじめ設定した基準が満たされた瞬間に第1報として発表され、その後の推定結果の更新状況に応じて、精度を上げながら原則複数回発表されるわけである（巻末URL参照）。

　緊急地震速報を受け取ってから強い揺れが到達するまでの短い時間（数秒から数十秒）に、何らかの対策を講ずることができれば、地震被害の防止・軽減が可能となる。

　例えば、数秒から数十秒程度の短い時間であっても、地震による強い揺れが始まる前に、走行中の列車のスピードを少しでも落とすことができれば、脱線事故などの可能性の低減につながることが期待される。エレベーターを最寄りの階に停止させることにより、閉じ込め事故を防止することもできる。

　工場や工事現場など危険なところで働いている方が、安全なところへ避難したり、安全な体勢をとったりするようなことも可能となる。また、家庭や学校、オフィスなどで倒れてきそうな家具や書棚などの前から離れたり、丈夫な机の下に避難することにより身を守ったりすることも可能である。

　しかし、緊急地震速報には、情報を発表してから主要動が到達するまでの時間が数秒から数十秒と極めて短く、震源に近いところでは情報が間に合わない場合があることや、震源、マグニチュード、震度等の推定の精度が十分でない場合があるなど、技術的な限界もある。緊急地震速報を適切に活用するためには、このような特性や限界を十分に理解する必要がある。

3．これまでの取り組み状況

(1) 緊急地震速報の本運用開始に係る検討会

　緊急地震速報は、その防災効果が期待される一方、有効時間が非常に短いことなど、提供の実施に当たっては様々な課題が想定された。そのため、気象庁では、緊急地震速報の導入を図るにあたり、平成17（2005）年11月に学識者、関係機関からなる「緊急地震速報の本運用開始に係る検討会」（以下「検討会」という。）を発足させ、緊急地震速報の提供に向けた検討を進めてきた。検討会が平成18（2006）年5月にとりまとめた中間報告では、「広く国民への情報提供を直ちに開始した場合には混乱を生じるおそれがあることから、十分な周知・広報等を行った上で提供を開始する。一方、すぐにも適切な利活用を図ることが可能な利用者に対しては、地震被害を少しでも軽減するという観点から、先行的に提供を開始すべきである。」という提言がなされた。

　気象庁では、この提言を受けて、列車やエレベーターの制御、工事現場における作業員の安全確保等の分野の利用者に対し、平成18年8月から緊急地震速報の先行的な提供を開始した（図3参照）。

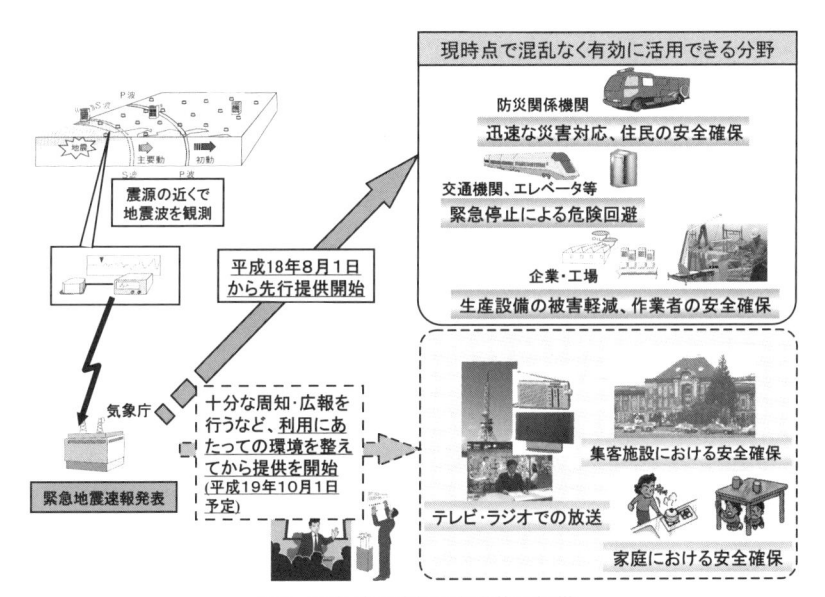

図3　緊急地震速報の段階的な提供

中間報告の中では、緊急地震速報が一般向けに伝えられる場合の内容や発表のタイミングについても取りまとめが行われた。その際の基本的な考え方は、
　① 　できるだけ発表は1回だけにすること
　② 　強い揺れが予測された場合に発表されること
　③ 　誤報を防止すること
　④ 　可能な限り迅速に発表すること
　⑤ 　推定誤差を考慮した適切な表現であること
　⑥ 　危険回避行動が必要な地域がある程度限定できること
　⑦ 　TV等映像による情報提供に必要な情報が含まれること
である。検討の結果、
　ア　発表条件
　　　地震波が2点以上の地震計で観測され、最大震度が震度5弱以上と推定された場合
　イ　発表内容
　　　地震発生時刻、地震の震央地名、震度5弱以上及び震度4が推定される地域名（全国を約200に分割した領域を最小単位とする）
とし、続報を発表する条件としては、前報発表時に震度3以下と推定されていた地域が、その後の解析で震度5弱以上と推定された場合及び誤報と判明した場合とされた。
　検討会では、さらに一般の方々への緊急地震速報の提供に向けた検討を進め、平成19（2007）年3月に「最終報告」が取りまとめられた。
　最終報告の中では、一般向けに伝えられる緊急地震速報がTV放送のテロップで報じられる場合の具体的表現例が示された（**資料編「放送における表現の例」**参照）。これは、できるだけ1画面で震度4以上が推定される地域（地方名、県名、地域名の中から最適な表現をその都度選択）を表示するというもので、例えば平成17年8月16日の宮城県沖の地震に適用すると、

```
緊急地震速報　宮城沖で地震
強い揺れの地域　東北　関東　新潟
```

のようになる。ただしこれはあくまで表現例であるので、実際の放送にあたっては、放送事業者による分かりやすい表現として工夫がなされること

もある。

(2) 検討会最終報告と利用の「心得」

　緊急地震速報はすでに述べたように、適切に活用されれば地震災害の軽減に役立つ情報である。そのため、できるだけ早く一般への提供を開始すべきであるが、一方で、緊急地震速報の理解の不足から、混乱や損害などが発生するおそれもあり、提供開始にあたってはこれを防止するための方策を講じることが必要である。

　平成19年3月の検討会の「最終報告」では、緊急地震速報を入手した利用者が適切な行動をとることができるよう、「緊急地震速報の利用の心得」が取りまとめられた。

　この「心得」は、「状況に応じて、あわてずに、まず身の安全を確保する」ということを基本とし、これを踏まえて「家庭」、「不特定多数の者が出入りする施設」、「屋外」、「乗り物で移動中」の4つの場面における具体的な対応行動の指針を示している。要するに、大きく揺れ始めた場合にとるべき行動を、従来よりも少しだけ心に余裕を持って行えると考えていただくのがよいであろう。緊急地震速報を有効に活用するためには、情報受信時にどのように行動すればよいかということについて、この指針を参考に家庭や職場などで考えていただくことが重要である。（**資料編「緊急地震速報の利用の心得」参照**）

　また、検討会最終報告では、最終報告が取りまとめられた後、利用者の準備や「心得」の周知等のための準備期間として、6か月程度の期間を置いた後、広く国民への緊急地震速報の提供を開始することが適当であるとしている。関係省庁においては、これを踏まえ、平成19年10月1日の一般への提供開始予定日に向けて、関係機関との連携のもと、緊急地震速報の特徴や限界、利用の「心得」の周知・広報等の取り組みを推進している。

(3) 周知・広報の取り組み

　平成19年3月20日に開催された中央防災会議（会長：内閣総理大臣）において、同会議の阿部東京大学地震研究所教授（検討会座長）により、緊急地震速報の提供に向けての取り組みが紹介された。これを受けて、内閣総理大臣（会長）から、関係閣僚（中央防災会議委員）に対し、「緊急地震速報を有効に利活用するための方策について検討を進めるとともに、政府一体となって、国民への普及・啓発に取り組んでいただきたい」との指示が出された。

これを受けて、政府では「緊急地震速報の周知・広報及び利活用推進関係省庁連絡会」を設置し、3月28日には第1回の会合が開かれた。その後、平成19年6月時点で計3回開催されている。連絡会では、各省庁の所管分野における、緊急地震速報を有効に利活用するための方策の検討と、国民への普及・啓発への取り組み等について、情報交換や施策の調整を行うとともに、各省庁の取り組みの取りまとめを行っている。

　気象庁においても、平成19年3月に「緊急地震速報一般提供に向けた周知・広報推進本部」を設置し、取り組みを進めている。具体的には、周知・広報のためのリーフレットの配布、緊急地震速報の原理や心得を分かりやすく解説したビデオの作成、各種説明会での講演、気象記念日における緊急地震をテーマとしたフォーラムの開催（図4参照）等様々な取り組みを進めている。

(4)　モデル実験の実施

　平成19年10月1日予定の一般への提供開始までは、原則行わないこととしている不特定多数の者に対する緊急地震速報の伝達についても、実際に伝達された場合の問題点・課題を抽出し、解決の方策を検討する目的で、地域や建物を限定した形での不特定多数の者も含む伝達実験を、「モデル実験」として実施しているところである。平成19年4月23日からは、気象庁本庁舎においてもモデル実験を開始した。

図4　気象記念フォーラムの様子

4．今後の取り組み

　緊急地震速報は、情報の発信から極めて短時間の間に利用者まで情報を伝達することが求められるものである。当面の伝達手段としては、テレビ・ラジオ等の放送や、インターネットを用いた専用端末などが大きな役割を果たすと考えられるが、これらだけでは、すべての住民に迅速に情報伝達することは困難である。このため、これらの情報伝達手段に加え、携帯電話等の移動体通信などの様々な情報伝達手段を活用することで、何らかの形で住民に緊急地震速報を迅速に伝達できる環境を構築していくことが必要である。

　また、緊急地震速報の理解の不足から、混乱や損害などが起こることがないよう、より一層の周知・広報活動が必要である。

　これらの取り組みを推進していくためには、国、地方公共団体、報道機関、民間企業などの相互の協力が不可欠であり、気象庁ではこれら関係機関との一層の連携を進めているところである。

5．おわりに

　緊急地震速報は地震の揺れが来ることをお知らせすることはできるが、揺れそのものを抑制することはできない。そのため、この情報をより有効に活用するためには、建物の耐震化や防災訓練の実施など、日ごろからの防災対策が不可欠である。

　緊急地震速報は、適切に利用できれば様々な分野、場所、場面における地震被害の防止・軽減が期待される。

　地震災害を少しでも軽減し、安全・安心な社会を構築するため、関係省庁が一体となって、平成19年10月1日予定の一般への提供開始を目指し、日ごろからの防災対策の推進に加え、緊急地震速報の特徴や限界、利用の「心得」についての周知・広報を推進している。

　詳しい情報は、気象庁ホームページ（http://www.jma.go.jp/jma/index.html）をご覧いただきたい。

「緊急地震速報の概要や処理手法に関する技術的参考資料」
http://www.seisvol.kishou.go.jp/eq/EEW/kaisetsu/Whats_EEW/reference.pdf

4 緊急地震速報の精度と今後の地震防災システム

独立行政法人
防災科学技術研究所
堀内　茂木

著者プロフィール
独立行政法人防災科学技術研究所研究参事。東北大学理学研究科地球物理学専攻修士課程修了。博士（理学）。東北大学助教授を経て、1997年11月より、防災科学技術研究所研究部長、部門長、2007年4月より現職。

防災科研 URL　http://www.bosai.go.jp

1．緊急地震速報

　地震波には、P波、S波、表面波がある。地震発生時に、最初に到着するのはP波である。P波は初期微動、あるいは、縦波ともいわれる。揺れの強さは、S波の約1/3で、伝播する速度は地表付近で、3～5km/秒、深さ約2km以深で6km/秒、30km以深で、7.5～8.0km/秒である。S波速度はP波の55～60％である。表面波は地表付近をS波の9割程度の速度で伝播する波で、長周期地震動は表面波である。例えば、100km離れた地点で地震が発生したとすると、P波は約17秒後に到着するが、S波は28秒後である。緊急地震速報は、震源近傍の観測点でP波を観測し、S波や表面波による大きな揺れが到着する前に流す地震情報のことである。

　防災科学技術研究所や気象庁等は、日本全域約1,000箇所に地震観測点を設置し、そのデータをリアルタイムで集めている。地震が発生すると、その近くの観測点でP波が観測されるが、そのデータは即時的に解析され、地震の発生位置（震源）、規模（マグニチュード）、発生時刻が求められ、この解析結果が緊急地震速報として気象庁から配信される。配信は、まず、気象業務支援センターに送られ、次に、リアルタイム地震情報協議会等の二次配信業者に送られ、そこから、利用者に届けられる。緊急地震速報を受信するためのシステムも開発されている（山本他、2005）。

　地震による揺れの強さは、震源までの距離が長くなると小さくなり、マグニチュードが大きくなると、大きくなる。また、柔らかい地盤の上では揺れが大きく、硬い岩盤の上だと小さくなる。このため、予測される揺れ

の大きさは、場所により大きく変わる。緊急地震速報の受信端末は、地震情報を受信すると、利用者が位置する場所までの距離、マグニチュード、地盤による揺れ易さの違いを考慮して揺れの大きさを推定する。

　防災科学技術研究所、気象庁、リアルタイム地震情報利用協議会、㈶日本気象協会は、緊急地震速報を実用化させるための共同研究を、平成15年度より実施している。プロジェクトの名前は、「高度即時的地震情報伝達網実用化プロジェクト」である。このプロジェクトで、緊急地震速報を配信するための開発が行われ、99％の地震について、ほぼ正しい震源が決定できるようになった。また、多くの民間企業との共同開発で、緊急地震速報を利用して、地震災害を軽減させるための装置やシステムの開発も行われ、大きな成果が得られている。私は、このプロジェクトが緊急地震速報実用化に多大な貢献をしたと思っている。

　本稿では、まず、現在開発された緊急地震速報の精度について述べる。次に、現在開発されたシステムの課題について述べる。そして、緊急地震速報の受信装置の中に、極めて安価な簡易地震計を組み込んだホームサイスモメータ（家庭用地震計）を普及させることについて提案し、この提案により、現在の緊急地震速報の主要課題は解決され、かつ、建物ごとに、地震による揺れ易さの指標が得られ、地震危険度の推定も可能であることについて述べる。

2．震源位置決定の精度について

　防災科学技術研究所は、平成7（1995）年の阪神・淡路大震災以来、日本全域で、観測点総数が約800点の高感度地震観測網（Hi-net他）の整備を行った。これは、世界で最も高性能な観測網である。緊急地震速報の配信は、この観測点と、気象庁による約200点、計1,000点（図1）の観測データを利用して行われている。

　震源決定とは、緯度、経度、深さ、発生時刻の4つの未知数を決定することである。未知数が4個あるため、通常、4観測点以上のP波到着時刻のデータが必要である。しかし、実際のデータには、別の地震の到着時刻データや、観測点近くでの工事等によるノイズが混入する場合がある。また、地球内部は不均質であるため、紀伊半島沖の深発地震のように、近くの観測点ではあまり揺れないが、遠く離れた関東地方で大きく揺れる場合もある。緊急地震速報では、多くの観測点にP波が到着する前に震源位置

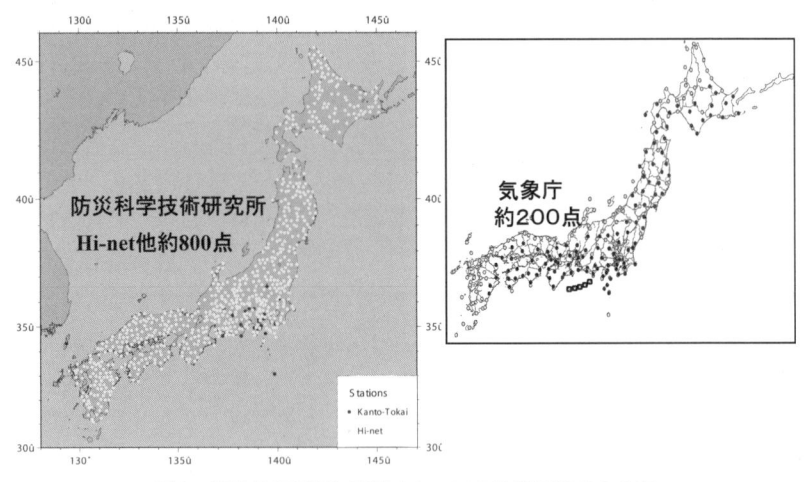

図1　緊急地震速報に利用されている地震観測点の分布

を決定する必要があるが、少ない観測点で、正確な震源を決定するのは意外に難しく、複雑なアルゴリズムの開発が必要である。私たちは、着未着法（Horiuchi et al., 2005）といって、2観測点以上でP波が観測された場合に、P波到着時刻のほかに、P波が未だ到着していないというデータを不等式で表し、解を数値的に求める手法を開発した。この方法の開発により、複数の地震が発生した場合や、ノイズが混入した場合にも、それらを自動的に除去できるようになり、その結果、99%の地震について、ほぼ正確な震源位置が求められるようになった。

　地震が発生しても、その揺れが地震観測点に届くまで、地震発生を検出することはできない。地震観測網の平均的観測点間隔が約25kmであること、データがコンピュータに送られてくるまでに、1.5～2.5秒間かかること、解析には2観測点以上が必要なこと等の理由により、緊急地震速報が配信されるまでに時間がかかる。このため、震源から約30km以内の地域では、緊急地震速報が配信されるのが、大きなS波による揺れの後になる。東海地震等の海域で発生する巨大地震を除くと、地震被害が集中するのは震源域近傍であることから、後述するように、緊急地震速報を早く配信するための仕組みを作ることが重要である。

3．震度推定

　緊急地震速報では、正確な震度を推定できるようにすることが最も重要だと思われる。従来の震度推定は、気象庁マグニチュードに、司・翠川(1999) 他の距離減衰式を適用して行われている。気象庁マグニチュードは、地震による揺れの変位振幅で定義されており、変位分布を最も良く満足するマグニチュードであると解釈できる。一方、震度は、フィルター処理された加速度の大きさで定義されている。このため、気象庁マグニチュードで震度を予測するということは、変位を測定して、加速度を予測することに対応している。例えば、1Hzが卓越する地震と、3Hzが卓越する地震では、変位が同じでも、加速度は9倍違う。このため、マグニチュードから震度を予測すると震度2の誤差が生じる。堀内 (2007) は、震度が加速度で定義されているので、震度の推定は加速度で定義される新しいパラメータを用いて行うべきであると指摘し、震度マグニチュードの導入を提案した。このマグニチュードは、震度から直接定義されているため、地震の卓越周期の違いによらず、正確な震度を推定することができる。震度マグニチュードとは、震度分布を最も満足するマグニチュードのことである。

　図2は、震度マグニチュードを用いて震度を推定する場合の、平均的予測誤差と、気象庁マグニチュードを用いて推定する場合のそれとを地震ごとに比較したものである。各観測点での震度は、地盤条件(サイト特性)により大きく変わる。そこで、観測点ごとに観測点補正値を求め、その値を利用してサイト特性の違いを補正してある。図から明らかなように、震度マグニチュードを用いる場合の震度の推定誤差に比べ、気象庁マグニチュードを用いる場合の誤差は大きくなっている。気象庁マグニチュード、震度マグニチュードによる震度の標準誤差 (RMS) は、それぞれ、0.56、0.47である。地盤増幅特性を、地形データを利用して推定する場合のそれは、1.09である。震度マグニチュードは、震度推定に適しているが、いまだ緊急地震速報では使われていない。近い将来配信されることになっている。

4．P波センサーと緊急地震速報の精度比較

　緊急地震速報を利用して、地震による大きな揺れが到着する前に各種機器を制御できれば、被害を軽減できる。しかし、止める必要がないのに止めると、逆に経済的損失が発生する。例えば、半導体工場等では、1回止

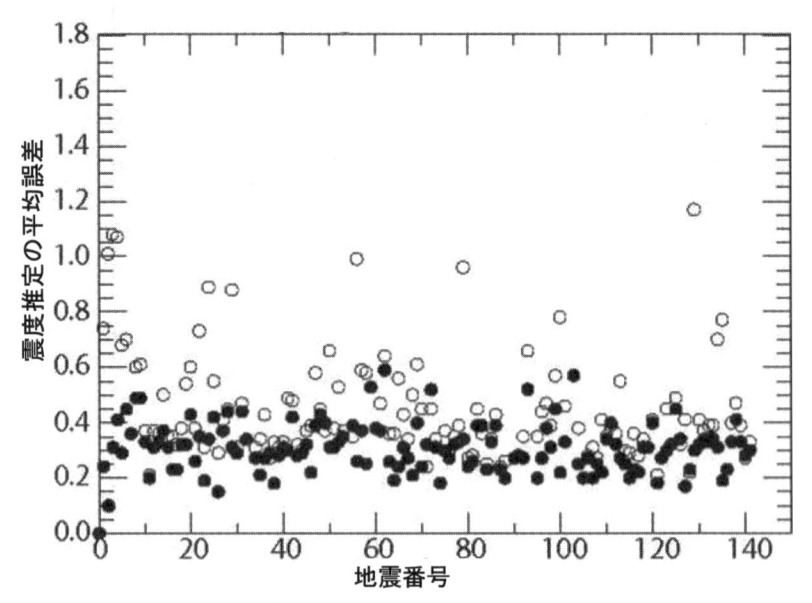

図2 気象庁マグニチュード（○）による震度の平均的推定誤差と、震度マグニチュード（●）によるそれとの比較。観測点補正値を、全ての地震の観測値と理論値とのずれの平均値であるとして求め、それを利用して、残差が計算されている。

めると数日間稼働できなくなり、大きな損害が発生する。緊急地震速報に誤差がなければ、止める必要がないのに、止めることはないが、誤差があると、不適切な制御を行う場合が発生する。そこで、誤差がある場合、適切な制御の割合がどの程度となるか検討した。

　一般に、標準誤差がσである場合、推定誤差が2σ以内となる確率は95％である。したがって、ある装置を、ある震度以上となった場合に、95％の確率で制御できるようにするには、2σの誤差を考えて、制御すべき震度の閾値を決定する必要がある。一方、地震には、震度が1小さくなると、発生頻度が10倍になるという性質がある。震度の推定誤差が1.0で、震度5.0以上で止めるべき機器があったとすると、震度3.0以上の地震について止める必要がある。震度3以上の地震と、震度5以上の地震だと、発生頻度が約100倍違う。このため、震度3から制御するようにすると、100回のうちの1回だけが、適切な制御ということになる。表1は、震度推定の標準誤差と適切な制御の割合を示したものである。この表から明ら

かなように、誤差が小さくなると、適切な制御の割合は大幅に増加する。緊急地震速報の高度化の研究が推進されると、将来、推定誤差は0.3程度まで低下するものと思われる。

表2は気象庁マグニチュード、震度マグニチュードを用いる場合の、適切な制御の割合を計算したものである。P波センサーに関しては、約15万件の強震観測データを利用して、200gal以上の観測データ425個のP波部分の最大振幅を調べ、適切な制御の割合が計算されている。

5．緊急地震速報の課題とホームサイスモメータ普及計画

上述のように、緊急地震速報を用いて各種機器を制御する場合、震度推定の精度はいまだ十分でなく、不適切な制御の割合が多いという課題がある。また、緊急地震速報に使われている地震観測点の平均的観測点距離は約25kmであること、データ転送の遅延時間が2.5秒あること等の理由により、震源から約30km以内の地域では、地震情報が届くのがS波到着の後になる、すなわち、直下型地震に対応できないという課題も残されている。地震による被害は、震源の近くに集中することから、直下型地震に対応で

表1　震度推定の標準誤差と適切な制御の割合

震度推定誤差	適切な制御の割合
±1.0	0.01
±0.5	0.10
±0.4	0.17
±0.3	0.25（最終目標）

表2　制御方式と適切な制御の割合

制　御　方　式	適切な制御の割合
1．気象庁マグニチュード　観測データで地盤補正	0.076
2．気象庁マグニチュード　地形データで地盤補正	0.022
3．震度マグニチュード　観測データで地盤補正	0.115
4．P波センサー　　　　P波、S波区別なし	0.028
5．P波センサーと緊急地震速報併用	0.111

きるシステムの構築は大変重要である。大きい地震は約5kmより深いところで発生することから、直下型地震がどこで発生しても対応できるようにするには、観測点間隔を約5km程度以下にし、遅延時間を0.1秒程度以下にする必要がある。この課題解決には、地震観測点数を現在の数十倍に増やし、かつ、遅延時間を少なくする必要がある。しかし、国家予算で現在の数十倍もの観測点を整備するのは費用の点で困難である。

そこで、私たちは、ホームサイスモメータ（家庭用地震計）を民間の力で普及させ、地震観測点数を国の地震観測網の数十倍～数百倍に増やす計画を立案し、その具体化のための準備を、株式会社エイツー、リアルタイム地震情報利用協議会（REIC）と共同で行っている。

一般に、ハードディスク等には、極めて安価な半導体の地震計が組み込まれている。緊急地震速報の受信装置の中に、それを組み込んだ端末が普及できれば、緊急地震速報の利用者が一人増えるごとに、地震観測点が1点増えることになり、観測点数は飛躍的に増えると思われる。緊急地震速報の受信装置は最初からインターネットに接続されていることから、地震計を組み込んでも、通信費の増加なしで地震観測データをリアルタイムで集めることが可能である。地震計を組み込むと、製造コストは高くなるが、それはわずかで、地震計を組み込むことにより、図3に示すように、大きなメリットがある。

ホームサイスモメータは独自の観測データを利用して、P波が観測された直後に地震警報を配信できることから、直下型地震の場合でも、S波が到着する前に、地震情報を配信することができる。また、地震による揺れの強さは地盤により大きく変化し、例えば、数百メートルの違いで震度が1以上変わることもある。地震計が組み込まれると、緊急地震速報で予測される揺れと、実際に観測される揺れとを比較し、地盤増幅特性を補正できることから、震度の予測精度は大幅に高められる。ホームサイスモメータが普及し、その観測データが解析センターで瞬時に解析され、結果がフィードバックされるシステムが構築されると、地震警報に利用できる観測点数は、現在の数十倍となり、地震情報の精度を飛躍的に高めることができる。特に、ユーザーが位置する近傍の観測点での揺れの分布を利用することにより、精度の高い揺れの予測が可能になると期待される。また、観測点密度が高まることから、現在の緊急地震速報に比べ4～5秒間早く、地震警報を配信することも可能になると思われる。このほか、震源で、周

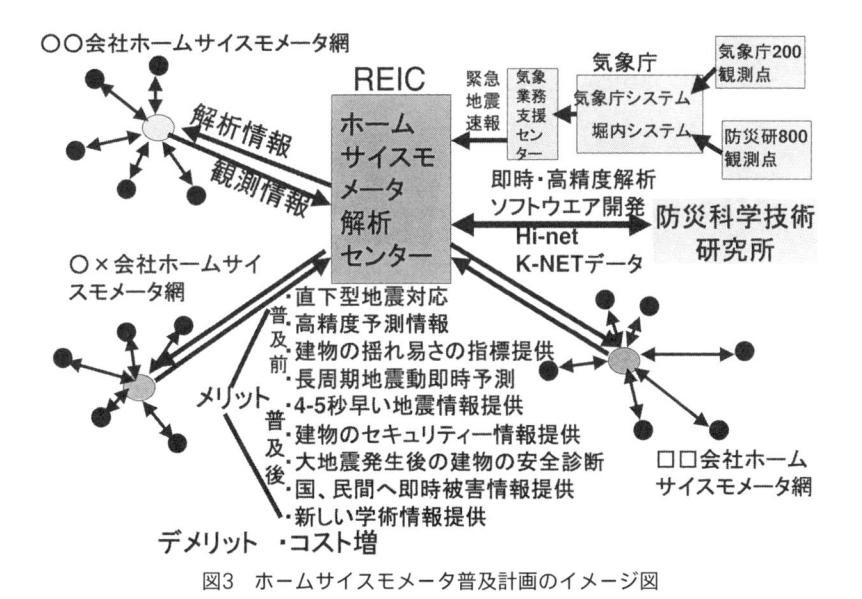

図3　ホームサイスモメータ普及計画のイメージ図

期ごとにどの程度のエネルギーが放出されたかを見積もることにより、周期ごとの揺れの予測が行え、例えば、長周期地震動のリアルタイム予測もできるようになると見込まれる。

　デメリットは、コスト増である。緊急地震速報の受信装置には、処理装置や通信機能が含まれていることから、ハード的には、地震計とA/D変換装置のみを加えることにより、地震観測の機能を持たすことができる。半導体の地震計やA/D変換器は、ハードディスク等の多くの電子機器を衝撃から守るために使われている民生品である。分解性能が1gal程度の地震計の価格は、受信装置全体の価格に比べれば安価であり、地震計を組み込むことによるコスト増は大きくはない。被害を及ぼす地震は、震度4以上であることから、安価な地震計を用いても正確なデータを観測することが可能であると思われる。

　地震計は、通常、人工的ノイズの少ない場所に設置されるものであるが、ホームサイスモメータは、ノイズの極めて大きい場所に設置される。このため、地震波とノイズとをソフト的に分離するアルゴリズムの開発が必要である。私たちは、地震波とノイズとを自動的に区別するアルゴリズムを開発しつつあり、研究室レベルではあるが、ほぼ100％両者を区別できる

ようになった。また、ホームサイスモメータが普及すると、現在の観測網に比べ数十倍～数百倍高密度の観測データを瞬時に解析するシステムの開発も必要である。このシステムの開発も検討中である。

　パキスタンやインドネシア等の国々では、地震観測網が整備されていなく、大きな地震災害が繰り返し発生している。ホームサイスモメータが開発されると、地震観測システムは極めて安価となり、これらの国々でも高密度地震観測網が整備され、高密度の緊急地震速報配信システムが構築され、地震災害の大幅な軽減ができるものと期待している。

（ほりうち　しげき）

参考文献
- 山本俊六・堀内茂木・根岸弘明：DVB衛星通信を利用した即時地震情報の配信・受信システム、地震、58、PP.71－76、2005.
- Horiuchi S.、H. Negishi、K Abe、A Kamimura, and Y. Fujinawa：An Automatic Processing System for Broadcasting Earthquake Alarms、*Bull. Seism. Soc. Amer.*、95、PP.708－718、2005.
- 堀内茂木：緊急地震速報の精度とその高度化について、振動技術、15、PP.10－17、2007.
- 司宏俊・翠川三郎：断層タイプ及び地盤条件を考慮した最大加速度・最大速度の距離減衰式、日本建築学会構造系論文集、523、PP.63－70、1999.

COLUMN

家庭や職場に必要な一台、大切な命を守るのは自分自身
～"デジタルなまず"で緊急地震速報を家庭に配信

　死者6,433人、負傷者14万人、家屋倒壊25万棟、そのうち80％以上が家屋倒壊などによる圧死…。阪神・淡路大震災による被害はわたしたちの記憶に生々しく刻まれている。

　「大きな揺れが来る前に地震情報を伝達し、災害を減らすこと」を目的に研究が始められた「緊急地震速報」。今やいつ、どこで起こるか分からない巨大地震。その発生に備えて、家庭や職場に専用端末を各1台設置することにより、揺れが来る前の数秒～数十秒が、事前の対応や命を守る避難時間に活かされるのである。

　㈱3Softジャパンが開発した「デジタルなまず」は、S波到達予想を文字表示と音声警報音でお知らせする。別売の子機を設置することにより、同じ家屋内の離れた場所への同時発報が可能。子機への通信はデジタルFMを使用するので、特殊構造の建物を除き数箇所の設置が可能である。

　代表取締役社長　井植浩之氏は、「緊急地震速報は、広く普及・浸透すれば、地震による被害を間違いなく減らすことができる。その普及と同時に、今回の本格導入を機会に、1人ひとりが個々でできる地震対策をもう一度見直し、継続して日々取り組んで、いざというときの行動についてイメージを養うことが必要ではないでしょうか。」と語っている。

〈URL：http://www.3soft.co.jp/〉

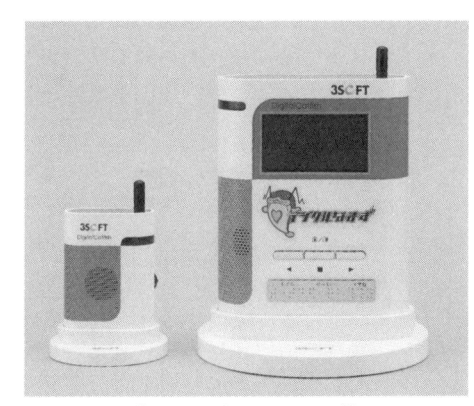

【写真　デジタルなまず】

5 我が国における地震防災対策と緊急地震速報の本格運用に向けての取り組み

内閣府参事官
（地震・火山対策担当）
池内　幸司

内閣府 URL　http://www.cao.go.jp/

著者プロフィール
1982年、東京大学大学院工学系研究科土木工学専攻修士課程修了。同年、建設省入省。河川局開発課建設専門官、河川環境課建設専門官、治水課河川整備調整官、河川計画課河川事業調整官を経て、2006年より内閣府参事官、現在に至る。技術士（総合技術監理部門、建設部門）。

1．はじめに

　我が国は、海洋プレートと大陸プレートの境界に位置しているため、プレートの沈み込みにより発生するプレート境界型の巨大地震とプレートの運動に起因する内陸域の地殻内地震などが数多く発生している。また、四方を海に囲まれ、海岸線は長く複雑なため、地震の際の津波による大きな被害も発生しやすい。我が国では、いつでもどこでも大きな地震災害が発生する可能性がある。このため、地震による被害を軽減するための様々な対策が全国で講じられている。また、緊急地震速報は、地震被害を軽減するための新たな手段として大きな期待が寄せられているところであるが、緊急地震速報を有効に利活用するためには、その方策の検討と緊急地震速報に関する正しい知識の普及・啓発等が不可欠である。
　本稿においては、我が国の地震防災対策の概要と緊急地震速報の本格運用に向けての取り組み等について紹介する。

2．我が国における地震の概要

　我が国は、海洋プレート（太平洋プレート、フィリピン海プレート）及び陸側のプレートの境界部に位置し、日本周辺で、太平洋プレートが千島海溝、日本海溝及び伊豆・小笠原海溝で陸側のプレートとフィリピン海プレートの下に沈み込み、またフィリピン海プレートが南西諸島海溝、南海トラフとその延長である駿河トラフ及び相模トラフで陸側のプレートの下に沈み込んでいる。このように複雑な地殻構造の上に位置する我が国は、

世界的に見ても地震の発生の多い国であり（図1　世界の震源分布）、過去より頻繁に大きな被害を生じるような地震に見舞われてきた。

これまで大きな被害を及ぼしてきた地震を大別すると、以下のようになる。

一つは、プレートの境界付近で発生する地震で、プレート間で発生する地震と海洋プレート内で発生する地震がある。プレート間の地震では、大きな被害をもたらした関東地震（関東大震災）（1923年）や南海地震（1946年）等が代表とされる。このタイプの地震は沈み込みに伴うプレートの変形が限界に達し、元に戻ろうとして急激に運動する際に発生し、場所によって異なるが、数百年程度の間隔で繰り返し発生すると言われている。また海域の比較的震源が浅い地震であることから、津波を伴うことが多い。近い将来に発生が予想されている東海地震や東南海・南海地震も、このタイプの地震と考えられている。海洋プレート内で発生する地震では、昭和三陸地震津波（1933年）、平成5年釧路沖地震や平成13年芸予地震等はこれにあたり、このタイプの被害地震も多く経験している。

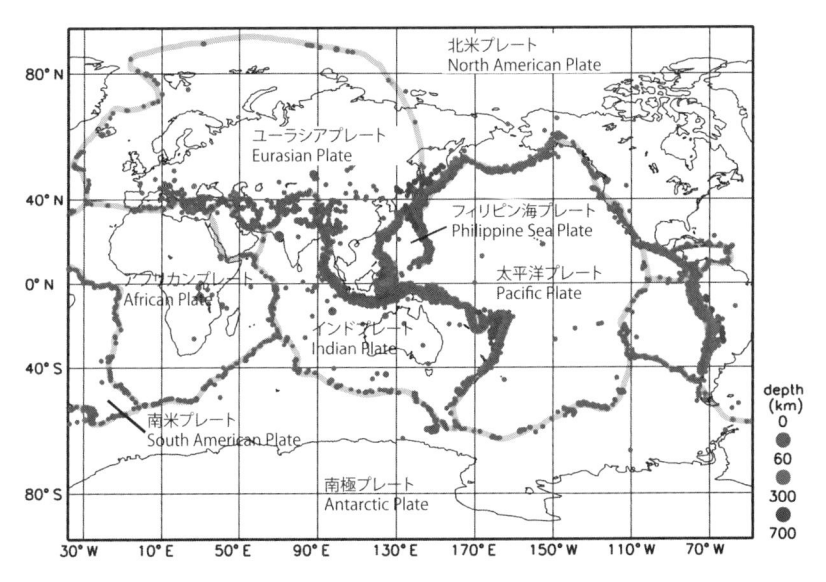

注）1996〜2005年、マグニチュード5以上。
資料：アメリカ地質調査所の震源データをもとに気象庁において作成

図1　世界の震源分布

もう一つは、陸域の浅い地震で、プレートの沈み込み等の影響を受けて内陸のプレートが歪むことなどにより歪エネルギーが蓄積され、地下の断層の破壊で解放されることにより発生するタイプの地震がある。濃尾地震（1891年）、福井地震（1948年）、平成7年兵庫県南部地震、平成12年鳥取県西部地震、平成16年新潟県中越地震、平成17年の福岡県西方沖を震源とする地震、平成19年能登半島地震はこのタイプの地震である。

3．地震に強い国土の形成

　1995年の阪神・淡路大震災において大量の犠牲者を出す最大の要因となったのは、全死者数の8割以上を占める、昭和56年以前に建築されたいわゆる既存不適格住宅の倒壊による圧死等であり、さらに、住宅密集市街地等において建物の倒壊に加えて発生した火災によって、より多くの犠牲者を出すこととなった。

　また、地震発生直後における情報集約が不十分で、死者数や建物倒壊数等の被害規模の把握に時間を要したために初動対応が遅れたこと、交通施設の損壊や道路交通の集中が原因となって発生した極度の渋滞により、避難・救急救命・消火・緊急輸送等の応急活動に著しい支障をきたしたことのほか、物資提供、医療活動、ボランティア活動、高齢者等の災害時要援護者に係る生活再建等多くの面で課題が明らかになった。

　これらを教訓として、阪神・淡路大震災以降様々な対策が講じられてきており、災害対策基本法の改正や防災基本計画の抜本的な見直しが行われたのをはじめ、地震防災対策特別措置法、建築物の耐震改修の促進に関する法律、密集市街地における防災街区の整備の促進に関する法律等の制定、公共施設の耐震基準の見直し等による建築物等の耐震性の強化や都市の不燃化の推進、内閣情報集約センターの設立や地震防災情報システム（DIS）の整備による初動体制の強化等、さまざまな施策の推進が図られている。

4．大規模地震対策

　中央防災会議では、近い将来発生する可能性の高い大規模地震である、東海地震、東南海・南海地震、日本海溝・千島海溝周辺海溝型地震、首都直下地震等について想定される被害を明らかにするとともに、被害想定に基づき、各種対策を講じているところである（図2　大規模地震対策の概要）。

　地震対策の計画策定フローは、以下の通りである。

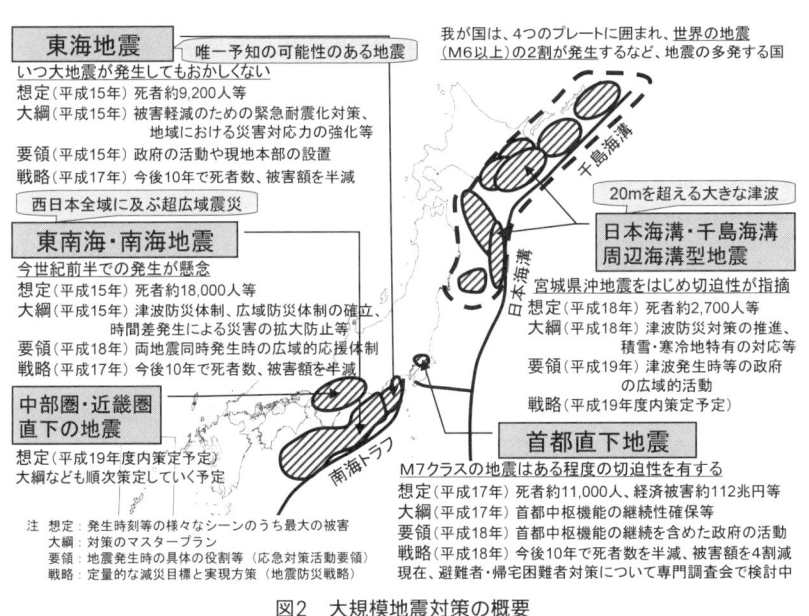

東海地震
唯一予知の可能性のある地震
いつ大地震が発生してもおかしくない
想定（平成15年）死者約9,200人等
大綱（平成15年）被害軽減のための緊急耐震化対策、地域における災害対応力の強化等
要領（平成15年）政府の活動や現地本部の設置
戦略（平成17年）今後10年で死者数、被害額を半減

西日本全域に及ぶ超広域震災

東南海・南海地震
今世紀前半での発生が懸念
想定（平成15年）死者約18,000人等
大綱（平成15年）津波防災体制、広域防災体制の確立、時間差発生による災害の拡大防止等
要領（平成18年）両地震同時発生時の広域的応援体制
戦略（平成17年）今後10年で死者数、被害額を半減

中部圏・近畿圏直下の地震
想定（平成19年度内策定予定）
大綱なども順次策定していく予定

我が国は、4つのプレートに囲まれ、世界の地震（M6以上）の2割が発生するなど、地震の多発する国

20mを超える大きな津波

日本海溝・千島海溝周辺海溝型地震
宮城県沖地震をはじめ切迫性が指摘
想定（平成18年）死者約2,700人等
大綱（平成18年）津波防災対策の推進、積雪・寒冷地特有の対応等
要領（平成19年）津波発生時等の政府の広域的活動
戦略（平成19年度内策定予定）

首都直下地震
M7クラスの地震はある程度の切迫性を有する
想定（平成17年）死者約11,000人、経済被害約112兆円等
大綱（平成17年）首都中枢機能の継続性確保等
要領（平成18年）首都中枢機能の継続を含めた政府の活動
戦略（平成18年）今後10年で死者数を半減、被害額を4割減
現在、避難者・帰宅困難者対策について専門調査会で検討中

注　想定：発生時刻等の様々なシーンのうち最大の被害
　　大綱：対策のマスタープラン
　　要領：地震発生時の具体的な役割等（応急対策活動要領）
　　戦略：定量的な減災目標と実現方策（地震防災戦略）

図2　大規模地震対策の概要

①地震が発生した場合の震度分布等を推計する。
②各地の震度等を基に、死者数、被害家屋数等の被害想定を行う。
③被害想定結果に基づき、地震被害を軽減するためのマスタープランである地震対策大綱を策定する。
④定量的な減災目標と具体的な実現方策等を定めた地震防災戦略を策定する。
⑤主として政府の広域的活動の手続き、内容等を具体化した応急対策活動要領等を策定する。

5．東海地震対策

　安政東海地震から、150年余が経過していることや、駿河湾周辺の明治以降の地殻歪の蓄積状況を考え合わせると、駿河トラフ沿いに近い将来大規模な地震が発生する可能性が高いと考えられる（図3　東海地震と東南海・南海地震の切迫性）。
　大規模地震対策特別措置法では、事前予知の可能性のある大規模地震について、あらかじめ強化地域の指定を行ったうえで、同地域に係る地震観

・東海地震

東南海地震(1944)で歪みが解放されず、安政東海地震(1854)から153年間大地震が発生していないため、相当な歪みが蓄積されていることから、いつ大地震が発生してもおかしくないとみられている。
東海地震は唯一直前予知(地震の起きはじめをとらえる)の可能性がある→予知された場合には事前避難・交通規制等の対策を講じる

・東南海・南海地震

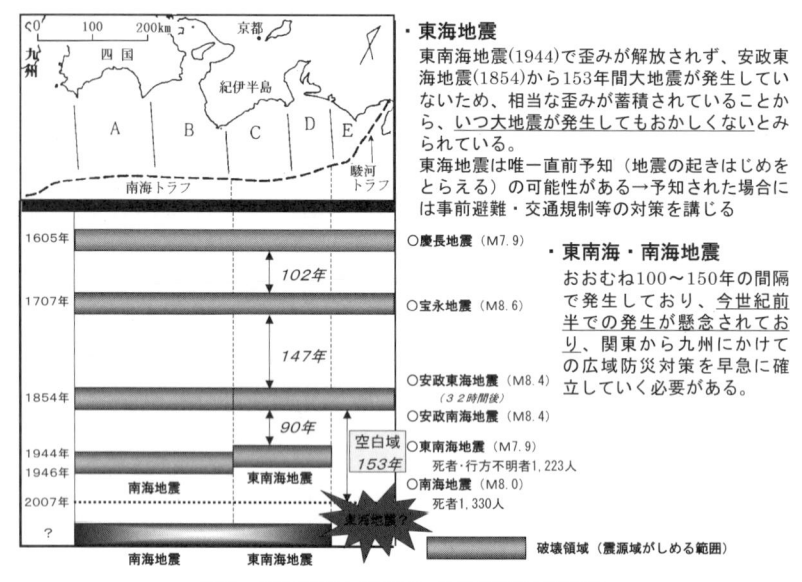

おおむね100～150年の間隔で発生しており、今世紀前半での発生が懸念されており、関東から九州にかけての広域防災対策を早急に確立していく必要がある。

図3　東海地震と東南海・南海地震の切迫性

測体制の強化を図るとともに、大規模な地震の予知情報が出された場合の地震防災体制を整備しておき、地震による被害の軽減を図ることを目的としている。

　東海地震発生については事前予知の可能性があることから、この法律の規定に基づき、静岡県を中心とする8都県の173市町村の区域（平成19年4月1日現在）が強化地域として指定されている。

　東海地震が発生した場合には、最大のケースで死者約9,200人、全壊・焼失建物約26万棟、約37兆円の経済被害が想定されている。

　被害想定結果を踏まえ、①被害軽減のための緊急耐震化対策等の実施、②地域における災害対応力の強化、③警戒宣言時等の的確な防災体制の確立、④災害発生時における広域的防災体制の確立等を柱とする東海地震対策大綱が策定されている。

　地震防災戦略では、今後10年間で死者数、経済被害額を半減させることを目標としている。

　応急対策活動要領では、東海地震に対し、防災関係機関が効果的な連携をとって迅速かつ的確な応急対策活動を実施するため、東海地震注意情報時、警戒宣言時、災害発生時のそれぞれの段階で、各機関が行うべき行動

内容等を定めている。また、救助活動、消火活動、医療活動、物資調達、輸送活動に従事する各部隊について、被害想定に基づく具体的な活動内容を計画した『「東海地震応急対策活動要領」に基づく具体的な活動内容に係る計画』も定められている。本計画には、警戒宣言が発せられ、地震発生までに準備行動が終了していることを前提とする予知型の計画と、警戒宣言が発せられず、突発的に地震が発生した場合の突発型の計画の両方が含まれている。

6．東南海・南海地震対策

歴史的に見て100～150年間隔でマグニチュード（以下「M」という。）8程度の地震が発生し、最近では昭和19年及び21年にそれぞれ発生していることから、今世紀前半にも発生するおそれがあるとされている**（図3 東海地震と東南海・南海地震の切迫性）**。

東南海・南海地震では、地震による強い揺れや津波により、極めて広域で甚大な被害が予想されることから、今のうちから計画的かつ着実に事前の防災対策を進める必要があるとして、「東南海・南海地震に係る地震防災対策の推進に関する特別措置法」が制定されている。同法においては、東南海・南海地震が発生した場合に著しい地震災害が生ずるおそれがあるため、地震防災対策を推進する必要がある地域を、「東南海・南海地震防災対策推進地域」として指定し、津波からの避難対策も含め必要な防災対策に関する計画を策定するとともに、観測施設等を含めた地震防災上緊急に整備すべき施設の整備等について規定している。

東南海・南海地震が発生した場合には、最大のケースで、死者約1万8千人、全壊・焼失建物約36万棟、約57兆円の経済被害が想定されている。

地震対策大綱では、①津波防災体制の確立、②広域防災体制の確立、③計画的かつ早急な予防対策の推進、④東南海、南海地震の時間差発生による災害の拡大防止等を柱とする対策が取りまとめられている。

地震防災戦略では、今後10年間で、死者数、経済被害額を半減させることを目標としている。

東南海・南海地震発災時の広域の応急対策活動を的確に実施するため、防災関係機関がとるべき行動内容等について規定した「東南海・南海地震応急対策活動要領」が決定されている。具体的な活動内容に係る計画についても、平成19年3月に中央防災会議幹事会で申し合わせがなされている。

7．日本海溝・千島海溝周辺海溝型地震対策

　千葉県東方沖から三陸沖にかけての日本海溝、三陸沖から十勝沖を経て択捉島沖にかけての千島海溝周辺では、太平洋プレートが陸側のプレートの下に沈み込むことに伴って、M7や8クラスの大規模地震が数多く発生している（**図4　日本海溝・千島海溝周辺海溝型地震の発生状況**）。1896年の明治三陸地震津波では死者約2万2千人、1933年の昭和三陸地震津波では死者・行方不明者約3千人など、津波により甚大な被害が発生している。

　地震のタイプはさまざまで、プレート境界で発生するものやプレート内部で発生するもの、地震の揺れのわりに大きな津波が発生するいわゆる「津波地震」などの地震がある。宮城県沖地震は約40年間隔で発生しており、この他の地震も含めて発生の切迫性が指摘されている。

　日本海溝・千島海溝周辺海溝型地震に関し、その地震災害、特に津波災害については、広い地域において甚大な被害が予想されることから、一層の防災対策を進める必要があるとして、「日本海溝・千島海溝周辺海溝型地震に係る地震防災対策の推進に関する特別措置法」が制定されている。

　同法においては、日本海溝・千島海溝周辺海溝型地震が発生した場合に

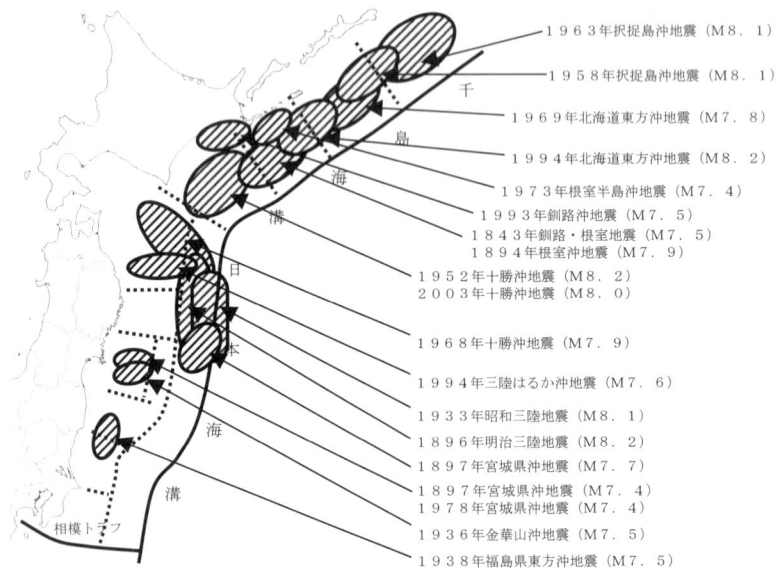

図4　日本海溝・千島海溝周辺海溝型地震の発生状況

著しい地震災害が生ずるおそれがあるため、地震防災対策を推進する必要がある地域を、「日本海溝・千島海溝周辺海溝型地震防災対策推進地域」として指定し、津波からの避難対策も含め必要な防災対策に関する計画を策定するとともに、地震防災施設等の整備等を行うに当たっては、積雪寒冷地域における地震防災上必要な機能が確保されるよう配慮されなければならないこととされている。

日本海溝・千島海溝周辺海溝型地震が発生した場合には、最大のケースで、死者約2,700人（明治三陸タイプ地震）、全壊・焼失建物約21,000棟（宮城県沖の地震）、約1.3兆円の経済被害（宮城県沖の地震）が想定されている。

地震対策大綱では、①津波防災対策の推進、②揺れに強いまちづくりの推進、③積雪・寒冷地域特有の問題への対応等を柱とする対策がとりまとめられている。

日本海溝・千島海溝周辺海溝型地震発災時の広域の応急対策活動を的確に実施するため、防災関係機関がとるべき行動内容等について規定した「日本海溝・千島海溝周辺海溝型地震応急対策活動要領」が、平成19年6月に中央防災会議において決定されている。

8．首都直下地震対策

首都地域では、1923年に関東地震が発生し、未曾有の大災害を引き起こ

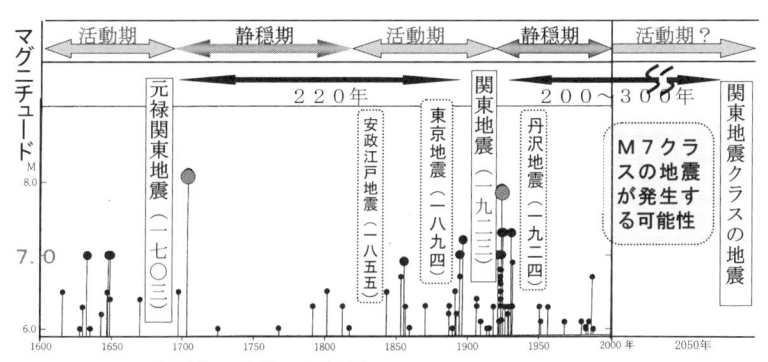

図5　首都直下地震の切迫性

した。相模湾から南東方向に延びる相模トラフ沿いのプレート境界では、1923年の関東地震と同様のM8クラスの地震が200年～300年間隔で発生している。次のM8クラスの地震の発生は、今後100年から200年程度先と考えられるが、その間に南関東地域でM7クラスの地震が数回発生することが予想されている（**図5　首都直下地震の切迫性**）。

　首都直下地震が発生した場合には、最大のケースで、死者約11,000人、全壊・焼失建物約85万棟、約112兆円の経済被害等の膨大な被害が想定されている。

　被害想定結果を踏まえ、予防段階から発災後のすべての段階において各主体が行うべき対策のマスタープランである「首都直下地震対策大綱」がとりまとめられている。首都地域は、政治中枢、行政中枢、経済中枢といった首都中枢機能が極めて高度に集積し、かつ人口や建築物が密集している。このような首都地域において、大きな地震が発生した場合、災害発生後、都県境を超えた広域的な災害応急対策に不可欠な政治・行政機能や、我が国の経済中枢機能などの首都中枢機能の継続性の確保が課題となる。さらに、他の地域と比べ格段に高い集積性から人的・物的被害や経済被害は甚大なものとなると予想され、その軽減策の推進は我が国の存亡に関わる喫緊の根幹的課題である。このため、「首都中枢機能の継続性確保」と「膨大な被害への対応」を対策の柱とした「首都直下地震対策大綱」が定められている（**図6　首都直下地震対策大綱の構成**）。

　地震防災戦略では、住宅・建築物の耐震化、密集市街地の整備、自主防災組織の育成・充実、交通施設の耐震補強、事業継続の取組の推進等により今後10年間で、死者数を半減、経済被害額を4割減にするという目標を設定している。

　首都直下地震に対し、防災関係機関や首都中枢機能を有する機関が効果的な連携をとって迅速かつ的確な応急対策活動を実施するため、災害発生時に、各機関がとるべき行動内容等を定めた「首都直下地震応急対策活動要領」が決定されている。

　本要領においては、政府の活動体制、首都中枢機能の継続性確保のための活動、救助・救急・医療活動、消火活動、緊急輸送のための交通の確保・緊急輸送活動、食料・飲料水・生活必需品等の調達・供給、物価安定に関する活動等について、活動内容や手続き、各省庁等の役割分担等を定めている。

```
┌─ 首都中枢機能の継続性確保
│   ➢ 発災後3日間程度を念頭においた目標と対策
└─ 膨大な被害への対応　～地震に強いまちの形成～

┌─ 計画的かつ早急な予防対策 ─┐  ┌─ 広域防災体制の確立 ─┐  ┌─ 復旧・復興対策 ─┐
│ ➢ 建築物の耐震化           │  │ ➢ 首都圏広域連携体制の確立 │  │ ➢ 震災廃棄物処理対策 │
│ ➢ 火災対策                 │  │ ➢ 救助・救命対策           │  │ ➢ ライフライン・インフラ│
│ ➢ 居住空間内外の安全確保対策 │  │ ➢ 消火活動                 │  │   の復旧対策         │
│ ➢ ライフライン・インフラの確保対策│ │ ➢ 災害時要援護者支援        │  │ ➢ 首都復興のための総 │
│ ➢ 長周期地震動対策         │  │ ➢ 保健衛生・防疫対策        │  │   合的検討           │
│ ➢ 文化財保護対策           │  │ ➢ 治安の維持               │  │                     │
│                            │  │ ➢ ボランティア活動の環境整備│  │                     │

┌─ 膨大な避難者、帰宅困難者への対応 ─┐
└─ 地域防災力、企業防災力の向上 ─┘
```

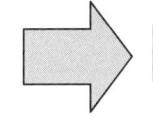

社会全体で取り組む
国民運動の展開
（公助、自助、共助）

図6　「首都直下地震対策大綱」の構成

　首都直下地震では、膨大な数の避難者及び帰宅困難者が発生することが想定されている。首都直下地震対策大綱では、避難者対策として、避難所への避難者を減らす対策、避難収容体制の整備、食料・飲料水及び生活必需品の確保、多様な応急住宅提供メニューの提示、被災者支援策等の情報提供が掲げられている。また、帰宅困難者対策については、一斉帰宅行動者を減らす対策、特に「むやみに移動を開始しない」という帰宅困難者に対する基本原則の周知・徹底、安否確認システムの活用、徒歩帰宅支援及び搬送等が提示されている。これらに対する具体的な対策については、地震防災戦略では今後の検討課題とされた。中央防災会議に「首都直下地震避難対策等専門調査会」が設置され、現在鋭意検討が進められているところである。

9．中部圏・近畿圏直下の地震対策

　次の東南海、南海地震の発生に向けて、中部圏及び近畿圏を含む広い範囲で地震活動が活発化する可能性が高い活動期に入ったと考えられるとの指摘もある（中央防災会議「大都市震災対策専門委員会」、1998）。実際、過去の事例によると、西日本の内陸では、東南海、南海地震の前後に地震活動が活発化する傾向が見られる（中央防災会議「東南海、南海地震等に

図7 上町断層帯の地震（M7.6）の震度分布

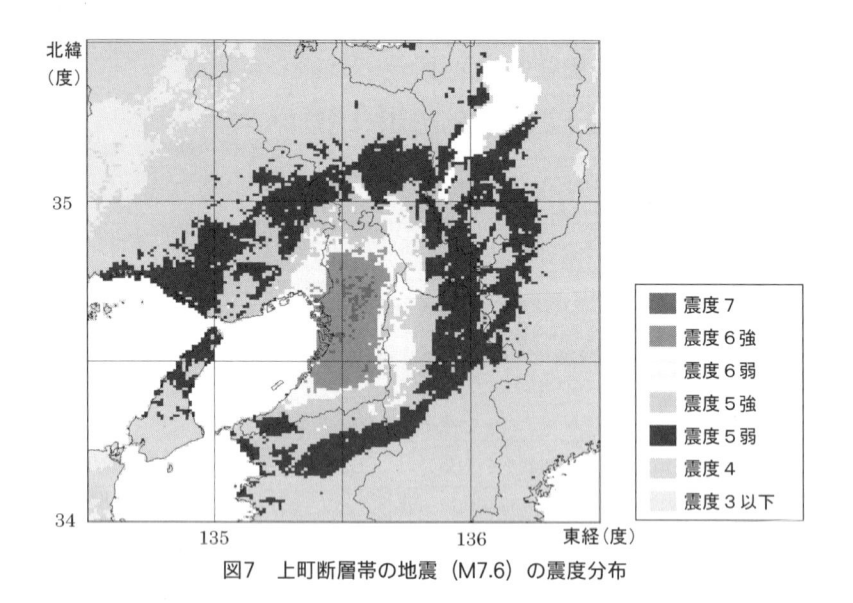

関する専門調査会」、2006）。

　中部圏及び近畿圏では、府県の区域を越えて市街地が広域化しており、大規模な地震が発生した場合の被害は甚大かつ広範なものになる。地震発生の危険性と災害ポテンシャルを勘案した被害の甚大性を踏まえれば、中部圏及び近畿圏の大都市地域においては、東南海、南海地震だけでなく、これら地域の内陸直下で発生する大規模な地震に備えるための対策について検討する必要性は極めて高いと考えられる。そこで、中央防災会議「東南海、南海地震等に関する専門調査会」では、地震発生のメカニズム等についての最近の知見を反映しつつ、防災的な観点から中部圏、近畿圏に影響を与える地震を想定し、地震動の強さ等について検討が行われ、2006年12月に中部圏・近畿圏直下の地震の震度分布の推計結果が公表されている（図7　上町断層帯の地震（M7.6）の震度分布）。

　現在、当該専門調査会において、地震動の推計結果に基づき、建物被害や人的被害、ライフラインや交通施設の被害、経済被害等について検討が行われているところである。

10. 緊急地震速報の利活用

　住民や企業等が、被害をもたらすような主要動が到達する前に緊急地震

速報を入手し、主要動が到達するまでの短い時間に何らかの対策を講ずることができれば、地震被害の防止・軽減が可能となる。

しかし、緊急地震速報には、情報を発表してから主要動が到達するまでの時間が数秒から数十秒と極めて短く、震源に近いところでは情報が間に合わない場合があることや、震源、マグニチュード、震度等の推定の精度が十分でない場合があるなど、技術的な限界もある。緊急地震速報を適切に活用するためには、このような特性や限界を十分に理解する必要がある。

気象庁では、緊急地震速報の導入を図るため、平成17年11月に学識者、関係機関からなる「緊急地震速報の本運用開始に係る検討会」(以下「検討会」という。)を発足させ、緊急地震速報の提供に向けた検討を進めてきた。検討会が平成18年5月にとりまとめた中間報告では、「現段階において混乱等がなく緊急地震速報の利活用ができる分野については、先行的に提供を開始する。一方、広く国民への提供については、緊急地震速報についての十分な周知を行うなど、混乱等を発生させないための方策を講じてから開始することとする。」との提言がなされた。気象庁では、この提言を受けて、列車やエレベーターの制御、工事現場の作業員の安全確保などの分野の利用者に対し、平成18年8月から緊急地震速報の先行的な提供を開始している。

検討会では、さらに一般の方々への緊急地震速報の提供に向けた検討を進め、平成19年3月に「最終報告」をとりまとめ、緊急地震速報を入手した利用者が適切な行動をとることができるよう、「緊急地震速報の利用の心得」がとりまとめられた。緊急地震速報を有効に活用するためには、情報受信時にどのように行動すればよいかということについて、この心得を参考に家庭や職場などで考えていただくことが重要である。

また、最終報告では、「この最終報告が確定した後、広く国民への緊急地震速報の提供開始時期を見据えて、緊急地震速報の特徴、限界や「心得」について、これまで以上に周知・広報を推進し、緊急地震速報についての国民の理解を深めることが不可欠であると考えられる。このため、「心得」等の周知及び利用に向けた準備として、6ヶ月程度の期間を置いた後、広く国民への緊急地震速報の提供を開始することが適当であると考えられる。」との提言がなされた。

平成19年3月に開催された中央防災会議（会長：内閣総理大臣）において、検討会座長の阿部委員より、緊急地震速報の提供に向けての取り組

みが紹介され、内閣総理大臣から、「緊急地震速報は、適切な利活用が図られれば、地震被害の軽減に大きな効果が期待されるが、現状では、なお、国民の皆様に広く浸透するには至っていない。今後は、各所管分野において、緊急地震速報を有効に利活用するための方策について検討を進めていただくとともに、政府一体となって、国民への普及・啓発に取り組んでいただくよう御協力をお願いしたい。」との発言があった。

　これを受けて、「緊急地震速報の周知・広報及び利活用推進関係省庁連絡会議」が設置され、各省庁の所管分野における、緊急地震速報を有効に利活用するための方策の検討と、国民への普及・啓発への取り組み等について、情報交換や施策の調整を行うとともに、各省庁の取り組みのとりまとめが行われている。

　現在、各省庁、関係機関において、緊急地震速報の本格運用に向けて、緊急地震速報の周知・広報と利活用推進のための様々な具体的な取り組みが推進されているところである。

11. おわりに

　本稿においては、我が国における地震の概要、東海地震、東南海・南海地震、日本海溝・千島海溝周辺海溝型地震、首都直下地震、中部圏・近畿圏直下の地震等について、被害想定と被害軽減のための対策等について述べるとともに、新たな地震防災の手段として期待されている緊急地震速報の本格運用に向けての取り組み等について紹介した。緊急地震速報は、地震災害に対して大きな減災効果を発揮することが期待されているが、これを実現するためには、緊急地震速報の周知・広報と利活用推進のための様々な具体的な取り組みを進めていくことが不可欠である。緊急地震速報の本格運用に向けて、関係者が一丸となってこれらの取り組みを推進していく必要がある。

（いけうち　こうじ）

引用参考文献 ─────
- 中央防災会議「大都市震災対策専門委員会」（1998）中央防災会議大都市震災対策専門委員会提言─大都市地域の震災対策のあり方について─
- 中央防災会議「東南海、南海地震等に関する専門調査会」（2006）（第26回）資料1、中部圏・近畿圏の内陸地震の震度分布等について

6 J-ALERT（全国瞬時警報システム）による緊急地震速報の住民への伝達

総務省消防庁
国民保護室長
平口　愛一郎

著者プロフィール
1985年自治省入省。以降、自治省行政局振興課理事官、総務省大臣官房政策評価広報課評価専門官、札幌市財政局長、自治医大総務部長などを歴任。2007年4月から総務省消防庁国民保護・防災部防災課国民保護室長（現職）。

総務省消防庁 URL　http://www.fdma.go.jp/index.html

1．J-ALERT（全国瞬時警報システム）の概要

　J-ALERT（全国瞬時警報システム）は、津波警報、緊急地震速報、緊急火山情報、弾道ミサイル攻撃情報等といった対処に時間的余裕のない事態に関する緊急情報を、消防庁から財団法人自治体衛星通信機構が管理及び運営する地域衛星通信ネットワークを用いて地方公共団体へ送信し、市区町村の同報系防災行政無線を自動起動することにより、住民に迅速に提供し、住民の生命、身体及び財産を災害等から保護するためのシステムである（図参照）。

2．J-ALERTに関する今までの経緯
(1) システムの開発

　消防庁では、平成16年度から開発に着手し、平成16年11月に高知県芸西村で住民参加の実証実験を実施し、さらに平成18年1月から3月にかけて、15都道府県及び16市区町村（全国31団体）の協力を得て、実際に消防庁から情報を送信して同報系防災行政無線を自動起動する実証実験を行った。

　実証実験の結果、同報系防災行政無線を自動起動することが可能であることが確認でき、自動起動による放送までには5～23秒を要したところである。

　自動起動に時間を要する主な理由としては以下の点が挙げられる。この場合、親局等の設定変更により短縮が可能なものもあることから、消防庁

```
┌─────────────────────────────────────────────┐
│    全国瞬時警報システム（J-ALERT）の整備について    │
└─────────────────────────────────────────────┘

1 J-ALERTのシステム概要
  ○ 津波警報、緊急地震速報、緊急火山情報、弾道ミサイル攻撃等といった対処に時間的余裕のない事態が発
    生した場合に、人工衛星を用いて情報を送信し、市町村の同報系防災行政無線を自動起動することにより、
    住民に緊急情報を瞬時に伝達。
  ○ 国から住民までの直接の瞬時情報伝達という画期的な仕組みであり、地方公共団体の危機管理能力が格
    段に高まる。
```

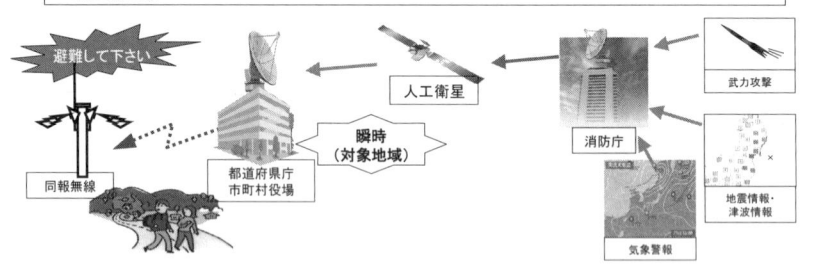

（図：避難して下さい／同報無線／都道府県庁・市町村役場／人工衛星／瞬時（対象地域）／消防庁／武力攻撃／気象警報／地震情報・津波情報）

```
2 これまでの状況等
  ○ 平成16年度から開発に着手。平成17年度に実証実験を行い、システム・機器の標準仕様や国側の送信設
    備を完成。平成19年2月から津波警報等の一部の情報の送信を開始。
```

図　J-ALERTの整備

では、平成18年4月に、社団法人電波産業会に対し、同報系防災行政無線の自動起動所要時間の短縮を依頼したところである。また、今後の同報系防災行政無線の整備に当たっては、このような点も十分考慮することが重要である。

① 合併団体のように遠隔操作機や統合卓等を設置し、複数の親機を順次起動する場合、各起動の合計時間を要する。

② 中継器や子局を待機状態とするため、呼び出し信号を事前に送信する場合の方式（アナログセレコール、デジタルセレコール）が混在する場合に、各方式の呼び出し合計時間を要する場合がある。

③ 子局の呼び出しについて、アナログセレコール方式の場合、時間を要する。

④ デジタル同報無線の場合、子局や戸別受信機の呼び出しについて、間欠送信方式ではなく、通話時送信方式を用いている場合に時間を要する。また、アナログの場合に比べセレコール時間が長いほか、同期処理に時間を要する場合がある。

⑤ 中継局や子局に呼び出し信号を送り、スピーカーの準備を完了し、

アンサーバックを確認した上で情報送信するため時間を要する。
⑥ 中継局を経由する場合、中継局の制御後に、子局の呼び出し等が必要なため時間を要する場合がある。
⑦ 親局での他機能（通報中の子局の画面表示等）の処理後に送信するために時間を要する場合がある。

消防庁では、実証実験の結果を踏まえ、平成18年3月に、J-ALERTのシステム・機器の標準仕様を作成し、公表した。

(2) 運用方法の検討

消防庁では、システムの開発と並行し、平成17年度に「サイレン等による瞬時情報伝達のあり方に関する検討会」を開催し、J-ALERTの運用方法を検討し、その基本的な考え方を以下のとおりとりまとめた。

- J-ALERTによる情報伝達は、あらかじめ録音された内容が放送されること、放送速度が遅い中で瞬時に伝達する必要があること等から、限定的な伝達内容とならざるを得ない。
- また、津波警報や気象警報等は既にそれぞれの伝達方法と送達確認が実施されているように、国から地方への情報伝達手段は、J-ALERTのほかにも、専用回線、防災行政無線、LGWAN、FAX、電話等複数存在しており、従来、それらの様々な情報伝達手段を活用し、情報伝達、送達確認、避難勧告の周知等の仕組みが確立されてきた。
- したがって、J-ALERTの使用については、その瞬時情報伝達及び同報系防災行政無線自動起動という2つの特性に着目し、これらが活かされる場面においての使用を第一義的に考え、逆に、瞬時情報伝達の必要がなく、自動起動することがかえって住民の混乱を招いたり、情報伝達が複雑化するデメリットがある情報については、J-ALERTは用いないこととする。
- また、J-ALERTによる情報伝達は、テレビ・ラジオ等と相互に補完しつつ、緊急事態であることを、国が住民に第一報として直接覚知させるためのシステムと位置付け、その上で、時間的に可能な場合においては、詳細状況や避難行動等の情報については、テレビ・ラジオ等の他のメディアやJ-ALERTの放送後に行われる市区町村職員等による肉声の放送等から得ることとし、機能分担を図る。

以上の基本的な考え方から、消防庁では、現在のところ、J-ALERTによる送信の対象となる情報の範囲を次のとおりとしている。ただし、⑬～

⑯は、まだ実際には送信を開始しておらず、④は試行の段階である。
　①津波警報（おおつなみ）
　②津波警報（つなみ）
　③緊急火山情報
　④緊急地震速報（予測震度5弱以上）
　⑤津波注意報
　⑥臨時火山情報
　⑦火山観測情報
　⑧東海地震予知情報
　⑨東海地震注意情報
　⑩東海地震観測情報
　⑪震度速報
　⑫気象警報
　⑬弾道ミサイル情報
　⑭航空攻撃情報
　⑮ゲリラ・特殊部隊攻撃情報
　⑯大規模テロ情報（武力攻撃事態等における我が国の平和と独立並びに国及び国民の安全の確保に関する法律第25条第1項に規定する緊急対処事態であることの認定がなされた場合及びそれに準ずる場合に限る。）

①から⑫は自治事務に位置づけられる自然災害に関連する情報伝達であり、⑬から⑯は法定受託事務である国民保護措置等に関連する情報伝達である。

　上記の情報を住民に伝達するには、市区町村が所有する同報系防災行政無線を使用すること等から、上記の情報のうち、どの情報を同報系防災行政無線を自動起動して住民に伝達するかについては、最終的には市区町村が判断することとしている。

　しかしながら、①から④並びに⑬から⑯の情報については、基本的に国が第一報を覚知すると考えられること、極めて短時間での瞬時情報伝達と住民避難が必要となること、災害が発生した場合大きな被害が予測されることから、正当な理由がある場合を除き、同報系防災行政無線の自動起動を行って住民に伝達することとしている。

　⑤から⑫の情報については、緊急性、被害の甚大性、国における第一報

の覚知等において、①から④並びに⑬から⑯の情報と格差があることから、地方公共団体が希望する場合には、同報系防災行政無線の自動起動を行って住民に伝達することとしている。

J-ALERTによる住民への情報の伝達は、同報系防災行政無線を通じて行われる。各情報の無線による放送の内容については、情報の種類ごとに、以下のとおりとしている。

・自然災害情報に関しては、以下の理由から、基本的に、国側で統一的又は標準的な放送内容の設定を行わず、参考となる放送文言例や音声、考え方を示すことに止め、それを踏まえ、市区町村において、放送内容を自ら考え、関連機器設置時に事前に音声登録することとする。

　　ⅰ　同報系防災行政無線の屋外スピーカーの設置状況が市区町村ごとに異なり、反響の状況や放送スピードが千差万別であること（例　放送スピードが遅い場合は短めの放送、速い場合はサイレンやメッセージ量も多い等）

　　ⅱ　地形により放送内容も千差万別（例　河川や海岸の有無）

　　ⅲ　従来の経緯から、放送呼びかけ方法も市区町村ごとに異なること（例　冒頭の呼びかけも、「こちらは防災○○です」、「広報○○」、挿入無し等、団体ごとに分かれる）

　　ⅳ　大半の市区町村が既に知見を有し、市区町村固有の放送音声も有しているので、その転用により、吹き込みは容易であること

・国民保護措置等に関連する情報については、それに密接に関連する国民保護措置等が法定受託事務であり、全国統一的な扱いが求められていることや、地方公共団体からも統一的な放送内容の設定を求める意見が多いことから、消防庁において放送内容を決めている。

(3) J-ALERTの運用の現状

消防庁では、平成19年2月9日より津波警報等の一部の情報の送信を開始し、実証実験に協力をいただいた団体のうち、14団体（10都道県及び4市町）において、情報の受信及び同報系防災行政無線の自動起動（市町のみ）が開始されている。

また、岩手県釜石市及び兵庫県市川町においては、平成19年6月18日より緊急地震速報の一般への伝達の試行を開始している。

3　J-ALERTによる緊急地震速報の住民への伝達
(1)　今後の予定
　前述のとおり、J-ALERTによる緊急地震速報の住民への伝達については、現在試行中である。これは、緊急地震速報そのものが、まだ一般向けに提供されていないためである。
　ただし、気象庁においては、本年の10月1日から緊急地震速報を一般向けに提供を開始することとしており、消防庁においても、同時期に緊急地震速報をJ-ALERTによる送信の対象とする方向で準備を進めている。したがって、もうすぐ、J-ALERTの関連設備が整備された市区町村においては、J-ALERTによる緊急地震速報の住民への伝達が可能になる予定である。
(2)　伝達の方法等
　J-ALERTによる緊急地震速報の住民への伝達の細部については、今後消防庁において詰めていく予定であるが、現時点で決まっていることについて、以下述べていく。
　J-ALERTによる緊急地震速報の住民への伝達を行う地域は、地方公共団体からの希望調査結果も踏まえ、耐震性の低い建物・ライフライン等に被害が生じる震度（気象庁震度階級関連解説表）とされる震度5弱以上を推定した地域としている。
　放送内容については、自然災害情報ではあるが、緊急地震速報が新しい情報であり、受け手となる住民にとっては、地方公共団体ごとに異なる内容では混乱を招くおそれがあるため、国民保護措置等に関連する情報と同じく、消防庁で決める予定である。
　具体的には、放送開始からS波到達までは数秒から20秒程度（地震ごとに地域差あり）であるため、数秒間の放送で最大限住民に認知してもらえるような放送内容とすることが重要であることを踏まえ、「報知音＋短い放送内容」とする予定である。
(3)　地方公共団体における準備
　J-ALERTによる緊急地震速報の住民への伝達を行うためには、地方公共団体において次に掲げる一定の準備が必要である。
　まずは、受信装置や同報系防災行政無線自動起動機等の関連設備の整備が必要である。消防庁においては、受信装置の一部を構成する衛星モデムの配備を国費で行うこととしているほか、地方公共団体における関連設備

の整備に要する経費に、防災対策事業債（充当率90％・元利償還金の交付税措置率50％）を充当することができるようにしており、なるべく多くの地方公共団体において、関連設備の整備が進むことを期待している。

加えて、住民の混乱やそれに伴う被害を防ぐため、実際に緊急地震速報の伝達を開始するまでに、緊急地震速報の特性及び提供された場合の心得、J-ALERTにより緊急地震速報を提供する場合の特性等について、広報紙等を通じて住民に対し十分に周知する必要がある。そのことについて、消防庁では、本年5月14日に国民保護運用室長名で通知を発出し、都道府県を通じて市区町村に依頼をしているところである。

⑷ **まとめ**

緊急地震速報は、震源が近い場合に大きな揺れに間に合わないおそれがある等の限界もあるが、それらの限界や特性をよく理解した上で利用することができれば、地震被害の大幅な軽減が可能となるものである。

また、J-ALERTは、テレビ・ラジオや携帯電話等と並んで、緊急地震速報を広く国民に伝える手段として位置付けられている。

消防庁として、多くの地方公共団体において、J-ALERTにより緊急地震速報が住民に伝達され、地震被害の大幅な軽減につながるよう、これからも努力していく所存である。

（ひらぐち　あいいちろう）

第 II 章 緊急地震速報の有効活用に向けて
——各方面からの活用に向けての研究・考察

1 自治体（消防）における緊急地震速報の利活用

東京消防庁防災部
震災対策担当副参事
川村　達彦

著者プロフィール
1977年東京消防庁入庁。1990年国際連合地域開発センター（バングラディシュの洪水・サイクロン対策）、2003年板橋消防署消防担当課長、2005年練馬消防署警防課長を歴任。2006年より現職（地震災害等の調査研究、震災対策の推進等）。

東京消防庁 URL http://www.tfd.metro.tokyo.jp/

1．はじめに

　気象庁では、平成18（2006）年8月から緊急地震速報の提供を開始した。東京消防庁では、この提供開始にあわせて、地震時における職員や来庁者の身の安全の確保、震災時の初動態勢の早期確立を図るため緊急地震速報を受信し、管内の各消防署や消防車両等に伝達する体制を整備した。緊急地震速報は、行政機関だけでなく各方面で広く利活用することにより、地震による被害を大きく軽減させることができると考えられる。
　本編では、東京消防庁の震災対策への取り組みを紹介するとともに、緊急地震速報の本運用開始を踏まえ、住民の方々や事業所において、緊急地震速報を利活用する際の消防からの支援策について述べたい。

2．東京消防庁の震災対策
(1) 震災時の消防活動

　東京消防庁は、18,000人の職員と消防車両1,800台余りを有しており、特別区全域と多摩地区の24市3町1村を管轄している。職員の約4分の3は三部制の交替勤務で、24時間の連続勤務をしている。このほかに、特別区には52消防団、多摩地区に31消防団が組織され、25,000人の団員を有している。消防団員は、生業の傍ら火災等の災害が発生した場合には災害現場に駆け付けて活動を行うこととなっており、大規模地震等の災害時にはその活躍が期待されている。

大規模地震では、火災や救助事象が同時に多発するとともに、建物倒壊や道路寸断等の発生により、平常の活動体制では対応できなくなると予想されている。このため、東京消防庁では、表1に示すような震災時の態勢を発令し対応することになっている。

　震災非常配備態勢の発令は、東京で震度5強以上の揺れがあった場合で、全消防職員等が事前計画に基づいた指定場所に、自転車又はオートバイ等により参集し活動することになっている。

　平常時の消防部隊は、東京消防庁の警防本部において運用しているが、震災非常配備態勢の発令と同時に消防部隊の運用は、署隊本部運用として消防署長の権限により行うことになる。署隊本部運用は、地震によりすべての通信手段が途切れた最悪の場合を前提にしたものであり、地震被害の状況等により段階的に警防本部運用に移行されることになる。また、震災時の消防活動は、人命救助を最優先として表2に示す活動原則により行われる。

(2) **緊急消防援助隊**

　阪神・淡路大震災では、全国41都道府県、451消防本部から延べ33,000人の消防職員による広域応援が行われた。これを踏まえ、平成7（1995）年6月には全国の消防機関相互による迅速な援助ができるよう緊急消防援助隊が発足した。図1は、東京に地震等の大規模な災害が発生した場合の

表1　震災時の態勢

態　　勢	発令基準	活　動　人　員　等
震災配備態勢	震度5弱	交替制勤務員（常時の体制）約4,000人所要の人員
震災非常配備態勢	震度5強以上	全消防職員（約18,000人） 全消防団員（約25,000人） 災害時支援ボランティア（約17,000人）

表2　震災消防活動基準

活動原則	●　人命救助を優先 ①　火災の早期発見と一挙鎮圧 ②　避難場所、避難道路確保の優先 ③　重要地域優先 ④　市街地火災活動優先 ⑤　重要対象物優先

図1　緊急消防援助隊の受援計画

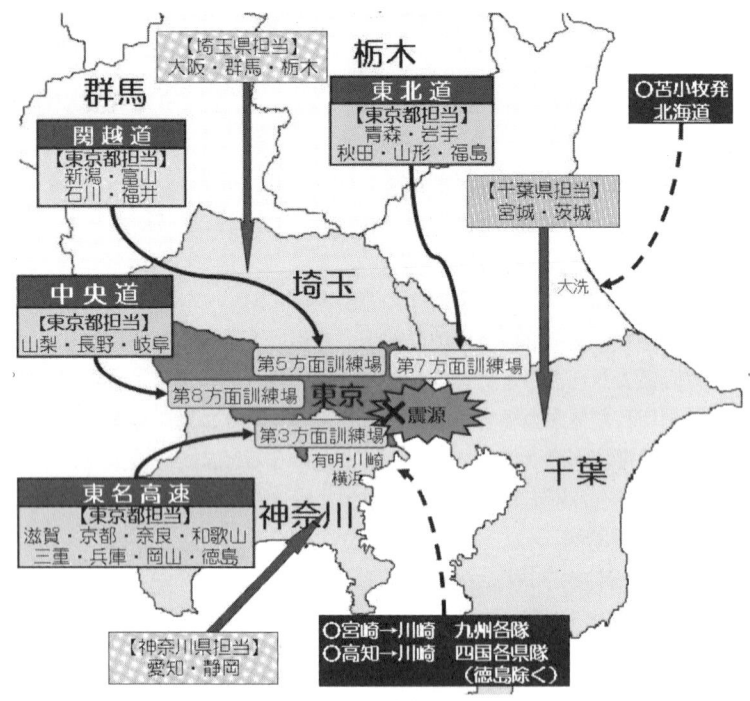

※　緊急援助隊の集結場所は、方面訓練場となっている。

全国からの消防隊を受け入れるための受援計画である。
(3) **震災時の情報管理**
　東京消防庁では、震災時の活動体制を早期に確立し部隊活動を支援するために、表3に示すような各種システムを開発し、震災消防対策システムとして運用している。以下は、主なシステムについての説明である。
① 地震計ネットワーク
　震災時の消防活動は、地域ごとの被害状況に応じて消防部隊を効率的に運用することにある。このため、東京消防庁では、地域の被害程度等を迅

表3　震災消防対策システムの構成

①	地震計ネットワーク	⑤	消火栓活用情報システム
②	地震被害予測システム	⑥	地震被害判読システム
③	震災消防活動支援システム	⑦	停電情報収集システム
④	延焼シミュレーションシステム	⑧	ガス供給停止情報収集システム

速に把握するために計測震度計52基を消防署所に設置するとともに、区市町村が設置している47基の計測震度計とネットワークを形成して、都内各地の震度情報を迅速に把握する態勢をとっている。

② 地震被害予測システム

地震計ネットワークで得られた各地の震度情報等をもとに、震災初期の情報空白期に消防活動に必要な被害情報を予測するシステムである。震度計のない地域の震度予測、出火件数、死者・負傷者数、倒壊建物数等を町丁目単位に予測することができる。震災の初期段階では、全域の被害状況が把握できないため、被害の大きい地域を予測して早期に部隊を集結させるなどに活用する。

なお、地震被害予測システムの主な被害予測項目は**表4**のとおりである。

③ 震災消防活動支援システム

地震発生直後の地震計観測情報をはじめ、火災・救助等の被害や消防活動状況、職員の参集・部隊編成状況等を一括管理するシステムである。被害情報や部隊活動状況を電子地図上に直接入力し、入力した情報はオンラインで近接消防署、方面本部、本庁の警防本部の地図上で確認できるシステムで、情報の共有化が図られ、広域的な被害状況を踏まえた消防活動の判断に活用できるものである。主な情報管理機能は、**表5**のとおりである。

④ 延焼シミュレーションシステム

延焼シミュレーションシステムは、地震により発生した火災の延焼拡大

表4　地震被害予測システムの被害予測項目

予測項目	詳細項目	内容
人命危険	死者	地震動による死者数を予測する
	重傷者	〃　重傷者数を予測する
火災危険	出火	〃　出火件数を予測する
	延焼	1時間後の延焼面積を予測する
建物危険	全壊	建築物の全壊棟数を予測する
	半壊	〃　半壊棟数を予測する
地盤危険	液状化	液状化の危険性を予測する
	急傾斜地崩壊	崩壊による被害戸数を予測する
通行障害	道路閉塞	道路の閉塞率を予測する
	緊急輸送道路	主要幹線道路等の通行可能性を予測する
震度分布	地表面加速度	地表面の加速度を予測する
	基盤加速度	地盤の基盤層の加速度を予測する

表5　震災消防活動支援システムの主な情報管理機能

情報管理機能	内　　　容
地図情報システム	消防署の管内地図に災害種別や重要施設、活動状況等を表示
庁舎被害等管理	庁舎被害状況や職員受傷状況を入力・集計・本部等に報告
災害情報管理	火災、救助・救急等の発災場所を地図・表で入力・表示管理
部隊活動状況管理	地図上の災害場所とリンクした部隊活動現況と全部隊の活動管理
職員参集情報管理	職員の参集状況を入力・集計による参集状況の管理
部隊編成情報管理	職員参集状況と連動した部隊の編成等の管理
集計・一覧表出力	表集計や一覧の出力など、情報の共有化を図る

方向や規模を予測するシステムである。地震時の同時多発火災に対して、個々の火災の進展状況を予測し、延焼面積や火面の周長、消火に必要な部隊数等を計算して、消防力を効率的に運用するために開発された。

　火災が拡大する速さは、日常の火災の延焼性状、阪神・淡路大震災の市街地火災を分析して得られたデータをもとに、風速・風向等の気象、建物構造・階数や隣棟間隔、地震による建物の全壊・半壊等の影響等を加味した延焼速度式（東消式、2001）を用いて計算処理を行っている。

3．緊急地震速報の導入
(1)　計測震度計の設置

　東京消防庁では、阪神・淡路大震災の前年（平成6（1994）年）から地震計の導入を図ってきた。現在は**図2**に示すとおり、52基の地震計を設置するとともに、区市町村が設置した地震計とネットワーク化を図っている（**写真1**）。東京消防庁の地震計の震度情報は、気象庁に提供し、報道機関等を通じて震度階級や所在地名が発表されている。

　また、平成17年度からは地震計の更新にあわせて、**写真2**に示すような地震のP波から地震規模（マグニチュード）や震源を推定し大きな揺れ（S波）が到達するまでの時間と震度を予測して、早期警報を出す「緊急地震速報対応型計測震度計」を導入している。

(2)　緊急地震速報の利活用

　平成18（2006）年8月から、気象庁が緊急地震速報の先行提供を開始したことを踏まえ、東京消防庁では緊急地震速報の導入を図り、同年10月から本部庁舎、消防方面本部（10本部）、消防署（80署）に配信し活用を図っている。

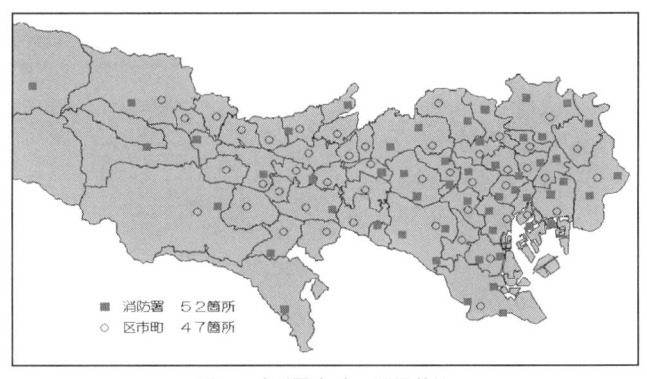

図2　計測震度計の配置状況

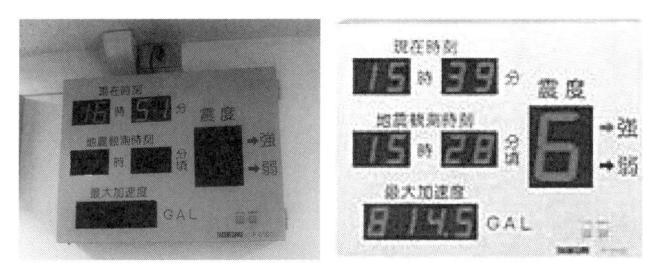

写真1　計測震度計の表示部（右：表示例）

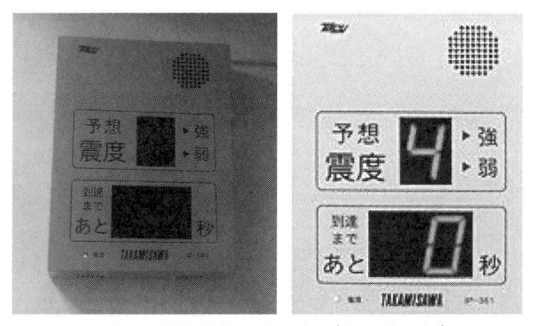

写真2　地震警報の表示部（右：表示例）

　これまでに川崎市消防局や松戸市消防本部等にも導入されている。消防機関は地震火災の消火活動や建物倒壊等からの救助活動、負傷者の救護活動など、地震発生直後から活動を行う実動機関として重要な役割を担っており、緊急地震速報を有効に活用し被害を最小限に止めて、震災時の消防

活動態勢を迅速に確保する必要があるからである。

　また、火災等の災害現場は、地震の揺れには危険な状態となっている場合が多く、消火活動中でも地震動の大きな揺れの到達までに時間があれば、安全な場所への緊急避難も可能となる。

　また、消防署を含む区市町村等の防災機関は、職員や来庁者の身の安全確保や出火防止対策、エレベータの閉じ込め防止等に緊急地震速報の有効活用を図り、住民のための震災初動態勢の確保や迅速化に活かせると思われる。

(3)　**緊急地震速報の伝達システム**

　東京消防庁では、図3に示すように、気象庁からの緊急地震速報を大手町の本部庁舎で受信すると、119番等の火災通報を受け消防部隊に出場指令を出す災害救急情報センターと多摩災害救急情報センター等に配信し、消防無線や消防放送で各方面本部や消防署、出場部隊や外部出向中の消防車両に合成音声により自動的に伝達するシステムとしている。また、各消防庁舎では、非常放送設備等を活用して活動職員や来庁者に自動放送により伝えることになっている。

4．本運用に向けて
(1)　**事業所での利活用**

　平成13（2001）年9月の同時多発テロ発生後、企業においてBCP（事業

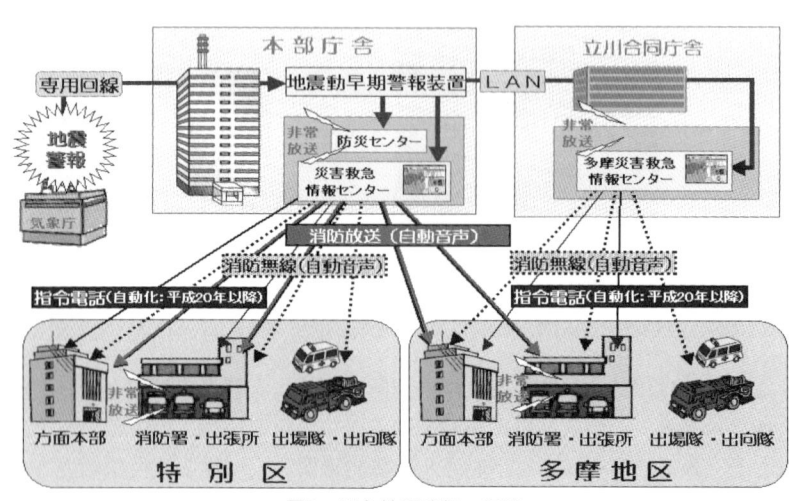

図3　緊急地震速報の伝達

継続計画）の作成有無により業績に大きな差が生じたことなどから、近年、国内の多くの企業では、大規模地震等の災害に備えたBCPの作成気運が高まっている状況にある。

　事業所での緊急地震速報の活用としては、大きな揺れが到達する前に生産ライン等を制御すること、列車運行の速度制御や緊急停止、エレベータの管制運転、従業員等の身体防御など、多くの活用方策が考えられている。このように、生産ライン等の損傷を最小限に抑えることや、従業員等の受傷被害をなくすことは、大規模地震等の災害を減少させるための真のBCPとして最も大事なことであると思われる。

　事業所においても、「緊急地震速報」の有効性を充分に理解して導入を図り、従業員等への周知を徹底し、適切な危険回避行動がとれるようにすることである。特に、不特定多数の者が出入りする施設等では、施設の実態に応じて来館者等が安全で適切な行動がとれるように従業員等への指導を行うとともに、対応マニュアルの作成とマニュアルに応じた定期的な訓練を繰り返し実施することが大事である。

　また、消防署では、事業所で行われる自衛消防訓練において緊急地震速報の情報入手時の適切な危険回避行動の指導や、消防計画における震災時の対応に係わる事業所防災計画等で緊急地震速報への対応要領を指導することも考えられる。

(2)　**一般住民への提供**

　一般住民への緊急地震速報の情報提供については、更なる住民の認知度の向上を図ることが重要であり、情報を得た際の危険回避としての取るべき行動の周知も同時に図ることが必要であると思われる。

　緊急地震速報を得たとき、その場所が地震災害に対してどのような危険のある環境にあるかを即断できれば、適切な危険回避行動をとることが可能であるが、現実には、その場に襲ってくる被害を即座にイメージすることは難しいことである。緊急地震速報を得た際の住民に分かりやすい最小限の行動パターンを示し、周知を図ることが大事で、「慌てずにまず身の安全を確保する」ことが、最も重要なことである。

　防災機関としては、各地域で行われる防災訓練や防災講演会・座談会等を通して広く周知を図ることが必要である。

　また、東京消防庁では、『地震　その時10のポイント』を示し、都民の方々に地震時の安全のための行動を広報しているが、緊急地震速報の情報

を得た際にも活用できるものと思われる。その一例を図4のように示した。

5．おわりに

　近年、首都直下地震や東海地震、東南海・南海地震の切迫性が危惧されており、平成18（2006）年4月には、中央防災会議で「首都直下地震の地震防災戦略」が策定された。各自治体においては、この地震防災戦略を受け、地域防災計画に地震被害の減災目標、達成時期、対策の内容を明示するなどの「地域目標」の設定が求められている。消防においても、消防法の一部が改正され、防火対象物に大規模地震に対応するための自衛消防組織を置くことが義務化されることとなった。

図4　緊急地震速報による地震時の行動

このように一般住民や事業所等も含め社会全体が、地震災害への対応力の一層の強化を求められる段階に達している。今後とも、こうした高まりは、ますます増加していくものと考えられる。

　住民の方々や事業所も、社会全体の災害対応力の強化策として、緊急地震速報を正しく理解し適切に利活用していただけるよう切に希望するものである。

（かわむら　たつひこ）

2 医療機関における緊急地震速報の利活用

独立行政法人
国立病院機構災害医療センター
災害対応システム研究室長
堀内 義仁

著者プロフィール
1987年横浜市立大学医学部卒業。1994年、元・国立立川病院皮膚科医長。2001年、国際緊急援助隊医療チーム隊員。2002年から1年間、スウェーデン・リンシェーピン災害医療センター(KMC)留学を経て、現職を兼任。日常診療の傍ら、災害医療教育活動を精力的に行っている。2005年、日本集団災害医学会評議員。

災害医療センター URL http://www.hosp.go.jp/~tdmc/

1．はじめに

「緊急地震速報」の実用化にむけて「病院」では何ができるのか。また、その有効利用にむけてどのような課題があり、どうすればそれらを解決できるのか。国立病院機構災害医療センター(以下、当院)では、平成15(2003)年度より開始された文部科学省「高度即時的地震情報伝達網実用化プロジェクト」の一環として、リアルタイム地震情報利用協議会(以下、REIC)に委託された5箇年計画のリーディングプロジェクト「緊急地震速報の利活用の実証的調査・研究」の「災害医療対応分科会」で「病院」としての大地震時に備えた緊急地震速報の利活用について、検討と実証実験を行ってきた。これらの結果から見えてきた「病院」における「緊急地震速報」の利活用と、まだ残されている問題点について触れる。

2．「病院」の特徴と「緊急地震速報」

「病院」は、他の大型施設と比べると以下のような特徴を持った場所である。

① 「災害弱者」である動けない病人や転びやすい高齢者が常時多数いる。
② 地震による事故や危険を伴う手術、透析、放射線治療・検査などが行われている。
③ 外来患者、その付き添いや見舞などの不特定多数の人が出入りしている。
④ エレベータ内や手術・治療・検査室など、自動ドアに区切られた

■ 災害医療センター

「閉じ込め」が起こりかねない場所が多数ある。
⑤　多くの業務をコンピュータシステムに依存している。
⑥　災害時に、より多くの被災者を助けるために、病院の機能をできる限り維持しなければならない。

　以上のような条件の下で、「システムが人を介さずに即時に自動的に行えること」と「人が地震が来る情報を知って、即座に行えること」とに分けて「緊急地震速報」をどのように応用できるのか、どのように有効であるのかについて、「災害医療分科会」での検討が繰り返された。「システムが自動的に行えること」としては、①自動音声や視覚的な光による地震が来ることの報知、②エレベータ内への閉じ込め防止、③自動ドアに区切られた場所（病院入口、手術室など）での閉じ込め防止、④職員の安否確認と招集、⑤ライフラインの保全、⑥コンピュータの保全などが挙げられた。一方、「人ができること」については、窓ガラスの前のカーテン（ブラインド）を閉める、避難路を確保する、人工呼吸器装着中や重要な点滴を行っている患者の安全確保など様々なことが検討されたが、病院で実際に大きな被害が出るような近隣の地震の際には、そのようなことを行う時間（猶予時間、余裕時間）はなく、医療者、患者の個人個人が自分の身の安全を確保するだけで精一杯であろうとの考えに落ち着いてきた。以下に当院で実際に行ってきた取り組みについて触れる。

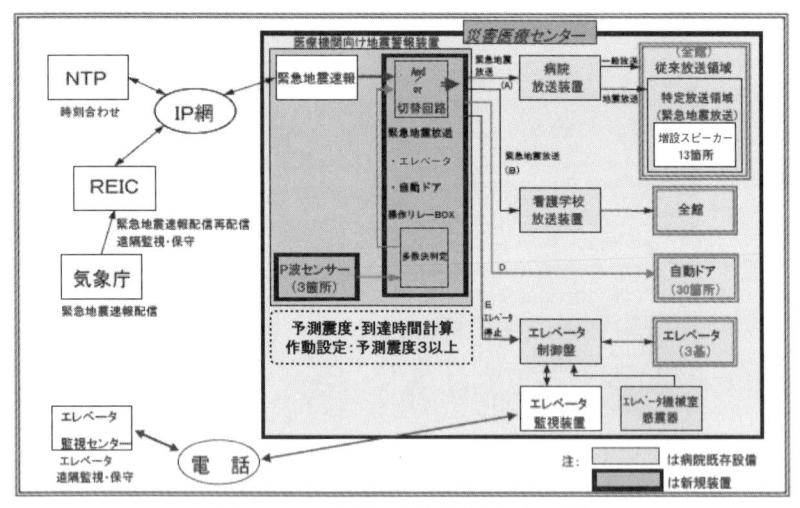

図1　システム概要図（2007年3月現在）

3．職員招集・安否確認システムとの連動

地震に伴う通信回線の輻輳に先んずるべく、「緊急地震速報」と職員の一斉招集・安否確認システム（NTTドコモ）を連結させる目的で、災害医療センター職員を対象に平成16（2004）年2月29日にプロトタイプを組み、実証実験が行われた。その結果、REICから発信された実験用の「緊急地震速報」を病院内に設置したクライアント機で受信し、演算、表示するまでに要した時間は0.6秒であり、実用上支障のないものであった。職員への連絡は携帯電話と携帯メールの2系統で行われ、1人あたりの所要時間は前者の約1分に比べ、後者では平均10.4秒での配信が可能であった。職員のレスポンスについては、にわかに組み上げた実証実験の理解度が低かった点と、予告されていない休日の時間に行われた点で十分なものとはいえなかったが、本システムの日頃からの職員への周知と、携帯メールの着信音の工夫などによって実用的なものとなりうることが示唆された。またこの呼び出しシステムは、休日・夜間などに発生した遠隔の災害にも対応する必要のある「災害拠点病院」などの病院において、災害対策本部要員の招集を行うために利用することが可能である。

4．エレベータ内への閉じ込め防止

平成17（2005）年7月23日、土曜の午後に発生した千葉県北西部地震（足立区で震度5強）では64,000機のエレベータが自動緊急停止した。土曜日の発災であり復旧までに長時間を要したことを考えれば、「緊急地震速報」と連動した地震の主要動到達に先んじてエレベータを自動停止・開扉させることの意義は大きい。これらが従来のエレベータに設置されている感振器によるものと比較して優れている点は、①大きな揺れが来る前に止めることによって、エレベータ内への「閉じ込め」を少なくする、②停止した状態で揺れることにより、エレベータの故障のリスクを下げ、③早期の復旧を行うことが可能となることである。特に災害拠点病院のような大きな病院においては、地震直後から求められる、緊急手術患者の搬送や重症者の収容のために、エレベータは欠かすことのできない病院機能の一つであり、一時も早い復旧が必要となる。また、医療者や患者が閉じ込められてしまっては、医療活動の前に、救助活動を行わねばならず、発災直後の数時間を争う急性期病院機能の著しい損失につながる。これらのことから、このシステムがより多くの病院に設置されれば、被災地域全体の医療機能の損失を軽減し、より多くの被災者を救うことにつながるものと期待される。また、医療分野のみならず、都市に林立する多くのビル機能のマヒ時間の短縮を考えると、その効果は計り知れない。当院では、平成17（2005）年12月に院内の中央エレベータ3基にこのシステムを試験的に設置し、平成18（2006）年1月14日に試験用の緊急地震速報を流し、連動を確かめた。エレベータは設定通り、最寄り階に停止・開扉し、もともとエレベータにある緊急避難用のカゴ内システム（自動消灯し、非常掲示板に「地震です。外に避難して下さい。」と表示され、自動音声が避難を呼びかける）が働くことを確認した。乗り合わせていた訓練用の職員は、それに合わせて患者を避難・誘導することができた。今後は院内すべてのエレベータと連動させる予定である。

5．院内放送についての検討

患者や来院者は突然にその放送を聞くため、「緊急地震速報」がパニックや予期せぬケガを起こす引き金にもなりかねないため、特に不特定多数の人で混み合っている外来や、入院患者の夜間就眠中については、内容や伝え方に特別の配慮が必要であることが検討された。そのため、まず職員

のみに対して、院内の統制を行う主要部署や危険を防止しなければならない部署のみに自動音声を流すシステムを設置して、平成17（2005）年8月26日に最初の実証実験を行った。放送を流した部署は、手術室、放射線検査室、病院管理部門などで、特に手術室、放射線検査室では、緊急地震速報から揺れるまでの10秒間に何ができ、何が必要な行動であるのかが確認された。その後、放送範囲を拡大しながら、数回の同様な訓練を行い、より短時間の猶予時間に対応するための行動マニュアルを作成・改訂してきた（以下の表）。

表 「緊急地震速報」簡易行動マニュアル（平成19年5月現在）

部署	手術室	放射線科	透析室	その他の部署
とるべき行動	手術医： ①手術の安全な中断・創の保護 ②患者の転落防止 看護師（直接介助）： ①手術器具を遠ざける ②手術器具台の転倒防止 看護師（間接介助）： ①手術用ライトを遠ざける 麻酔医： ①抜管防止（管の接続をはずす） ②患者の頭部を支える	①検査中の機器の停止 ②患者への声掛け・転落防止	①透析ポンプの停止 ②患者への声掛け・抜管防止	①身の安全の確保 ②患者への声掛け ③身の安全を守れない人の補助

＊　表中の数字は優先順位
＊＊　行動の内容は揺れるまでに10秒以内を想定

6．「緊急地震速報の一般伝達に関するモデル実験」

　当初からの課題であった「緊急地震速報の一般伝達に関するモデル実験」に先立ち、平成18（2006）年9月8日に、当院の定時災害訓練において、地震を想定し、院内に緊急地震速報を流し、職員のとるべき行動を確認し、

事後にアンケート調査を行った。また、その結果から職員に対しても一定の理解が得られたことと判断し、平成18 (2006) 年12月20日、平成19 (2007) 年5月10日に一般に対する放送実験を行った。

モデル実験（職員にとっては訓練）は、外来患者に対しては2週間前より、緊急地震速報についての気象庁の宣伝用のパンフレットとポスターを院内の外来ホールに設置・掲示し、当院ではそのモデル実験を行っていることを知らせ、当日は早朝より、病院入口に「本日午前、緊急地震速報放送訓練」の立て看板を立てて訓練があることを周知した上で、午前10時の混み合っている時間に、直前の予告無しに「抜き打ち的」に行った。放送の内容は、「警報音」、「地震が来ます。揺れに備えて下さい。あと、10秒で揺れます。」、「すぐに揺れます（5秒前）」、「揺れます。」、「揺れはおさまりました。」とした。職員には、予め院内のコンピュータシステムを通じてその旨を伝えておいた。訓練終了後に、9月8日に職員に行ったものと同様の内容でアンケート調査を行った。

アンケート結果（一部）：（5月10日の結果は集計中）

問2：緊急地震速報を知っていたか？

職員関係では、「知っていた」と回答したものは、76％に対して、一般では、49％であった。「全く知らなかった」を除いた認知度は、それぞれ93％、82％であり、認知度は高かった。

問3：緊急地震速報について何で知ったか（認知媒体）（複数回答可）？

職員、一般ともテレビがそれぞれ、70.3％、80.9％と著明に高かった。その他、一般では、当院のパンフレット・ポスター（25.5％）、ラジオ（23.4％）、新聞（17.0％）の順であった。

問6：今回の訓練において事前に放送が流れることを知っていたか？

9月8日（職員）：「知っていた」(74％)、「知らなかった」(23％)。
12月20日（一般）：「知っていた」(35％)、「知らなかった」(50％)。

問9：緊急地震速報の放送は良く聞こえたか？

職員、一般それぞれ、40％、50％の人にしか、良く聞こえていなかった。事前に放送が流れることを知っていたか、否かでのクロス集計では、「知っていた」23名中14名（61％）、「知らなかった」32名中15名（47％）に良く聞こえていた。事前に知っていた方が、そうでないよりも、良く聞こえる傾向は見られた。

問10：放送を聞いてどんな行動をとったか？

　緊急地震速報の情報を早くから得ていた当院職員の44％が、「しゃがみ込む」、「じっとしている」、「安全な場所へ移動する」の行動をとったのに対して、なかば「抜き打ち的」に放送を聞いた一般の方では、それらの行動をとったのは5名、11％にしか満たなかった。これは、普段から放送を聞いたときの構えをしているかどうかでの行動パターンを如実に表しているものと考えられる。問2の緊急地震速報について知っているか否かとのクロス集計では、知っていた5名中4名が前述の行動をとっていた。また、問6の今日放送が流れることを知っていたか、否かとのクロス集計では、5名中3名が「抜き打ち」で行動をとることができていた。これらのことは、普段から認知していれば、行動をとりやすく、また、たとえ「抜き打ち」でも、簡単な行動はとれることを示唆しているものと思われるが、人数が少ないので、今後も同様の分析をして確認してゆく必要がある。

問11：放送内容は適切であったか？

　この問いに対しても、少し慣れている職員の方が、高い評価をしており、放送を聞くことを繰り返してゆけば、適切に感じられることが推測される。

　緊急地震速報は自動化することにより、確実に「減災」につながるものではあるが、「人」がその情報を聞いた場合の反応は様々である。今回の2つの検証を通じてはっきりとしてきたことは、「知らない」よりも「知っている」方が行動をとりやすい傾向にあることである。とる行動パターンは、まだ人によりばらつきが大きく、参加者数も少ないため、本当にパニックを起こさずに行動をとれるのかどうかは不明である。今後も同様の訓練を行って確認してゆく必要がある。「人」がとっさに安全回避行動をとれるようになるためには、自分のいる場所ととるべき行動を広く知ってもらう必要がある。

7．有用性が高いと考えられるその他の機能

　当院では現時点（平成19（2007）年5月）では応用されていないが、さらに以下のような「緊急地震速報」と連動した機能が考えられる。

① 視覚的な予報

院内放送は聞こえにくい場所があり、また高齢などによる聴覚障害を持つ人もいることを考えると、音声と同時に光によって視覚的に警報を知らせることで、より効果的なものとなりうる。その方法として、回転式警告灯やフラッシュによるものが考えられる。

② データ保全

冒頭でも述べたが、病院では多くの患者情報をコンピュータシステムに任せているところが多く、突然の揺れによって膨大なデータが失われる危険性と地震後にシステムがダウンする可能性がある。「緊急地震速報」と連動した事前データ保全システムによってこれを回避することが可能となる。

③ ライフラインへの応用

自家発電機、ボイラーの保全、医療ガス以外のガスの自動停止などが挙げられる。

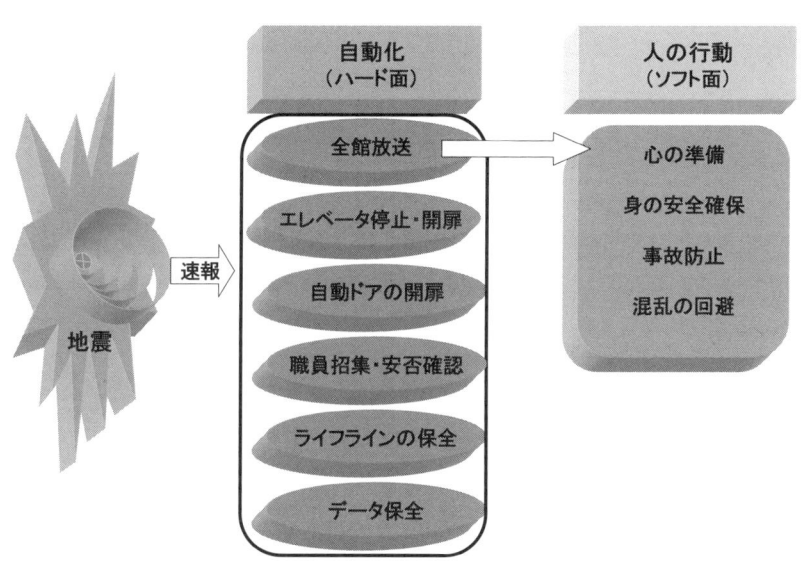

図2 「緊急地震速報」の利活用

8．「緊急地震速報」が心の準備に与える影響

　突然、「地震が来ます」の放送を聞いたときの人の反応についてはどうであろうか。まず、その意味（「緊急地震速報」であり、信頼性が高い情報であること）を理解していなければ、何も行動を起こすことができない人が多いであろう。また、人によっては精神的なパニックを起こし、慌てた行動をとり転倒するなどしてケガをする人がいるかもしれない。「一般に向けた放送訓練」の前にこのことが懸念され、まして訓練でケガをしたとなると病院にも責任が生じる。そのため、当院の放送実験では、まず職員のみに放送が聞こえる部署への放送訓練を行い、職員が身構えて行動できるようにし、その後は前述のように、「緊急地震速報」訓練があることだけを看板で知らせる方法で、「一般に向けた放送訓練」を2回行った。結果として、放送を聞いてパニックを起こした人はいなかった。人がパニックを起こすほど慌てるのは、実際に揺れたときであり、「これから揺れます」との予告自体に反応してのものではなさそうである。訓練では何も行動を起こさなかった人も、放送の意味を理解さえしていれば、本当の揺れに対して事前の心の構えができていると考えられ、これは丁度、ジェットコースターが最高点からこれから落ち始めるのがわかっているときの状態と似ており、揺れに対しての精神的パニックを防止する効果があると考えられる。

　「緊急地震速報」はまた、「警戒情報」としてだけではなく、揺れまでの時間が長い場合（数十秒）や、予測震度を伝えることにより、「安心情報」としての側面を持つ。分科会での検討時にも、特に「大地震後の頻発する余震」に対して安心を与える効果が期待されるとの意見があった。「警戒情報」、「安心情報」の報知音を工夫すれば、更に良いシステムとなるであろう。

9．システムの導入にむけて

　以上述べてきたように、「緊急地震速報」は病院において様々な利活用が可能である。今後、なるべく多くの病院への導入が望まれる。最後に、導入に必要な事項をまとめておくので参考にしていただければと思う。

① システムの導入

　気象庁からの情報を直接もらうのか、間接的にもらうのかは別にして、システムを利用するためには、「契約」をして、基本的な機器を購入し、

病院施設の既存の放送システムやエレベータ制御システムなどと連動させることが必要となる。現段階では、これらを行う画一的な方法はなく、複数のベンチャー企業がそれぞれ、より良いシステムを目指して、機能単位で、あるいは複数の機能をパック化したものを組み上げているところである。システムの購入費、設備設置に伴う工事費、継続的な情報提供を受けるための通信維持費を考えると、金銭面での問題は無視できない。そのため、病院個々に、どの機能を優先するのかを決める必要がある。国や自治体が一定の基準以上のシステムの設置を推奨あるいは義務化し、継続的な公的補助をする制度を打ち出すことが望まれるが、今後の課題である。

② 病院スタッフへの周知・対応訓練

　気象庁としては、「緊急地震速報」を配信するにあたり、このシステムの意味と応用について病院スタッフ全体へ十分周知されていることが条件であり、そのために病院ごとの行動マニュアルの作成とそれに基づいた訓練が必要となる。

③ 行動マニュアル

　行動マニュアル作成にあたっては、被害が出る可能性の少ない数十秒間を考えるよりも、10秒以内に到達する被害の大きい近隣大地震に焦点を絞り、その短時間に何ができるのかを考え、それらの行動に優先順位をつけて一つひとつ確実に行える実効性の高いものを明記してゆく必要がある。

④ システム作動の設定閾値

　導入したシステムはその病院でどのくらいの震度で作動するように設定（予測震度の閾値）するのか、機能別に、時間帯別にその閾値を変えるのか、訓練の頻度はどれくらいで行うのが効果的であるのか、などを決定してゆかねばならない。ちなみに当院では、閾値の設定は一律で、当初は当院での予測震度4（正確には震度3.5）以上としたが、実際に作動する地震は起きず、平成19（2007）年1月からは予測震度3（正確には2.5）以上に変更した。病院での予測震度については、現時点では受信するコンピュータ画面上にのみ表示され、院内放送では伝えていないが、「緊急地震速報」の精度が上がれば導入も検討したい。訓練の頻度については、実際の地震での作動とあわせて年間に数回は繰り返すのが妥当であろうと考えている。

10．おわりに

　以上、当院での試みを中心に、多少の私見も含めて述べてきたが、このシステムを人が有効に活用するポイントは「緊急地震速報であることを、瞬時に理解し、とっさに適切な行動がとれる」ことである。そのためには、訓練を繰り返し「緊急地震速報」の合図を理解し、各自がその場その場での適切な行動について繰り返しイメージする必要がある。「病院」は地震に強く安全であるという前提があれば、地震の時にとるべき行動は「あわてた避難」ではなく「**落ち着いた危険回避**」である。「緊急地震速報」システムの「病院」での普及が急がれる。

（ほりうち　よしひと）

3 学校教育現場における緊急地震速報の有効利用

東北大学大学院 教授
工学研究科・災害制御研究センター
源栄　正人

著者プロフィール
東北大学大学院修了後、民間会社に勤務。その後、東北大学大学院工学研究科助教授を経て現職。地震工学・建築構造に関わる研究をする傍ら、地震防災関連の産官学連携活動を実践。「宮城県沖地震の再来に備えて」など多数。

源栄研究室 URL　http://www.disaster.archi.tohoku.ac.jp/

1．はじめに

　高い確率で発生が予測される宮城県沖地震など、海溝型の地震に対しては、特に緊急地震速報の活用により、揺れが生じる前に地震を通知し、少しでも人的・物的被害を低減するための対策を施すことが望まれている。

　学校における緊急地震速報の利活用は、その社会基盤づくりや地震時における児童・生徒・教職員の安全確保に大きな効果をもたらすものと期待される。システム開発において防災教育機能を付加することにより、将来を担う子どもたちの防災教育に活用でき、さらなる効果が期待できる。また、緊急地震速報の原理を理解することは理科教育にも貢献すると思われる。

　筆者らは、文部科学省のリーディングプロジェクト（LP）の一環として、学校における緊急地震速報の利活用システムを開発し[1]、仙台市立長町小学校で実証試験を行ってきている[2]。この実証試験に基づき、学校安全教育研修用映像資料（DVD）として「地震対策最前線！　揺れる前に子どもの安全確保～仙台市立長町小学校の事例から～」が制作されている[3]。

　文部科学省の防災研究成果普及事業「迫り来る宮城県沖地震に備えた地域防災情報の共有化と防災力高度化戦略」[4]では、LPで開発したシステムを文字通り普及すべく、宮城県の地方都市や仙台市のモデル学校（小・中学校）において、「学校と地域の連携」をテーマとした緊急地震速報の利活用システムの実証試験を行っており、宮城県教育庁の学校群イントラネット「みやぎSWAN（Miyagi School Wide Area Network）」[6]を活用し

111

た県立高校への配信による実証試験の準備を進めている。

　本稿では、まず、緊急地震速報と連動した防災教育・訓練支援システムの概要を示す。次に、長町小学校における実証試験の経緯、宮城県内地方都市の小中学校への実証試験の拡大を紹介する。さらに、学校群イントラネットを活用した緊急地震速報の利活用システムとして「みやぎSWAN」を用いた実証試験で用いるシステムの概要について示し、学校における緊急地震速報の普及・展開の方向についてまとめる。

2．学校向け地震早期警報システムの概要

　仙台市立長町小学校における実証試験を通じて開発してきたシステム基本構成を図1に示す。日本全国に設置された地震観測網からの観測情報に基づいて気象庁から発信される緊急地震速報(震源位置とマグニチュード)は地上回線または、衛星回線により（両回線を使った二重化も可能である）、長町小学校の職員室に設置した受信装置に伝達される。その情報からコンピュータで立地、地盤の条件等を考慮して予測震度・到達時間（カウントダウン）・主要動の継続時間等を予測する。これらの情報に基づき、音声と画像が校内に伝達される。音声は放送室の校内放送装置や事務室（学校によっては職員室）の非常放送装置により、各教室ばかりでなく、廊下・体育館・校庭のスピーカに警報・文言を伝達する。画像は放送室の

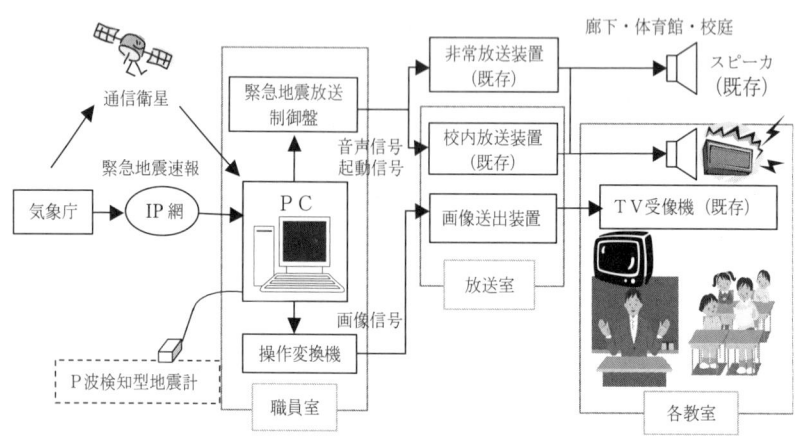

図1　緊急地震速報と連動した学校向け地震早期警報システムの系統図

画像送出装置に送られ、職員室の受信装置の画像が各教室にあるTV受像機に伝達される。これらは、既存設備を最大限活用したシステム構成となっている。

システムのソフト面での特徴は、①避難モード、②訓練モード、③教育モードの3機能を有する点であり、地震の震度に応じて「訓練モード」に追加して日常的に児童生徒の防災教育と安全確保に使用できるようになっている。

避難モードは学童及び教職員の安全を確保するものであり、特定の震度以上（例えば震度4以上）のときに警報を鳴らして、地震の発生を知らせ避難体制に入るようにする。基本は机の下にもぐり、頭を保護し、握り抱えることである。

訓練モードでは、実際に起こった小さな震度の地震を避難訓練に使う機能とマニュアル設定による訓練機能がある。いずれの場合も、地震の報知は音声を主体としており、教職員が傍にいない場合でも児童・生徒の身の安全を確保する。どんなに立派な警報システムでも訓練なしには役立たない。特に、十数秒というような余裕時間では訓練の重要性は極めて高い。

教育モードは訓練や避難を行った後に、静止画や動画を使って学校内の地震被害を擬似体験できるようにし、訓練や避難の体験を印象付ける工夫も行っている。教育現場での防災教育機能は極めて重要である。

3．仙台市立長町小学校における実証試験

(1) 実証試験の経過

平成16（2004）年2月に緊急地震速報システム導入後、4月にはシステムを用いた全国はじめての避難訓練が行われ話題となった。その後、年3回の定期避難訓練に、システムを用いた訓練を実施してきている。また、学校担当者との意見交換会によりシステムの改善を行ってきている。主な点は、①報知内容とモードの変更、②小学生を対象とした文言について、③報知音の改善、④校内放送との連動・無停電化、⑤放送内容のユーザ録音、などである（詳細は参考文献2）参照）。

校内放送に連動したシステムを開発するに至った経緯として、長町小学校における実証試験において、「学校における地震時の情報伝達は校内放送設備に連動させて校内いたるところに音声で伝えることが一番効果的である。」と当時の校長である高橋秀行先生から貴重な助言を得た。また、

当初、モデル学級に配置したPCへ専用LANにより画像・音声情報を送るというシステムに対し、仙台市教育委員会の学校施設課からは「学校の数、それに学級の数を考えると費用が相当かかる。既存設備を有効に活用できないか。」など現場の声をいただいた。

　仙台市立長町小学校おけるLPの実証試験中、平成17（2005）年8月16日の宮城県沖地震（M7.2）の際、東北大学ではS波到達の14秒前に緊急地震速報が届いたが、長町小学校のシステムでは不具合が生じ、システムの安定稼動に対する貴重な教訓を得た。平成17年度導入の小中学校では、ソフトウェアの全面的作り直しにより、システムの安定化を図るとともに以下のように改善したシステムを設置している。①ハードウェア、ソフトウェアに監視機能を組み込み、異常が発生した場合には自動的に再起動を行う。また、メール送信機能により、システム管理者に異常の発生を速やかに通知する。②定時試験機能を組み込み、定時に放送装置を含むシステム全体の機能試験を行い、全教職員によるシステムの日常点検を可能とした。③遠隔保守機能を可能とした。④近距離の地震に対応できるよう、外部地震計（P波検知器）を接続すれば、自動放送が起動できるようにした。

　以上のような経過を経て、最終的に図1のようなシステム系統図で示される地震早期警報システムを開発した。

(2) システム導入の効果

　緊急地震速報と連動した地震早期警報システムを用いた避難訓練と従来の避難訓練を避難の流れにおける相違点と避難時の教師・児童の動きにおける相違点について整理するとそれぞれ、表1と表2のようになる。

　システムを用いた避難訓練では、従来の訓練に比べ、教師は避難誘導面での効果（出入り口の確保・カーテン閉めなど）、生徒は避難行動の余裕（机の下に避難）、心理的余裕を指摘している。授業中の想定ばかりでなく休み時間想定での訓練も行っている。

(3) 児童アンケート

　平成17（2005）年4月25日実施の避難訓練（緊急地震速報装置作動・地震発生・火災発生・校庭に避難）後に、長町小学校による全校児童（1年生を除く）アンケートが実施されている。表3にはアンケートの質問内容とそれに対する各学年の回答結果を整理して示したものである。

表1　避難の流れにおける相違点

時間の流れ	従来	システム活用
揺れが始まる前	そのまま地震に気付かず、活動継続	15秒前にシステム作動→地震が来ることを知らせる。基本的な避難態勢の指示（システムから）
揺れている間	基本的な避難態勢への指示（教師から）	揺れがおさまるまでの時間的な見通しを知らせる（システムから）
揺れがおさまった後	机の下から出るよう指示（教師から）校庭への避難準備	机の下から出る。校庭への避難準備

表2　避難時の教師・児童の動きにおける相違点

時間の流れ	従来	システム活用
揺れが始まる前	児童・教師（特になし）	児童（気持ちの準備・帽子をかぶる、机の下に潜る）教師（出入り口確保・カーテン閉め）
揺れている間	児童（帽子をかぶり机の下に潜る）教師（出入り口確保・カーテン閉め）	机の下で避難態勢をとり続ける
揺れがおさまった後	児童・教師（校庭への避難態勢）	児童・教師（校庭への避難態勢）

Q1：　緊急放送が流れることについて、突然だったから驚いたか。

Q2：　放送の内容はよく聞き取れたか。

Q3：　緊急放送の意味が分かったか。

表3 児童アンケート調査結果

質問内容	対象学年	はい(%)	どちらともいえない(%)	いいえ(%)
Q1	低	21	52	27
Q1	中	22	51	27
Q1	高	18	41	41
Q2	低	88	8	4
Q2	中	89	6	5
Q2	高	95	3	2
Q3	低	79	16	5
Q3	中	91	7	2
Q3	高	96	3	1
Q4	低	68	30	2
Q4	中	72	29	9
Q4	高	89	8	3
Q5	低	51	38	11
Q5	中	63	31	6
Q5	高	82	15	3

　Q4： 今日のように、地震が来る15秒前に揺れることが分かると、落ち着いてその後の避難行動がとれたか。
　Q5： 地震の揺れがもうすぐ終わることが分かると安心か。
表3より、以下のことが考察できる。
① 放送について、2年生においても8割以上の児童が「よく聞き取れた」と回答しており、音声や文言については妥当と思われる。
② 放送の内容について、意味を理解することができた児童が2年生で9割近くおり、このことから緊急地震速報活用に対する理解、文言の妥当性が分かる。
③ 15秒前に通知されることについて、その有効性を感じた児童が高学年では9割近くに上った。また、2年生においても7割近くの児童がその効果に期待していると考えられる。
④ 揺れの継続時間通知については、精神的な安心感を得られる児童

が高学年に多い。
⑤ 実際の地震体験ではないことを考慮しても、緊急地震速報の持つ有効性について、全校児童において概ね感じることができたと言える。

4．宮城県域の小中学校への実証試験の拡大

　防災研究成果普及事業では、長町小学校の実証試験で開発したシステムを宮城県の地方3都市の小中学校3校（石巻市立釜小学校、大崎市立古川第三小学校、白石市立白石中学校）と仙台市立鶴谷小学校をモデル校に選定して平成18（2006）年2月に導入し、実証試験を拡大している。この事業では、地域との連携のために学校区内にモデル地区としての町内会も選定している。地域の防災活動の成果としての地域の防災マップ（静止画）や災害シミュレーション（動画）などをシステムの教育モードに取り込み、「地域との連携」、「ハード技術とソフト技術の融合」による防災力向上を図ることを目標にしている。

　これらのモデル校では、学校区内の町内会との連携による活動成果をシステムの教育機能に反映させることにしている。モデル地区では地域の危険箇所を示した防災マップを子どもたちの参画で作り、学校と地域で情報を共有化できるシステムづくりを行なっている[4]。

5．学校群イントラネットを活用した地震早期警報システムの実証試験

　学校における普及は教育委員会単位で考え、展開に当たっては学校によって不公平が生じないようにする必要がある。この点を考えると学校群イントラネットを活用したシステムの開発が早期普及にあたっては重要である[5]。早期普及に欠かせないのは、既存ネットワーク・既存設備の有効活用である。

　筆者らは、宮城県教育庁の宮城県学習情報ネットワーク・みやぎSWAN[6]（図2参照、現在、県立学校103校と加盟23市町村の小中学校199校に接続）を利用した緊急地震速報の早期展開をすべく、防災研究成果普及事業の平成18年度事業としてサーバーがある宮城県教育研修センターに緊急地震速報の受信装置を設置し、みやぎSWANを通じて配信した。仙台市内の一つの県立高校（仙台西校）をモデル校に指定し、緊急地震速報専用の受信機を設置し、その出力を校内放送設備に接続した。みやぎ

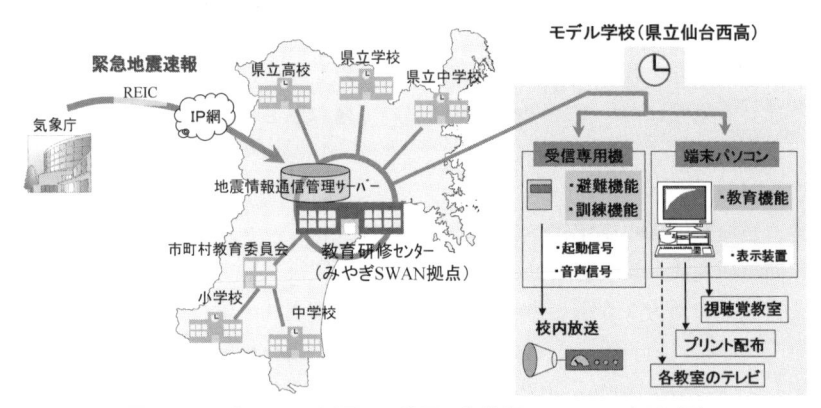

図2　みやぎSWANを活用した地震早期警報システムの実証試験

　SWANに接続されている学校に受信ソフトを提供し、各学校の端末パソコンで教職員にシステムを体験してもらうことが可能である。宮城県のみやぎSWANと同様な学校群イントラネットは、各自治体や各市教育委員会で整備されている場合が多く、今回の接続による実証試験でその有効性が確認されれば、早期普及に拍車がかかるものと思われる。

6．防災教育用災害シミュレーションCGの作成

　最近の地震において人的被害をもたらした要因をできるだけ取り込んだ防災教育用災害シミュレーションCG（図3参照）とともに、地震・地盤プロフィール、過去の被害写真・体験談、防災対策等をコンテンツと合わせて宮城県版の防災教育ビデオ・パッケージ（VP）「あなたのまちは地震に強いですか？～迫りくる宮城県沖地震に備えて～」（企画：宮城県沖地震対策研究協議会、監修：東北大学災害制御研究センター）を作成した。この防災教育VPは、緊急地震速報と連動させた防災教育・訓練システムの動画として取りこみ、学校において活用するとともにホームページでの公開予定である[7]。

　防災教育用災害シミュレーションCGの作成においては、子どもたちの通学路を想定した街区とし、地震時に危険箇所から素早く回避・避難する能力を養うこと、また、地域住民に対しては危険箇所修繕、撤去等の対策を促すことを目的とした。

118

(a) 耐震化の差異　　　　　　　(b) ブロック塀、電飾看板等の被害

図3　最近の地震被害パターンを組み込んだ防災教育用災害シミュレーションCG画面の例

7．まとめ

学校における緊急地震速報の展開・普及に向けて、これまでの学校における実証試験を通じて得た知見を以下にまとめる。

(1) 時刻の特定ができない地震発生に対しては、学校の放送設備による緊急地震速報の音声による伝達が最も効果的であり、既存の放送設備（校内放送設備と非常放送設備）を有効に活用することが低コストの普及につながる。画像伝達についても既存設備として各教室にあるTV受像機を有効活用すべきである。

(2) モデル学校からすべての学校への展開を考えることも重要であり、近い将来すべての学校に公平に配信するには、県や市町村の教育委員会のイントラネット網を利用することが望まれる。

(3) 緊急地震速報システムの展開・普及においては前述の三つの機能のほかに、その付加価値を高めるために、学校施設の耐震モニタリング機能や、防犯機能との融合などが考えられる。防災と防犯は「地域との連携」により促進されるべきもので共通点がある。

(4) 学校における防災教育は安全教育の一つであることを考え、緊急地震速報システムの展開においても、教育の三大領域：知育、徳育、体育との整合、世界保健機関（WHO）の三つの健康観；精神的健康・社会的健康・身体的健康に対応した危険予知力、適応共生力、災害（事故）対応力の面を考慮したシステムづくりが必要である[8]。

（もとさか　まさと）

参考文献

1) 源栄正人・藤縄幸雄・山口耕作・佐竹昭弘・草野直幹・宮村正光・岩崎智哉、緊急地震速報を活用した避難・防災教育支援システム、リアルタイム災害情報検知とその利用に関するシンポジウム、2004年6月

2) 源栄正人、緊急地震速報の利活用の普及・展開に向けて～小学校における実証試験の実績と今後の地域地震防災対策への展開～、緊急地震速報利活用システムに関するシンポジウム、2004年9月

3) 源栄正人・戸田芳雄（監修）、子どもの安全と危機管理研修用映像資料集3、学校の防災体制を見直そう！　2．地震対策最前線！揺れる前に安全を確保～仙台市立長町小学校の事例～、第一法規、2007年

4) Masato Motosaka et al., Strategy for earthquake disaster against the Miyagi-ken Oki earthquake, Japan, 1st European Conference on Earthquake Engineering and Seismology, 2006.

5) 源栄正人、緊急地震速報を連動した防災教育・訓練支援システム、建築防災、2006年7月号

6) 宮城県教育庁、学習情報ネットワークみやぎSWAN：http://www.myswan.ne.jp/content.html

7) 宮城県沖地震対策研究協議会HP：http://www.disaster.archi.tohoku.ac.jp/kyogikai/からリンク

8) 藤井真美、安全能力の概念を考える、中京女子大学教育紀要、2005年

4 精密工場（半導体工場向け等）での利活用

宮城沖電気株式会社
代表取締役社長
吉岡　献太郎

宮城沖電気 URL　http://www.miyagi-oki.co.jp

著者プロフィール
1972年3月学習院大学理学部大学院修士課程卒業、同年4月沖電気工業㈱入社。1991年宮城沖電気㈱総合技術部技術第一部長、1996年沖電気工業㈱電子デバイス事業本部プロセス技術第四部長。1998年宮城沖電気㈱取締役。その後、同社常務取締役工場長、代表取締役専務を経て、2004年同社代表取締役社長に就任、現在に至る。

1．はじめに

　日本は地震大国と呼ばれるほどの世界有数の地震発生国である。
　これは太平洋沿岸線に隣接するように大陸・海洋プレートが存在し、内陸にも数百を超える活断層が存在するためである。
　一方、日本は電子立国と例えられるほどの世界有数の最先端半導体産業国である。この地震大国に昭和55（1980）年以降、数多くの半導体工場が建設された。
　しかし、平成7（1995）年以降、阪神・淡路、三陸南、新潟中越といった大きな地震が日本列島を襲い、超精密産業である半導体工場に大きな被害をもたらし、会社自体の存続に影響を与えるほどになっている。
　半導体製造会社である当社も、平成15（2003）年から平成17（2005）年にかけて計3度の震度5強クラスの地震により被災した。幸いにも人的な被害はなかったものの3回の地震で設備の損傷、棚卸し品の破損、工場の操業停止等で多くの被害を被った。
　半導体工場では多くの特殊危険性ガス、薬品を取り扱っているため、揺れによる漏洩、さらには腐蝕、火災に至る被害も想定される。
　また、クリーンルームという極めて塵埃の少ない環境の部屋が、2階以上に設置されるため、揺れに対する応答加速度も大きくなり、半導体製造用の高価な精密加工機器や棚卸し品のウェハが大きな被害を受けることになる。
　一方、半導体工場では1年365日、24時間連続稼働することにより、高

価な設備投資を回収するので、地震による工場の操業停止は多大な損失を被るだけでなく、重要な顧客を失うことにもなる。

　日本で半導体製造を継続的に行い、海外の強力な半導体製造メーカーと開発・コスト競争をしていくうえで、地震対策は不可欠となっている。

　現在の科学では、地震発生そのものを止めることは不可能で、予知も非常に難しい状況である。このように予知が困難な地震に対し、リアルタイム地震情報を有効に活用し、大きな本震の揺れが来る前にガス、薬品、設備等を安全な状態に処置し、地震被害を最小化し、震災後の復旧を最速で行うことは非常に有効な手段である。今回、宮城沖電気は東北大・源栄教授ご指導のもと、REIC（リアルタイム地震情報利用協議会）と共同で半導体工場向けの高信頼度地震防災システムを開発したので、概要について紹介する。

２．半導体工場における地震被害の想定と対策

　表1に、半導体工場において想定される地震被害例を示した。

　工場の崩壊に至らないまでも、危険なガス、薬品、また水等の流出は火災、腐蝕等の二次被害につながるほか、クリーンルームでは高価かつ精密な半導体製造設備の損傷、製作中の半導体IC（シリコンウェハ）の破損等の多大な被害が発生する。

　想定する被害は表1に示すとおり、多岐にわたり、地震の規模によって

表1　地震による被害の想定

被害の内容
- 仕掛り品（加工途中のシリコンウェハ）の廃棄
- 半導体製造設備（精密加工用）の故障修理費用
- 石英、SiC等の部材の廃棄、修理費用
- インフラ設備、建屋の修理費用
- クリーンルーム環境劣化による歩留り低下
- 工場が停止したことによる機会損失（顧客喪失）

被害の程度を左右する要因
- 地震の固有周波数と大きさ
- 立地地盤、建物の耐震性
- 半導体を製造している階層
- 設備の重心位置、固定の有無
- 生産している製品のデザインルール（65～1000 nm）とウェハ口径（100～300 mmϕ）

何百億円にまで達する場合もある。

当然、その被害の程度は襲来する地震の固有周期、規模、地盤特性、建物の耐震度、半導体を製造している階層等で異なるため、より効率的かつ適切な地震対策が求められる。

表2に現状での地震対策例を示した。

工場の周辺のユーティリティー関連設備については耐震設計により倒壊、損傷対策が図られている。

表2 半導体工場の地震対策例

項　目	建物、設備等	想定被害	対　策
周辺設備 (ユーティリティー)	・ガス供給プラント 　(H_2、O_2、他) ・給排水関連設備 　(純水、工業水、他) ・給排気関連設備 ・電気関連設備	・倒壊 ・配管損傷 ・冠水	・耐震施工
工　場　棟	・建屋全体 ・電気系統(電気室) ・特殊危険ガス 　(自燃、支燃、有毒) ・薬品、純水、冷却水供給 ・空調(給排気) ・半導体製造設備 ・製品、石英、SiC等 ・コンピュータ	・倒壊、破損 ・揺れによるショート(停電) ・漏洩による火災、腐蝕 ・漏洩による腐蝕、漏電 ・停止による棚卸し品(シリコンウェハ)の汚染 ・転倒、移動、損傷 ・精密性の高い設備の機能低下 ・揺れによる破損、損傷 ・MESの機能低下 ・品質データ消失	・免震施工、耐震施工 ・非常用自家発電機・コージェネ並用 ・地震波検知による供給遮断 ・地震波検知による薬品の供給遮断 ・水関連は低階層へ設置 ・非常用電源の並用 ・二重化 ・耐震固定 ・防震機構の改良 ・防震機構の改良 ・免震床への設置 ・二重化

半導体を製造している工場では、近年は免震施工もみられているが、大半は耐震施工である。高階層に設置される高価な半導体製造設備は、地震の揺れでの損傷や、作業員への危害が加わらないよう、通常耐震固定が施される。

　ガス、薬品、水等の供給装置は漏洩等の際の被害が拡大しないよう、低階層に設置される。特に危険なガス、薬品は漏洩の拡大を防ぐため、主要動（S波）と連動して、元栓を遮断する対策が施されることが多い。

3．緊急地震速報の利活用

　当社では、これまで地震の主要動（本震、S波）のある閾値（振動加速度）で従業員への緊急放送、各種ガスの遮断、薬品の供給停止、一部精密機器の稼動停止等の防災システム起動を行ってきた。しかし、主要動を感知してからの上記システム作動は、大きな揺れの中での作業となるため、地震の規模によっては安定作動しないことも想定され、感震後の対応では手遅れになる危険性もある。

　また、わずか10秒でも事前に大きな揺れが来ることがわかれば、工場としても以下に挙げる安全・被害軽減処置が可能となる。

　　1）作業員…安全姿勢の確保、安全地域への避難、設備・製品への一次処置
　　2）各種危険特殊ガス、薬品…感震後では転倒、破断等で遮断が間に合わない場合への確実な対処
　　3）設備、製品…精密機器、高速回転物の事前停止による損傷最小化
　　　　　　　　　製品であるシリコンウェハの破損対策。石英、SiC等の破損しやすい部品への事前処置

　各項目をどこまで適切に対処できるかは、リアルタイム地震情報を受信してからの余裕時間に大きく依存することになる。特に従業員の安全に関しては、事前に大きな揺れの襲来を知ることによりパニックなどの不測の事故を防止し、決められた行動基準による安全確保が可能となる。

　当社では平成15（2003）年の2度の地震（三陸南、宮城県北部連続）の後、平成17（2005）年より、気象庁の緊急地震速報の試験運用に参加し、緊急地震速報活用システムの実証実験を開始した。

　少ない余裕時間を有効に活用するため、構内放送等の伝達の高速化、ガス・薬品等の遮断の高速化を検討実用化した。また、避難訓練を通して人

間系の動作の標準化を並行して行ってきた。

4．気象庁配信の緊急地震速報

　本システム説明の前に、気象庁により配信される緊急地震速報のフローについて、30年以内に99％の確率で発生すると予測される宮城県沖地震を例に説明する。

　図1に想定宮城県沖地震発生時の地震波の伝幡と気象庁から配信される緊急地震速報の伝達タイムチャート例を示す。地震発生後、最初の観測点（25km間隔で設置）でP波（初期微動）を検知し、得られた地震波を解析することにより、震源地、地震の規模及び各地の震度を秒単位の短時間で推定し、情報が発信される。この例の場合、当社が第一報の緊急地震速報を取得した後、S波が到達するまでの余裕時間は約16秒となる。

　観測点が増えれば、当然、震源・震度情報ともに精度は向上するが、反面、余裕時間は減ることになる。

　気象庁配信の緊急地震速報は上述のとおり、地震発生時のリスク対策として非常に有効な情報であるが、以下に述べる課題があり、365日稼動する半導体工場において、ガス・薬品を緊急遮断、もしくは設備を停止するには多くのリスクが考えられ、本格導入には至っていないのが現状であった。

　① 誤報の発生率を0にできない
　② 予測震度で1～2の誤差を生ずる可能性がある
　③ 震源近傍の地震への対応が困難

　特に高階層に設置される半導体製造装置の耐震性、低階層に設置されているガス・薬品供給装置の緊急遮断を考慮すると、誤報のないことが前提で150gal前後での高い精度が要求される。

宮城県沖地震の場合

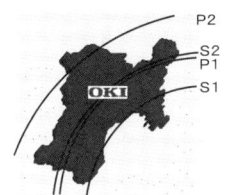

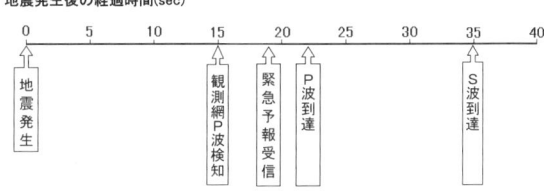

図1　地震波の伝幡タイムチャート（例）

5．高信頼度防災システム

　今回、当社とREICで共同開発した緊急地震速報を用いた地震防災システムは、前述した課題を解決するため、PhaseⅠ、Ⅱ、Ⅲの3段階で予想精度の向上、信頼性向上、震源近傍地震への対応を図っている。

　本システムの狙いは、リアルタイム地震情報と現地地震計情報との併用により、地震情報の精度を大幅に向上させたことにある。

　各Phaseのシステム概要と制御アルゴリズムを以下に説明する。

　1）　PhaseⅠ……気象庁緊急地震速報の精度補正システム

　　　気象庁配信の緊急地震速報のデータベースに、当社の立地地盤情報（地盤増幅率：基盤面と地表面の加速度応答スペクトルの比で表され地表面の揺れやすさを表す数値）を加え、最大震度の精度向上を図っている。

　　　図2に想定される宮城県沖地震発生時の県内予想震度分布を示す

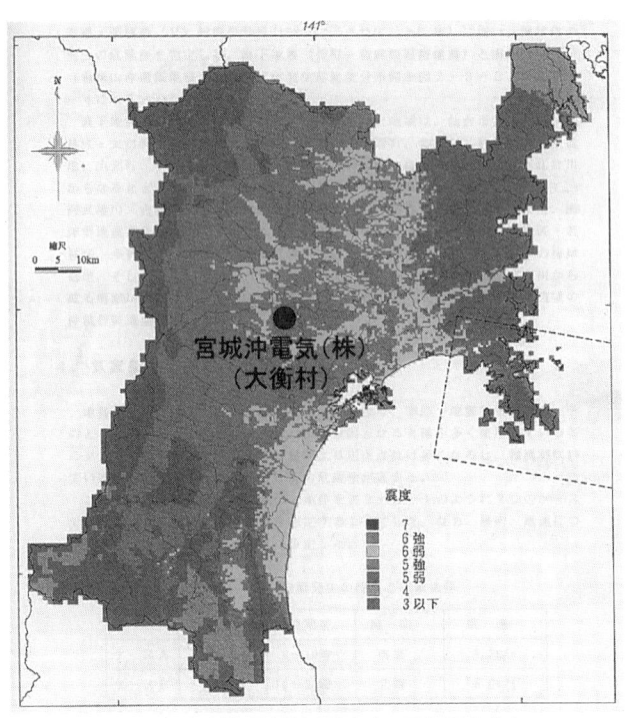

図2　想定宮城県沖地震発生時の予想震度分布

が、震源からの距離が同じでもそれぞれの地盤特性で震度は異なるため、地盤特性は精度確保には最低限必要な条件となる。

2） Phase Ⅱ……現地Ｐ波地震計による精度向上

図３に本システムを示した。本システムの狙いは、前述のPhase Ⅰ の緊急地震速報のみのトリガーに対し、当社内設置の現地Ｐ波地震計の情報を併用させ、精度を更に向上させたことにある。

特徴は以下の３点である。
① 緊急地震速報と現地地震計の併用で誤報を排除
② 現地地震計によりＰ波到来を確認
③ システムの二重化、システム監視、リモートメンテナンス機能により稼動信頼性を向上

図４に示したように、本システムでは地震情報を衛星回線、インターネット回線で二重受信を行う。

受信システムでは、気象庁から配信されるデータに基づきサーバ内で地震震度の推定、データ表示、緊急放送、遮断、停止のための出力を行う。

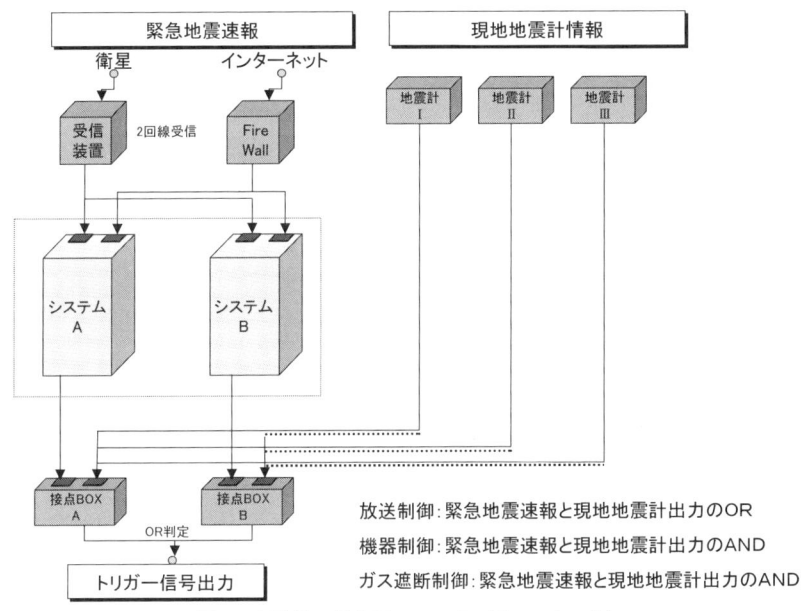

図3 半導体工場向けシステム（Phase Ⅰ、Ⅱ）

放送制御：緊急地震速報と現地地震計出力のOR
機器制御：緊急地震速報と現地地震計出力のAND
ガス遮断制御：緊急地震速報と現地地震計出力のAND

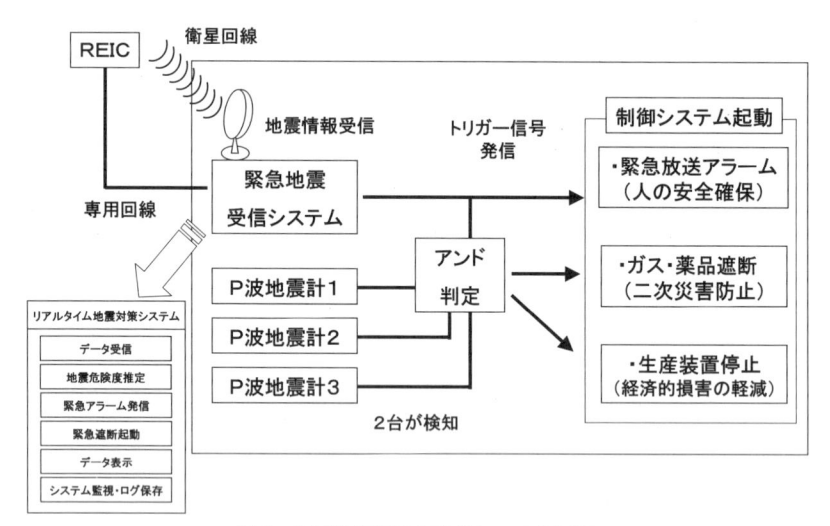

図4　宮城沖電気地震防災システム概要

　今回のシステムでは自社敷地内に3台のP波地震計を設置し、3台中2台が検知した場合、緊急地震速報とのアンド回路によってトリガー信号を発信する。
　図1に示したタイムチャート上、余裕時間は16秒であったが、社内P波地震計までの検知時間（緊急地震速報受信3秒後）、社内の各種遮断、停止システムの作動時間を考慮し、当社では本震到達3秒前に各種システムが一斉起動する。
　この間、気象庁の観測網のデータも増えるため、震源震度の精度は更に向上すると考えている。
　以上述べたように、本システムの導入により、課題となっていた誤報、精度不足は解消されるが、震源が近傍の場合には余裕時間がなく対処が不可能である。
　図5に直下型である利府・長町断層地震の場合のタイムチャート例を示した。地震発生後、4秒後に最初の観測網で検知し、リアルタイム地震速報を受信するのは8〜9秒後となる。
　震源が近傍であるため、受信するとほぼ同時に主要動が到達し、余裕時間はほとんどゼロとなる。
　3）PhaseⅢ……現地P波地震計による予測システム

直下型地震（利府-長町断層）の場合

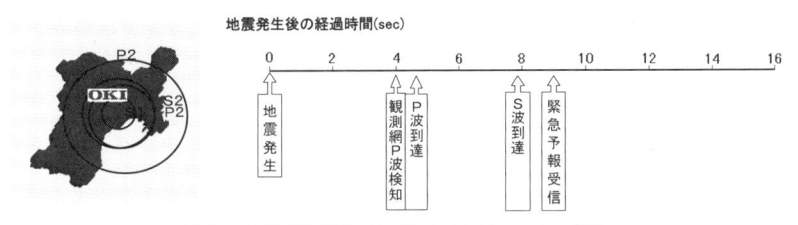

図5　直下型地震波の伝幡タイムチャート（例）

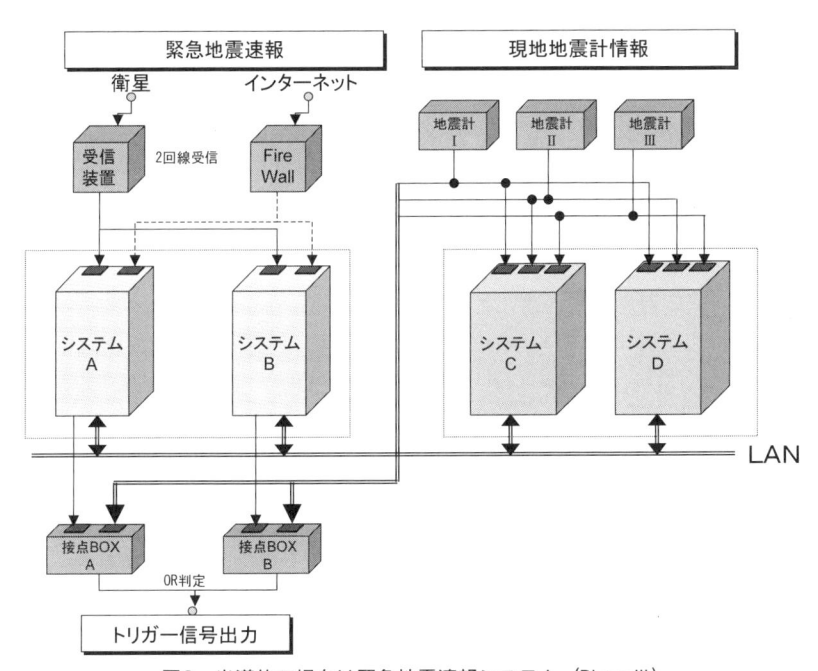

図6　半導体工場向け緊急地震速報システム（Phase Ⅲ）

　図6にPhase Ⅲのシステム概要を示した。
　今回開発した地震防災システムでは、第2段階として、現地に設置したP波地震計のデータをもとに最大加速度及び余裕時間を予測し、直下型地震緊急地震速報の精度向上を図った。
　3台設置したP波地震計の予測データをもとに、リアルタイム地震情報との併用をせずに直下型の大きな地震では社内放送、遮断、停止

を行うことが可能となる。タイムチャート上では、社内Ｐ波地震計の検知から主要動到達までわずか３秒程度ではあるが、放送、遮断、停止等の情報伝達等の速度向上で対処は可能と考えている。

PhaseⅢの主要機能としては、震源推定と最大加速度推定を以下の方式で行っている。

① 現地地震計のリアルタイム地震データからＰ波の立ち上がりを検知
② ３台の地震計のＰ波検知結果を多数決判定
③ 緊急地震速報を併用した震源決定
④ Ｐ波の最大値からＳ波の最大値を推定

次に地震危険度（最大加速度、余裕時間）及びその信頼限界算定を次の５種類の方法で行っている。

① 現地地震計データによる観測値（SOB：Seismic data Observation）
② 現地地震計データによる推定値（SCA：Seismic data Calculation）
③ 緊急地震速報による推定値（EEW：Earthquake Early Warning）
④ 現地地震計データを緊急地震速報による推定値で補正（EEW（S）：Earthquake Early Warning、Seismic data、現地地震計データを参照して緊急地震速報を補正）
⑤ 緊急地震速報に対する補正（EEW（C）：Earthquake Early Warning Correct、緊急地震速報により発信される観測点情報を使って緊急地震速報を補正）

以上の５種類のデータをリアルタイムで作成・更新し、図７・８に示すような危険度マトリックス（総合判定表テーブル）を作成する。判定表テーブルではあらかじめ定めた行動、動作を選択し、放送、遮断、停止等に対応するトリガー信号を出力する。

今回の判定表は半導体工場用として作成したものであり、建物の構造や製造している階層、製品等の工場の形態により、それぞれの経営判断で判定表を応用作成することも可能である。

図７は直下型地震の場合の総合判定表、図８はプレート型地震の場合の総合判定表である。

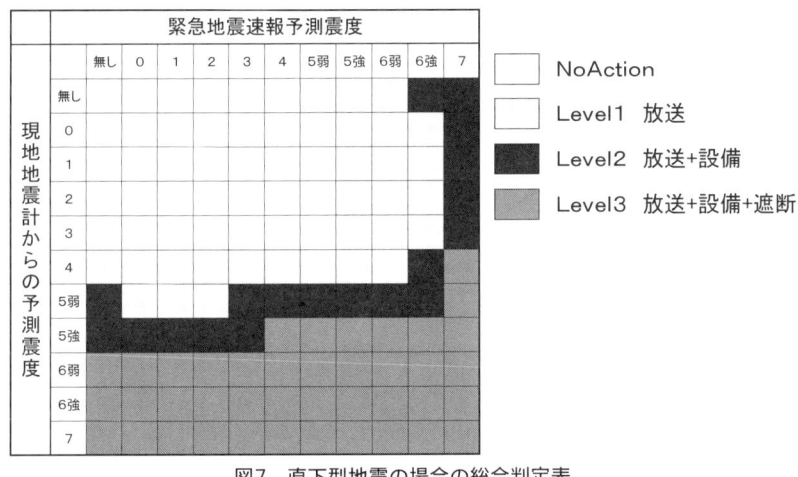

図7　直下型地震の場合の総合判定表

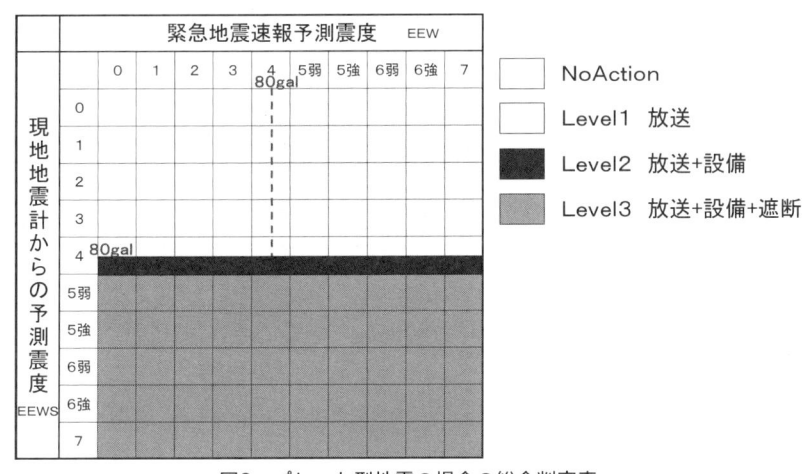

図8　プレート型地震の場合の総合判定表

6．稼動信頼性向上

　本システムでは、リアルタイム地震情報受信の二重化（地上回線、衛星回線）、サーバシステムの二重化、現地地震計情報の二重化等、いつ発生するか分からない地震に備えてシステムダウンがないよう、対処を行っている。

　また、サーバシステム内の監視ソフトを利用し、それぞれのシステムで

異常を感知した場合、E-mailにより、保守管理を行っているREICへの情報伝送が可能となっている。

そしてリモートアクセスソフトを利用し、定期、緊急時、REICからサーバシステムの動作状態をリアルタイムで適宜確認し、リモートメンテナンスでシステムの安定化を図っている。

7．まとめ

写真1に地震防災システムによって起動される社内のシステムの概要を示した。

地震防災システムで36galと判定された場合、社内に「地震が来ます。安全を確保してください！」という放送が流れる。

120galと判定されると、地震遮断盤を通じ、ガス、薬品の供給が遮断される。

一方、工場内の設備に関しては、80galの閾値では信号盤を介して、精密加工用露光機の停止が行われ、120galの閾値では高所を通過している搬送車の緊急停止、テスト工場のテスターの停止等が行われる。いずれも主要動が来る前の安定な状態で停止を行い、損傷の軽減化を図るとともに、震災後の復旧時間を最短で実現するための処置である。

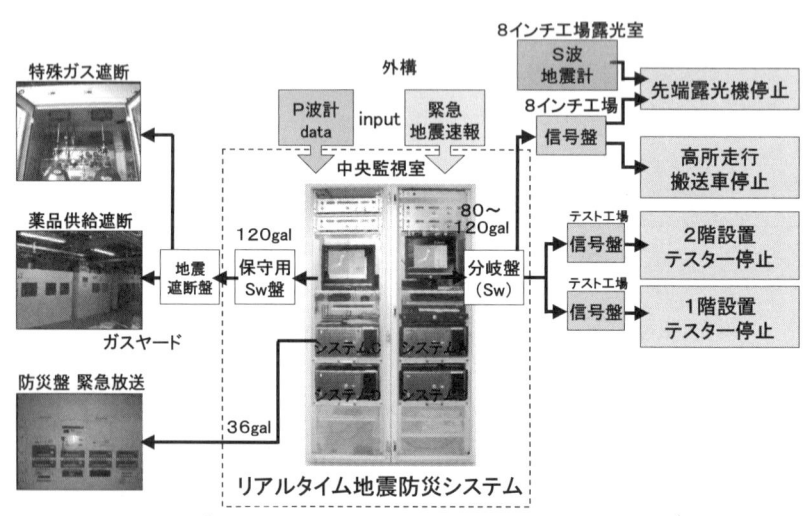

写真1　リアルタイム地震防災システム制御系統図

今回のシステムは、リアルタイム地震情報の精度不足を、現地地震計との並列データ処理により補ったものであり、多大なコストを費やす半導体工場でも十分導入可能なレベルまで信頼性を高めることができた。

　PhaseⅡのシステムは一昨年12月から稼動しており、現在まで36galまでの数多くの地震波を計測しているが、予測値と実測値の相関は非常に良好である。

　PhaseⅢのシステムについても、昨年12月末から導入、運用中であるが、観測された小さい地震波の範囲内では更に精度の高いデータが得られつつある。

　今後は現地地震計の解析ソフトの活用により、震度精度の向上を図るほか、直下型地震にも十分対応可能なシステムとして完成させる予定である。

（よしおか　けんたろう）

5 建設工事現場における活用
― 高層住宅建設現場の事例 ―

鹿島建設㈱
研究・技術開発本部
小堀研究室室次長
宮村　正光

著者プロフィール
1971年日本大学理工学部建築学科卒業。同年4月鹿島建設武藤研究室入社。1981年南カリフォルニア大学客員研究員、1983年工学博士（日本大学）。1987年鹿島建設小堀研究室（現職）。

鹿島建設㈱技術研究所
都市防災・風環境グループ
大保　直人

著者プロフィール
1976年埼玉大学大学院工学研究科修士課程修了。同年4月東京大学生産技術研究所入所。1986年工学博士（東京大学）。同年3月鹿島建設㈱技術研究所入所（現職）。

鹿島建設 URL　http://www.kajima.co.jp/welcome-j.html

1．活用面から見た建設現場の特徴

　緊急地震速報の活用の観点から、建設現場をみるとまず大きな特徴として、『すべてが仮設』で、支保工などで一時的に支えられている架構や完成していない構造躯体がある、かなり不安定な状況下での作業が多いということが挙げられる。具体的には以下の特徴がみられる。
①　短い工事期間
　建物規模により異なるが、多くの現場では工事期間が1～3年と比較的短く、地震に遭遇する確率が低いため費用対効果の面からの評価が難しい。
② 　多様な作業環境
　一口に建設現場といっても、平面的に広がる大規模な工場・倉庫や、高層の事務所、集合住宅などの建築現場から、道路、橋梁、トンネル等を伴う縦孔やトロッコ軌道などの移動仮設が多い土木工事まで、非常に多岐にわたる作業環境となる。
③ 　さまざまな工事内容と職種が混在
　工事現場では基礎工事から鉄骨の建て方や内外装工事など、工事の進

捗に伴いさまざまな職工による作業が同時進行するため、現場作業員は出入りが激しく、情報の徹底や意識の定着が難しい。また、仮設の床や敷設された鉄筋の上や未固定の柱・梁近傍の不安定な場所や高所作業などが多く、地震時の突然の大きな揺れでバランスを崩す転落事故も想定される。

④ 施工部材の重厚長大化

高層建物の場合、工期短縮や効率化のため、柱、梁などの構造骨組みの一体化や、外装大型パネルとしてPC部材の使用等の施工部材が大型化し、重量が増加の傾向にあり、タワークレーン等による揚重作業時の揺れによる接触、脱落や、エレベーターシャフト等の縦貫通口からの物の落下などの危険性もある。

⑤ 仮設揚重設備の設置

高層建物の場合には、作業員、資機材等の上下搬送を行う工事用仮設エレベーターなど通常にない施設や装置が設置される。工事用エレベーターには地震時管制運転装置が付いておらず、地震時に揺れを感じてオペレーターが非常停止を行うと、急激な停止による衝撃により機器損傷のおそれや閉じ込めの懸念がある。

緊急地震速報を有効に活用するためには、このような建設現場の特徴を考慮して、適切な情報伝達が必要となる。表1は高層住宅の建設現場における地震時の危険要因に対する情報の活用の可能性の例を示したものである。

2．警報システムの基本構成

気象庁から発信される緊急地震速報を建設現場に有効に活用するためには、現場の特徴に応じた適切な受信、配信方法を考える必要がある。

(1) 情報の伝送方法

工事現場を全国的に展開する建設会社の場合には、緊急地震速報を個々に受信せず、本社など一つの受信拠点を設けて、各工事現場の震度予測を集中して行い、警報が必要な場所に対してのみ社内LANで情報を発信する仕組み（図1）が有効である。これにより、現場へのシステムの設置やそれに伴うメンテナンスは不要となり、警報機器等の初期投資以外には、新たなランニングコストが発生しないため、導入も容易となる。

一方で、セキュリティ面での課題として、外部から配信される情報を取

表1 現場作業員に懸念される危険要因と危険回避の可能性の例

対象者	懸念される危険要因	情報伝達により可能な危険回避
タワークレーンオペレーター	吊り荷の落下、誤作動、墜落	吊り荷からの退避、操作停止
高層階でのとび職、作業員	鉄骨からの墜落、吊り荷との接触、開口部からの墜落、ゴンドラからの墜落	吊り荷からの退避、安全帯につかまる、開口部から離れる、ゴンドラからの退避
地上での作業員	上層階からの飛来、落下、吊り荷との接触、挟まれ、仮設足場からの墜落	吊り荷からの退避、建物内への避難
地上での車両運転手	暴走、荷崩れ、操作不能	緊急停止、車両からの退避
仮設エレベーターのオペレーター	接触、破損、誤操作	最寄階への減速停止

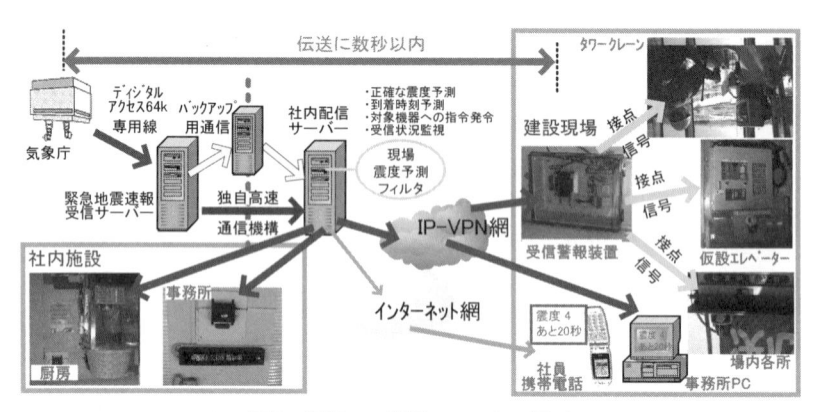

図1 現場への警報システムの概要

り入れる際、ファイヤーウォール越しに社内LAN内のサーバーに取り入れる必要があり、できるだけ迅速にかつセキュリティを保ちながら、情報を取り入れる工夫が必要となる。

(2) **情報の伝え方**

受信した『緊急地震速報』を基に、震度の予測精度をできるだけ高めた手法を用いて対象現場ごとに予測震度と到達時刻を求め、現場で設定した震度以上になると警報指令が送られる。具体的には各現場のLAN接続された受

信警報装置が信号を受け取り、ブザー音とフラッシュライト点滅で知らせるしくみで、装置の設置・移設は容易で、既存建物での利用も可能である。

警報指令は現場内の各警報機器に接点信号に変換、伝達される。配線工事に特別の専門性が必要ないため、現場の仮設電気工などで十分対応可能である。また、特定小電力無線による接点信号の送受信装置は、作業車両等に搭載することや、改修工事のような短時間で移動が多い作業に適用することも可能である。

(3) 予測震度の精度向上とトリガーレベルの設定

厳しい工事期間のなかで作業が行われる工事現場では、頻繁に警報が発報されると工事の進捗に支障が生じる。一方で短い工事期間中に大きな地震の発生は非常に少ないため、余り大きなレベルにすると、ほとんど発報しないことになり、警報設置の効果も期待できないため、適切なトリガーレベルの設定が必要となる。このため、敷地に予想される震度はできるだけ精度良く予測することが求められる。

気象庁から配信される情報は、マグニチュードや震源位置などの震源情報と主な地点での震度で、対象とする敷地に予想される震度は、使用者側での評価が必要となる。一般的に敷地の揺れは、マグニチュードが大きくなるほど強くなり、反対に震源距離が遠くなるほど小さくなる傾向にあるが、実際の地震の震度分布は単純ではなく、震源の位置、伝播経路や敷地周辺の地盤条件などによって地域ごとにかなり複雑な分布となる。特に関東平野など複雑な地盤構造の地域では、図2に示すように地点ごとの相対的な揺れやすさは表層の地質年代との関係だけでなくさまざまな要素が関係し、一般的な予測式とはかなり異なる場合も多い。したがって実際に適用する場合には、できるだけ実地震との対応を考慮して予想震度を推定することが望ましい。神田（2007年）により開発された手法[2]は、約80年間の気象庁震度データや、歴史的大地震の震度データを加え、より精度の高い震度予測を可能としており、その精度は通常の推定式に比べ2倍ほど改善されている（図3）。

最終的なトリガーレベルは、敷地周辺の地盤条件や地震活動度、伝達する警報の目的等に応じて定められるが、横浜の建設現場では作業員の実地震での訓練も兼ね、震度3を超えるレベルをトリガーとして設定した。

(a）相対震度　　　　　　　　　　（b）表層地質年代図

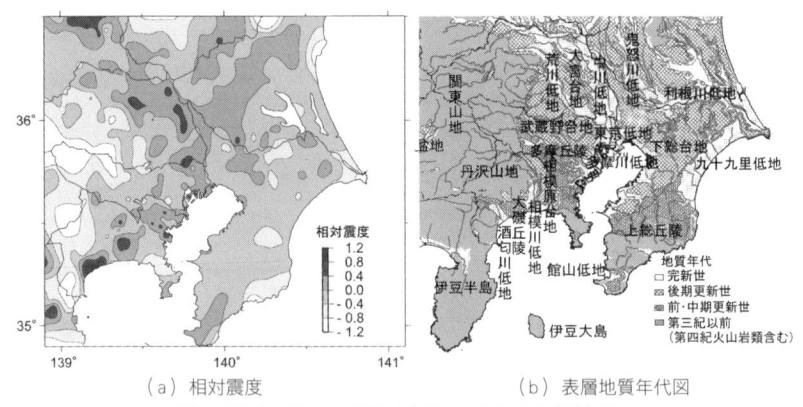

図2　関東平野の平均的な揺れやすさと表層地質[2]

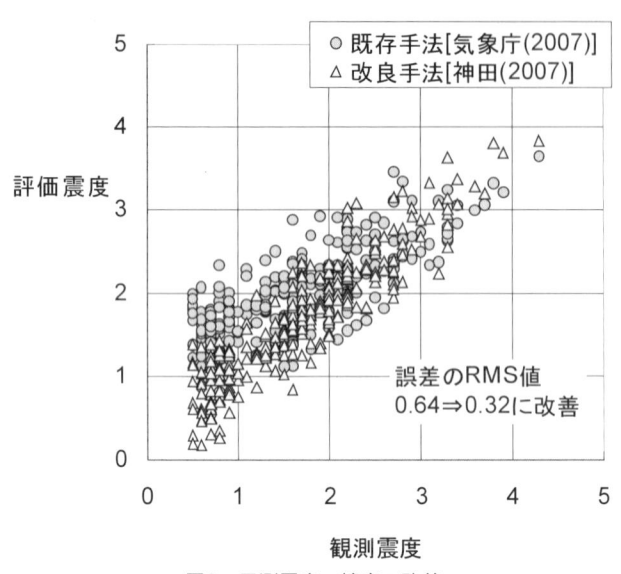

図3　予測震度の精度の改善

3．超高層住宅建設現場への適用事例

具体的な事例として、国内で初めて建設現場に適用された横浜の超高層住宅の建設現場（工事期間：2005年8月～2007年3月）を紹介する。

(1)　警報の現場での利用方法

建設現場では工事を行うためのさまざまな資機材が使われ、作業員は運

搬車両や建設重機の操作だけでなく、仮設足場上での高所作業や、敷地内の水平、上下方向に煩雑に移動し作業を行っている。さまざまな作業が錯綜する作業環境のもとではすべての場所に均等に伝達することは困難であるが、瞬時の情報をできるだけ効果的に多くの場所、作業員に伝達するため、当現場では図4に示す活用要綱に従って、以下の場所に伝達した。

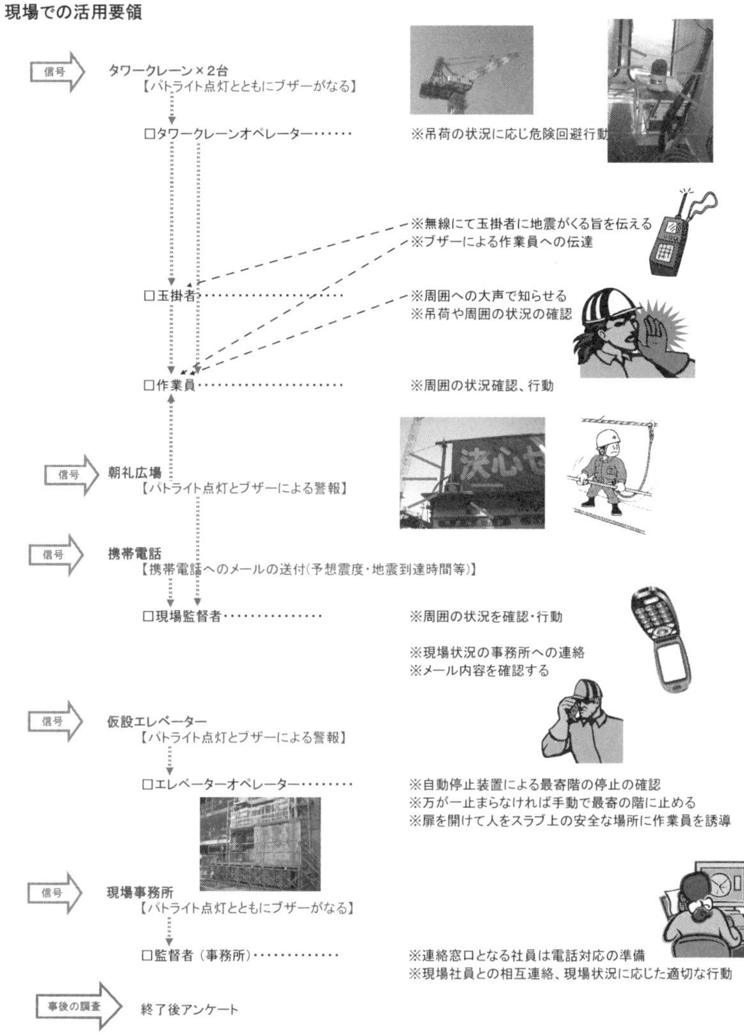

現場での活用要領

信号	タワークレーン×2台
	【パトライト点灯とともにブザーがなる】

□タワークレーンオペレーター……　※吊荷の状況に応じ危険回避行動

□玉掛者………　※無線にて玉掛者に地震がくる旨を伝える
　　　　　　　　※ブザーによる作業員への伝達

□作業員………　※周囲への大声で知らせる
　　　　　　　　※吊荷や周囲の状況の確認

□作業員………　※周囲の状況確認、行動

信号	朝礼広場
	【パトライト点灯とブザーによる警報】

信号	携帯電話
	【携帯電話へのメールの送付（予想震度・地震到達時間等）】

□現場監督者………　※周囲の状況を確認・行動
　　　　　　　　　　※現場状況の事務所への連絡
　　　　　　　　　　※メール内容を確認する

信号	仮設エレベーター
	【パトライト点灯とブザーによる警報】

□エレベーターオペレーター……　※自動停止装置による最寄階の停止の確認
　　　　　　　　　　　　　　　　※万が一止まらなければ手動で最寄の階に止める
　　　　　　　　　　　　　　　　※扉を開けて人をスラブ上の安全な場所に作業員を誘導

信号	現場事務所
	【パトライト点灯とともにブザーがなる】

□監督者（事務所）………　※連絡窓口となる社員は電話対応の準備
　　　　　　　　　　　　　※現場社員との相互連絡、現場状況に応じた適切な行動

事後の調査	終了後アンケート

図4　現場での活用要綱

① タワークレーン（以下、T/C）

　警報信号でT/Cオペレーター室内に設置されたブザー付回転灯により音と光で地震による揺れが来ることを知らせ、吊り荷を安全域に退避させるとともに、荷扱い作業中の鳶工・鉄筋工に無線（常時接続）で指示、当該工はそれを周囲に伝達して危険回避を促す（**写真1・2**）。

② 工事用エレベーター（以下、EV）

　工事用EVに対し、制御用空き回線を利用してケージ内のブザー付回転灯で警報を知らせるとともに、制御盤を改造して最寄り階への自動停止（減速停止）を実現し、大きな揺れが来る前に作業員を降ろして閉じ込めを防ぐ（**写真3**）。

③ 建設現場内各所

　警報信号を現場内の朝礼広場等に設けたブザー付回転灯に送り、作

写真1　T/Cオペレータ室

写真2　吊り荷退避、作業員退避状況

業者に知らせる（**写真4**）。
④　現場監督者
　　携帯電話メールを利用して、予測震度・到着時刻・震源・規模等の情報を表示し、警報内容を伝える（**写真4**）。
⑤　立体駐車場
　　狭くて閉鎖されている立体駐車場設置工事では、地震時の不安と転落事故の危険性が高いので、作業エリアに設置したブザー付回転灯により伝達。

(2) **実地震による効果の確認**
　建設工事中の1年半余りの間に（2005.8〜2007.3）に9回の発報があった。これらの地震はいずれも通常の作業時間内ではないが、気象庁の『緊

写真3　工事用EVと制御盤

写真4　メールでの配信

急地震速報』発報後、2秒以内で警報信号は現場に到着していることが、いずれの地震でも確認されている。以下の2つの地震は、作業員、監督者が警報を受信後、実際の揺れを体感したものである。

① 茨城県沖地震（2005年10月19日20時44分発生、横浜震度3～4）

夜間のため、現場内の作業は終了しており、工事事務所で執務していた監督者が、現場事務所（地上6階）に設置された回転灯の警報を確認した。回転灯点灯後退避行動にはいり、十数秒後に実際の揺れを感じたと報告されている。

② 房総半島南東沖地震（2006年4月11日17時46分発生、横浜震度3～4）

作業終了時間直後のため、タワークレーンや工事用EVは停止していたが、高層部で作業を継続していた作業員が警報を聞き、直ちに周囲に呼びかけ退避行動を起こした。その後に横揺れを確認したことが報告されている。

(3) アンケートによる事前対応訓練

わずかな時間を利用しての避難行動を適切に行うには、事前の準備が極めて重要である。このため現場では予告しない抜き打ち訓練を行い、その対応についてのアンケート調査を行い、フィードバックさせることで地震時の具体的行動イメージを現場作業員に描いてもらうよう試みた。

本現場では訓練終了後、図5に示す用紙を用いて2回のアンケートを試みた。その結果1回目では、突然なので意外と動けない、時間が短すぎるのであきらめる、ブザー音が確認できない、本当に地震が来るのか実感がわからないなどの回答が多く、情報の具体的な活用についてはかなり、疑問視されていた。

しかし2回目では、タワークレーンの2台のオペレーターが協調してブザーを鳴らす、玉掛者が大声で、地震がくるぞと叫ぶ、通路に物を置かない、足場からはなれる等、限られた時間でも身の回りの状況に応じた危険回避の可能性を述べ、自宅の危険なものまで意識した意見も出され、防災への関心が高まっていることを示している。さらに、数秒でも安全帯を掛けることが可能などの意見や十数秒あれば、仮設足場から安全なスラブ上に移動できるなど余裕時間に応じた避難行動にも言及するようになった。

これらのことから日頃から避難できる場所や、安全な通路などの確保を確認し、具体的な行動を事前に考えておけば、突然の警報では動けなくな

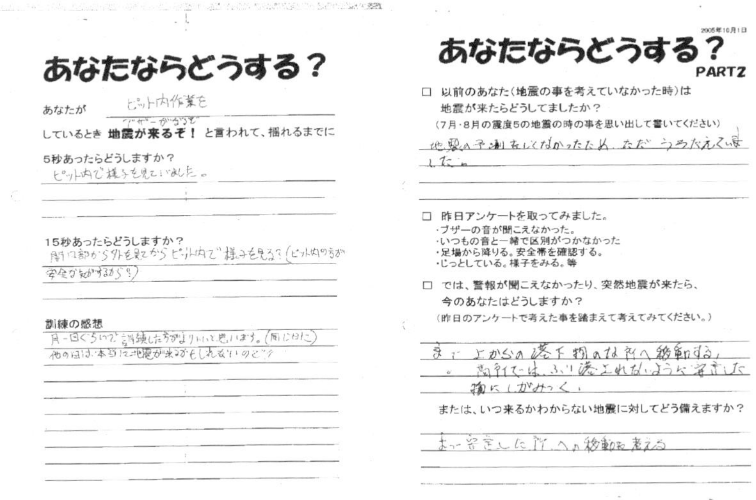
あなたならどうする？

あなたが　ピット内作業を　しているとき　ブザーがなるぞ　**地震が来るぞ！** と言われて、揺れるまでに

5秒あったらどうしますか？

ピット内で様子を見ていました。

15秒あったらどうしますか？

階は部から外を見てからピット内で様子を見る？（ピット内の方が安全な気がするから？）

訓練の感想

月一回ぐらいで訓練したほうがよいと思います。（月に1日に）他の日は本当に地震が来るかもしれないので？

2005年10月1日

あなたならどうする？ PART2

□ 以前のあなた（地震の事を考えていなかった時）は地震が来たらどうしてましたか？
（7月・8月の震度5の地震の時の事を思い出して書いてください）

地震の予測をしてなかったため、ただうろたえていました。

□ 昨日アンケートを取ってみました。
・ブザーの音が聞こえなかった。
・いつもの音と一緒で区別がつかなかった
・足場から降りる。安全帯を確認する。
・じっとしている。様子をみる。等

□ では、警報が聞こえなかったり、突然地震が来たら、今のあなたはどうしますか？
（昨日のアンケートで考えた事を踏まえて考えてみてください。）

まず上からの落下物のない所へ移動する。高所では、ふり落とされないように安定した物にしがみつく。

または、いつ来るかわからない地震に対してどう備えますか？

まず安全した所への移動を考える

図5　抜き打ち訓練後に使用したアンケート用紙

ることを防ぐため、重要であることが分かる。

このため、当現場では以下の点に留意して活用を図っている。

① 作業員は出入りが激しいので、新規入場者教育だけでなく、日頃の朝礼などで地震警報のもつ意味をわかりやすく、繰り返し、周知、徹底する（**写真5**）。

② 監督者は作業員からのアンケートやヒアリングにより、とっさの行動が可能なアクションマニュアルを用意し、作業員に取るべき行動を伝達、事前の心構えを習得してもらう。

③ 抜き打ち訓練により、状況に応じた自分自身がとれるとっさの行動イメージの習得を図る。

④ 工事の進捗に応じて作業内容が変化し、騒音も大きく、視覚的にブラインドになる所など作業環境が多岐にわたるため、情報伝達の際には適切な音量や視覚的な工夫や配慮が必要である。

4．事業継続計画（BCP）への展開

短い工事期間中に大地震に見舞われる確率は非常に低いと思われるが、全国の建設業者は55万社、就業者数は500〜600万人とも言われる。発生

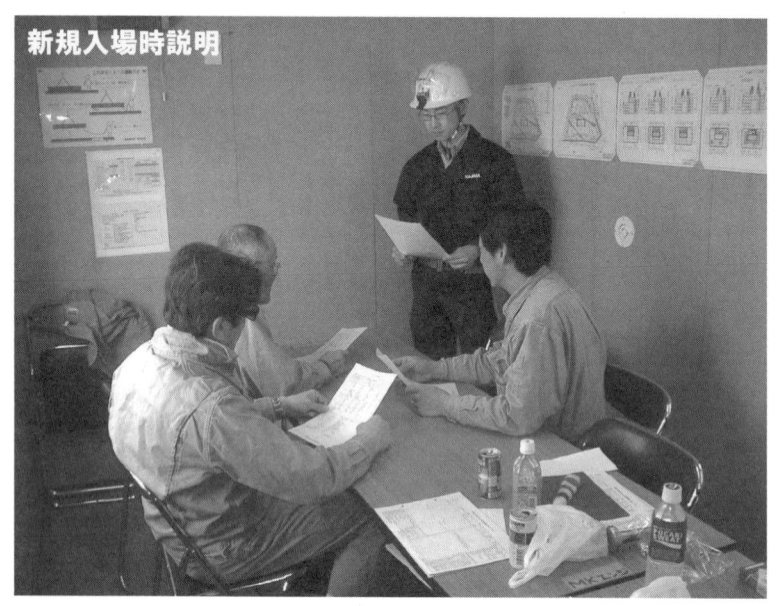

写真5　新規入場者への説明

　頻度が低いとはいえ、罹災する可能性も否定できない。特に全国に支店をもつ建設会社にとっては、事業継続の要となる建設工事が各地域で同時進行しており、大地震が発生すれば、必ずどこかで被災すると思われる。
　建物や施設の建設を請け負う建設会社にとって、事業継続計画の視点からみると、工事現場は事業を継続する最も重要で、根幹的な部分の一つで、現場で働く作業員の安全を確保することが前提となる。
　しかし現実には建設工事は常に繁忙を極め、定められた期間内に完成させることに精一杯な状況で、発生頻度の低い大地震への対応は優先順位が低くならざるを得ない。一方、大都市周辺では大地震の発生が指摘されており、ひとたび災害が発生すると、事業継続が極めて困難になることも懸念される。特に工事期間の比較的長い重要な建物においては、工事期間中の被害をできるだけ軽減することで自社の機能回復を図り、社会基盤の早期復旧活動を支援する建設会社への期待に応えることにもつながる。このため、建設中の建物や仮設の足場や重機等に対する耐震性の配慮はもとより、緊急地震情報を活用し、大きな揺れが到達する前に状況に応じた適切

な"構え"をすることによって、監督者や現場作業員の安全を確保し、少しでも被害軽減を図ることが企業の事業継続の面からも期待される。

（みやむら　まさみつ／おおぼ　なおと）

参考文献
1）那須正ほか：建設工事現場での緊急地震速報利用による安全性向上、安全工学シンポジウム、2007.
2）神田克久ほか：観測データに基づいて地盤特性を考慮した震度推定：震度計の設置推進と震度データの利用高度化に関するシンポジウム論文集、土木学会、48-51、2007.
3）気象庁地震火山部：緊急地震速報の概要や処理手法に関する技術的参考資料、〈http://www.seisvol.kishou.go.jp/eq/EEW/kaisetsu/Whats_EEW/reference.pdf〉
4）山谷博愛ほか：緊急地震情報を利用した早期地震警報の建設現場への適用(2)超高層工事現場への適用事例、日本建築学会大会学術講演梗概集、2006.
5）宮村正光ほか：地震情報の直前検知・伝達システムの開発—地震被害低減を目指す新しいコンセプト—、日経サイエンス、日本版、PP.6–10、1993年12月号.

6 移動体での利活用
（移動体における利用と課題）

NHK放送技術研究所
企画総務担当部長
伊藤　泰宏

NHK技研URL　http://www.nhk.or.jp/strl/

著者プロフィール
1983年北海道大学大学院工学研究科電子工学専攻修了。同年NHK入局。同長野放送局、同放送技術研究所、同技術局開発センターを経て2007年より同放送技術研究所（企画総務）担当部長、現在に至る。電波伝搬、移動無線、デジタル伝送の研究に従事。工学博士。

1．はじめに

できるだけ多くの人が緊急地震速報を有効活用する機会を広げ、地震災害を軽減するには、人々が普段から持ち歩いて使用する携帯端末を活用することが効果的である。

平成18（2006）年4月に地上デジタル放送のワンセグサービスが開始されて以来、ワンセグ携帯端末は爆発的な普及をみせており、平成19（2007）年度末には2,000万台に達する見込みである。ワンセグサービスを含め、地上デジタル放送には、対応した受信機を遠隔起動する緊急警報放送の仕組みが既に備わっており、この仕組みは緊急地震速報の利用を考察するにあたって大変参考になる。そこで、ここではまずアナログ放送及びデジタル放送の緊急警報放送の仕組みについて述べ、次にそれを改良したアナログ放送用の「倍速符号」とワンセグ携帯端末の緊急警報放送による遠隔起動に焦点を当てる。そのうえで緊急地震速報の利用について考察する。

2．緊急警報放送とは？

緊急警報放送は、放送波によりこれに対応したテレビやラジオを自動的にスイッチONし、地震や津波などの緊急情報を一刻も早く視聴者に知らせるためのシステムである（図1）。

緊急警報放送は、人命や財産に重大な影響のある
　① 大規模地震の警戒宣言
　② 津波警報

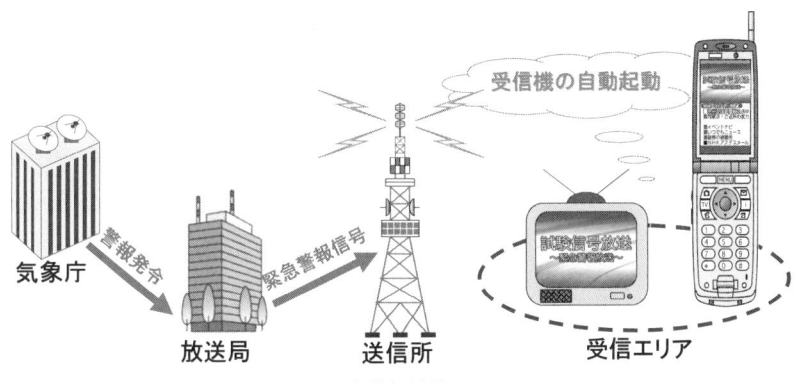

図1 緊急警報放送システム

　③　都道府県知事からの放送要請
の３つの場合に限って放送される。
　東海地震が予知できる可能性が明らかになったのを機に緊急警報放送の研究が昭和55（1980）年に開始され、ラジオ・テレビとも共通に使える音声の中域周波数を使う音声コード信号を用いた方式が実用化された。「ピロピロ」という警報音を兼ねた音声コード信号を放送して受信機を遠隔起動し、緊急かつ重大な情報を聞き逃さないようにする緊急警報放送システムの誕生である。
　昭和60（1985）年９月１日に運用を開始して以来、22年間（平成19（2007）年５月31日現在）での緊急警報放送の運用実績は15回で、緊急警報放送を実際に受信する機会はそう多くない。そのため、NHKでは毎月１日の正午前に緊急警報放送の試験信号を放送している。緊急警報放送の受信機能を持つ受信機の普及台数は、現在約50万台である。普及がいまひとつ進んでこなかったのは、コスト対効果から見て緊急警報放送の受信機能を持つ受信機に割高感があったことが理由の一つと考えられる。最新の技術を用いてアナログラジオ受信機やワンセグ携帯端末に少ないコストで当たり前のように緊急警報放送の受信機能を持たせられるようになれば、爆発的に普及が進むものと期待される。

３．アナログ放送用緊急警報信号
　アナログ放送用緊急警報信号には受信機を遠隔起動するための開始信号

（図2）と、受信機を遠隔起動する前の状態に戻すための終了信号（図3）とがある。また、開始信号には第一種信号と第二種信号があり、第一種信号は「①大規模地震の警戒宣言」と「③都道府県知事からの放送要請」の場合に使用され、第二種信号は「②津波警報」の場合に使用される。第二種信号については、津波で被害を受けるおそれのないような高所に住む視

1ブロック（96bits、1.5秒）						
前置符号	固定符号	地域符号	固定符号	月日区分符号	固定符号	年時区分符号
4 bits	16 bits	16 bits	16 bits	16 bits	16 bits	16 bits

図2 緊急警報放送の開始信号

1ブロック（192bits、3秒）							
前置符号	固定符号	地域符号	固定符号	月日区分符号	固定符号	年時区分符号	無信号期間
4 bits	16 bits	16 bits	16 bits	16 bits	16 bits	16 bits	92 bits

図3 緊急警報放送の終了信号

聴者が、この第二種信号では受信機が遠隔起動しないよう受信機のスイッチで設定できるようにしている。

　緊急警報信号は、それぞれ15.625ミリ秒の長さの640Hz（10周期分）と1024Hz（16周期分）の2つのトーン信号による周波数シフトキーイング（FSK）信号で構成される。640Hzが「0」を、1024Hzが「1」を表す。信号は前置符号、固定符号、地域符号、月日区分符号、年時区分符号の5つ（表1）から成る。地域符号には、放送区域と対応した県域、広域、地域共通（全国）の3種類がある。例えば館山市に住む受信者の場合、受信機の受信地域を「千葉県」に設定する。この設定においては、「千葉県」符号に加え、「関東広域」符号、「地域共通（全国）」符号のいずれかが受信された時、受信機が遠隔起動する。月日・年時区分符号は、電波妨害による不要動作の機会を少なくするために利用される。開始信号は1ブロックの長さが1.5秒で、確実に受信できるよう4〜10ブロック繰り返して送出される。また、終了信号は1ブロックの長さが3秒で、2〜4ブロック繰り返して送出される。したがってアナログ放送用緊急警報信号は6〜15秒間送出され、緊急警報放送が送出され始めてから受信機が遠隔起動するまで最低1ブロック分の1.5秒を要する。そのため、アナログ放送用

表1　緊急警報放送の符号体系

符号の種類	カテゴリー	符号内容
前置符号	Ⅰ、Ⅱ開始	1100
（4 bits）	Ⅰ、Ⅱ終了	0011
固定符号	Ⅰ開始/Ⅰ、Ⅱ終了	0000 1110 0110 1101
（16bits）	Ⅱ開始	1111 0001 1001 0010
地域符号	Ⅰ、Ⅱ開始	10［地域符号（12bits）］00
（16bits）	Ⅰ、Ⅱ終了	01［地域符号（12bits）］11
月日区分符号	Ⅰ、Ⅱ開始	010［日（5 bits）］0［月（4 bits）］100
（16bits）	Ⅰ、Ⅱ終了	100［日（5 bits）］0［月（4 bits）］111
年時区分符号	Ⅰ、Ⅱ開始	011［時（5 bits）］0［年（4 bits）］100
（16bits）	Ⅰ、Ⅱ終了	101［時（5 bits）］0［年（4 bits）］111

（注）　表中のⅠ、Ⅱはそれぞれ第一種信号、第二種信号を示す。

緊急警報信号は、現状のまま緊急地震速報に用いるには、受信機が遠隔起動するまでの時間がやや長すぎるという問題と、遠隔起動後もしばらくの間、「ピロピロ」という警報音を兼ねた緊急警報信号のみが鳴り続けてしまうという問題がある。

　そこで、上述の問題を解決するため、NHK放送技術研究所では、「倍速符号」とそれに対応した低廉なアナログ緊急警報放送用FM/AMラジオ（**写真1**）を新規に開発した。このFM/AMラジオには、緊急警報信号及び「倍速符号」を受信するための低廉な専用マイコンチップ（**写真2**）が用いられている。「倍速符号」は、現在の64ビット/秒の緊急警報信号を、符号体系はそのまま変えずビットレートのみを倍速の128ビット/秒としたものである。この「倍速符号」を用いると、受信機は最低0.75秒あれば遠隔起動し、起動後に信号が聞こえる時間も1秒以内に短縮できる。「倍速符号」は、限られたエリアにおける緊急地震速報用の遠隔起動信号としてコミュニティーFM放送などで導入されることが期待される。

写真1　「倍速符号」にも対応した緊急警報放送用FM/AMラジオ

写真2　緊急警報信号・「倍速符号」受信用専用マイコンチップ

4．ワンセグ携帯端末の緊急警報放送による遠隔起動

　緊急警報放送は、衛星デジタル放送、地上デジタル放送にも継承され、運用されている。ただし、デジタル放送では、アナログ放送と仕組みが異なり、2つのトーン信号から成るFSK信号で構成されるベースバンド音声信号ではなく、TMCC（伝送制御信号：変調信号のパラメータが記述されているため、受信機がその情報に基づいて受信動作を確実に開始できる）に緊急警報放送用起動フラグが多重されるとともに、MPEG‒TS信号中のPMT（番組マップテーブル）に緊急情報記述子が多重されている。緊急情報記述子には、アナログ放送用緊急警報信号と同様、地域符号が記述されている。地上デジタル放送のワンセグサービスにおける緊急警報放送用起動フラグ（図4）は、約0.2秒ごとに更新されるため、受信機は緊急警報信号が送信されてから0.2秒以内にそれをキャッチすることができる。緊急地震速報用にも上記TMCC中にある未使用のリザーブビットを活用することで、同様の動作をさせることが可能である。しかし、ワンセグにおいては、受信機が遠隔起動してから映像・音声が呈示されるまで10秒程度の時間を要してしまう。この間の情報不足を補うため、ワンセグ受信端末側であらかじめメモリされた緊急地震速報用のチャイム音やアナウンスを自動再生することが考えられる。上記のTMCC中にある未使用のリザーブビットは12ビット分あるため、情報不足を補うためにこれらを活用することも考えられる。

5．待機時の省電力化と高感度化

　ワンセグ携帯端末に緊急警報放送や緊急地震速報による遠隔起動機能を

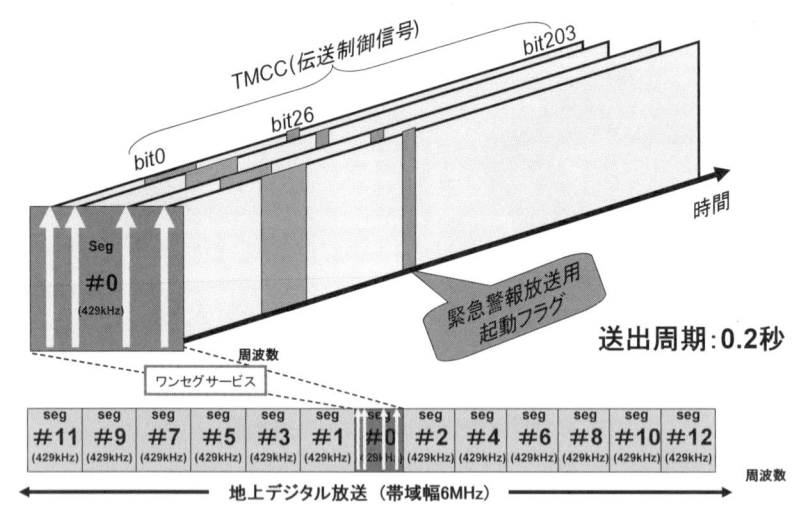

図4 地上デジタル放送ワンセグサービスにおけるTMCC（伝送制御信号）中の緊急警報放送用起動フラグ

持たせられるようになれば、緊急情報を周知する機会が飛躍的に増し、その結果より多くの人々の身の安全を守ることができる。しかし、その実現には2つの課題がある。一つ目は緊急警報放送や緊急地震速報を待機する際の電池の消耗である。待機時のワンセグ携帯端末の消費電力をいかに抑えられるかが実用化の鍵となっている。二つ目の課題は緊急警報放送や緊急地震速報を待機する際の感度である。待機時は、ワンセグサービス視聴時のようにワンセグ用の受信アンテナを伸ばした状態が期待できない。そのため、アンテナをたたんだ状態でも緊急警報放送や緊急地震速報が受信できるよう感度を高める必要がある。これらの技術的課題に加え、実際にサービスを行う際の社会的な反応を調査するため、札幌市内で実証実験が行われるなど、実用化に向け精力的に研究が進められている（**写真3**）。

6．むすび

できるだけ多くの人が緊急地震速報を有効活用する機会を広げ、地震災害を軽減するには、人々が普段から持ち歩いて使用する携帯端末を活用することが効果的である。本節では、移動体での利活用と題して、①アナログFM/AMラジオ用に新規に開発した「倍速符号」と、②移動・携帯向け

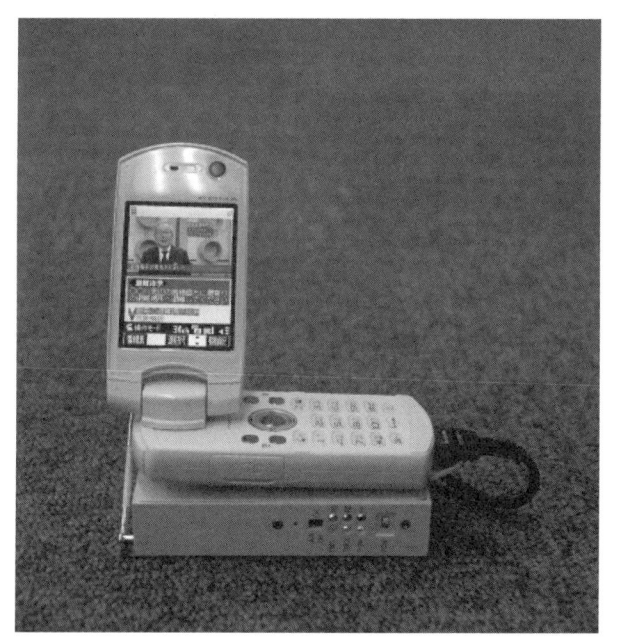

写真3　緊急警報放送によるワンセグ端末起動用省電力アダプタ試作機

の地上デジタル放送「ワンセグサービス」で緊急地震速報を活用する場合の2つについて考察した。

　NHKでは平成19（2007）年10月1日から予定されている気象庁の緊急地震速報の稼働にあわせて、速報をいち早く放送で視聴者に通知するシステムを構築する。

　緊急地震速報による受信機の遠隔起動については様々な研究を積み重ねていきたい。

(いとう　やすひろ)

7 道路交通における緊急地震速報の利用と課題

千葉大学大学院 教授
工学研究科
山崎　文雄

著者プロフィール
清水建設大崎研究室、東京大学生産技術研究所を経て、2003年より現職。都市防災、地震工学の専門家。地域安全学会会長を2007年5月より務める。中央防災会議専門委員を始めとして、東京都、神奈川県、千葉県、横浜市などの防災関連委員を歴任。高速道路事業者、都市ガス業界、損害保険業界など、企業防災とも関わりが深い。

千葉大学大学院 助教
工学研究科
丸山　喜久

著者プロフィール
東京大学大学院修了。東京工業大学都市地震工学センターを経て、2005年より千葉大学助手、2007年より現職。高速道路ネットワークの地震防災に関する研究などに従事している。

山崎研究室 URL　http://ares.tu.chiba-u.jp/

1．道路交通と地震

　緊急地震速報の道路交通への利用を論ずるにあたり、まず、地震と道路との関係について考えてみよう。緊急地震速報により事故などの二次災害を防止できる可能性があるのは、高速道路や国道バイパスなどの高速走行道路であると考えられるので、それらを対象として議論を進める。

　我が国の高速道路では、地震動によって生じた構造物被害を原因とする走行車両の事故防止を目的として、地震直後に高速道路を通行止めにして、車両の構造物被害区間への進入を防ごうとしている。一方、地震で揺れている最中の運転者に対しては、何らかの対応措置をとることは現状では難しい。これは、自動車交通では、鉄道のように専用軌道を使用していないことや、航空機のように管制と常に連絡が取れる状態にないことなど、情報管理が困難であることが影響している。しかし、高度道路交通システム（ITS）の高速道路への整備が検討され始めたことなどから、近い将来、自動車交通においても情報管理が可能となると考えられる。また、主にカーラジオや専用受信機によって、緊急地震速報を運転者に伝えることは現状においても可能である。

本論では、緊急地震速報を高速道路運転者へ流す場合を念頭に、どのような効果や課題があるかについて論ずる。具体的には、地震時の高速道路運転者へのアンケート結果やドライビングシミュレータ（DS）実験に基づく地震動の運転者への影響、単独走行の運転者に対する緊急地震速報の効果に関するDS実験、複数車両が連なって走行する場合の緊急地震速報の効果に関するDS実験などの結果を紹介し、緊急地震速報の道路交通における効果と課題について考えてみよう。

2．高速道路走行における地震動の影響に関するアンケート調査

気象庁による震度階級関連解説表では、震度4で「自動車を運転していて、揺れに気付く人がいる」、震度5強で「自動車の運転が困難となり、停止する車が多い」と記述されている。また、「車輪がパンクしたような感じがする、ハンドルをとられるような感じがする」などの体験者の証言が得られている。しかし、これまで地震時の運転者の体感や反応については、必ずしも充分な検討材料があったわけではない。

旧日本道路公団（JH）は、平成15（2003）年5月26日宮城県沖を震源とする地震の際、高速道路を走行中だった運転者へのアンケート調査を行った[1]。地震による通行止め及び速度規制が実施された主要料金所においてアンケート用紙を配布し、206件の回答を得た（男性195名、女性11名、平均年齢は44.3歳）。このアンケート結果と、地震観測記録と地盤条件に基づいて推定した走行区間の計測震度を比較して、運転行動と揺れの関係について考察した。

図1に、計測震度と運転者の地震認知度の関係を示す。計測震度が大きくなるにつれて、地震を認識しなかった運転者の割合が小さくなる。計測震度4.0未満では、地震に気付いた運転者は4割に達していないが、計測震度が4.0以上になると8割程度以上の運転者が地震を認識するようになる。一方、異常を全く感じなかった運転者は、計測震度4.5以下において6割以上を占めている。また、震度5弱以上（計測震度4.5以上）の地域を走行している運転者の中でも、地震に気付かなかった人もいたことが分かる。

計測震度が4.5以上の区間を走行していた運転者に関して、車種と地震認識程度の関係を図2に示す。これによると、乗用車、中型車、大型車と車体が大きくなるにつれて、地震認識の割合が低下していく傾向が見られる。車体が大きいほど重心が高くなって、慣性力の影響は大きいと思われ

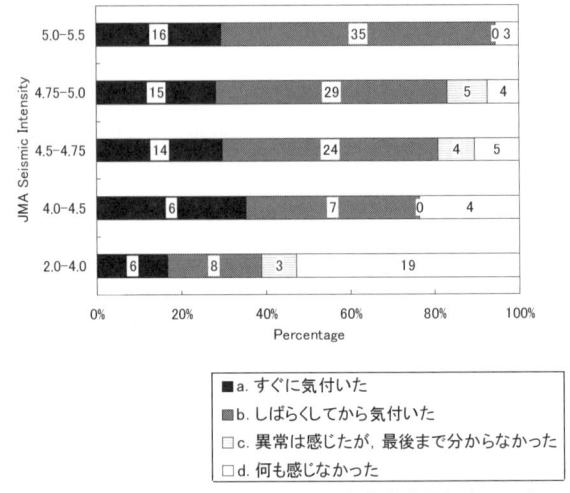

図1 2003年5月26日宮城県沖の地震における高速道路運転者アンケートによる計測震度と地震認知度の関係

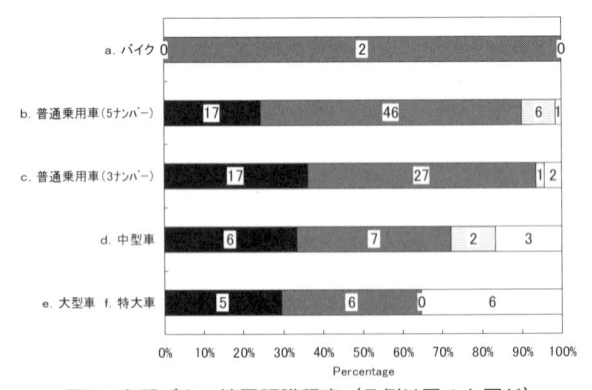

図2 車種ごとの地震認識程度（凡例は図1と同じ）

るが、今回の結果からは逆の知見が得られた。大型車両は通常走行時の車両の振動が乗用車と比べて大きいので震動に気付きにくいことや、大型車と乗用車のサスペンション構造の違いなど様々な要因が影響していると考えられ、車種と地震時の走行安定性の関係については、今後検討が必要であろう。

地震を認識した理由としては、図3に示すように、車の異常な振動を感じたと答える運転者が最も多く、周辺の道路施設や家屋の振動を見たため

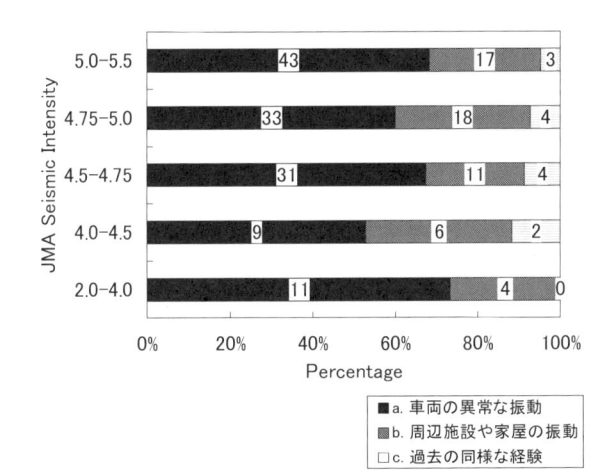

図3　地震を認識した理由（複数回答可）

凡例：
- a. 車両の異常な振動
- b. 周辺施設や家屋の振動
- c. 過去の同様な経験

と答える運転者も2割程度いる。このことから、地震動の影響で車両が通常とは異なる振動性状を示すことが想像され、安定走行に影響を与えるものと思われる。

アンケートでは、地震時にどのような走行を行ったかも調査している。地震を認識した運転者に関しての結果を図4に示す。計測震度4.0未満の地域を走行している地震認識運転者の約4割は、地震を感じながらもそのまま走行している。計測震度が大きくなるにつれて、その割合は小さくなり計測震度が4.75以上になると10％程度になる。また、計測震度4.5以上の地域を走行していた地震認識運転者のうち、2割以上が路肩に停車しており、その割合は計測震度の増加とともに大きくなる。全体としては、ゆるやかに減速した人が最も多く、計測震度4.0程度から路肩などに停車する運転者が見られる。また、走行車線上に停車した運転者が3名見られた。

このように、地震時の運転者の体感や行動については、最近、ある程度の検討がなされてきているが、定量的な評価を行えるまでには至っていない。

3．ドライビングシミュレータ実験による地震動と緊急地震速報の影響評価

地震の揺れが高速道路走行中の車の運転に影響があることは分かってきたが、実際の事例はそう多くない。そこで、ドライビングシミュレータを用いた模擬走行実験を行い[2]、様々な被験者に対して、運転操作に対する

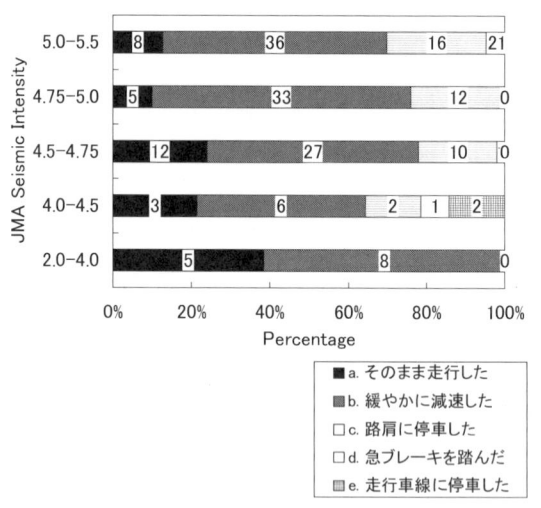

図4　地震認識者の地震時の走行状況（複数回答可）

地震の揺れの定量的な評価を試みた。被験者のハンドル操舵に着目し実験結果を整理した結果、揺れが大きくなるとハンドル操舵速度が大きくなる傾向が確認できた。また、地震時の運転者の反応量を免許歴、運転頻度について整理すると、免許歴の短い被験者と年齢の高い運転者において、ハンドル操舵速度が大きくなる傾向が見られた。

次に、緊急地震速報が運転者に提供された場合にもたらされる効果について、このドライビングシミュレータを用いて検討した（図5）。平成7（1995）年阪神・淡路大震災における地震データや観測点位置などをもとに、緊急地震速報をシミュレーションしたところ、最も震源に近いJR西明石観測点でP波検知を行い、「0次情報」が発信されたと仮定すれば、JR宝塚付近では主要動到達前に約5.9秒の余裕時間があることが分かった。したがって、JR宝塚観測点における阪神・淡路大震災の地震記録を地表面地震動とし、緊急地震速報の伝達のためのシステム作動時間を考慮に入れ、主要動到達5秒前から、3秒間の減速及び路肩への侵入を促す音声通報を被験者に流した。

緊急地震速報「あり」と「なし」の2ケース各11人ずつの被験者に対して、走行中に地震の揺れを与え、その3秒後に前方路上に障害物を置いて、運転者の挙動を観察した。その結果、「速報あり」の場合は、被験者は速報の指示に従って路肩に減速し、11人中9人が難を逃れることがで

きた。一方、「速報なし」の場合は、大半が揺れが来てもそのまま走行を続け、11人中9人が障害物を避けきれず激突した（図6）。

このように、高速道路上を単独で走行する車両に関しては、緊急地震速報を与えた方が事故を減らすことができると考えられる。しかし、この模擬走行実験では周辺走行車との事故の危険性は考慮できておらず、緊急地震速報を一般のラジオで流したとすれば、その放送を聞いた運転者と聞いていない運転者が混在する可能性が高く、このような場合の緊急地震速報の影響を把握する必要が指摘される。

4．複数のドライビングシミュレータを用いた緊急地震速報の影響評価

前述のシミュレータ実験では、都市内高速道路のように複数の車両が接近して走行するような状態での緊急地震速報の評価は難しかった。最近、

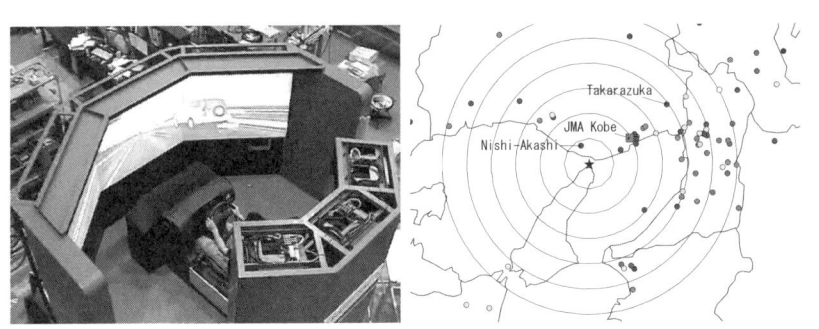

図5　地震時の単独走行模擬実験に使用したドライビングシミュレータ（左）と阪神・淡路大震災を想定した緊急地震速報の地点間位置関係（右）

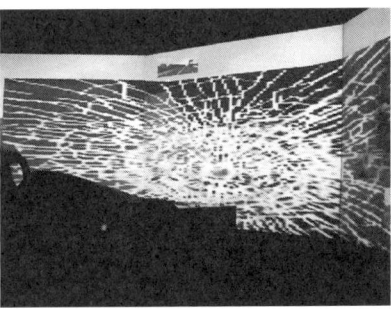

図6　緊急地震速報を流した時の走行実験の例（左：路肩に停車し障害物を回避）と突然揺れが来た場合の走行実験の例（右：前方の障害物に激突）

複数のドライビングシミュレータをサーバーで連動して、地震時の走行模擬実験を行うことが可能となった[4]。そこで、この複数台のドライビングシミュレータを連動した実験システムを用いて模擬走行実験を行い、緊急地震速報の効果について検討した。具体的には、すべての運転者が速報を聞いた場合、一方の運転者しか速報を聞いていない場合、さらには、速報を流していない場合での事故の危険性を比較した。

図7に示すように、2台のシミュレータをサーバーで連動させた。それぞれのシミュレータを前方車、後方車と想定して走行コースに配置した。このシステムでは、前方車のバックミラーやドアミラーには後方車が映し出され、後方車からは前方車が視認できる。また、ウインカーやブレーキランプなどの点灯の様子も、シナリオコース上の車両に反映される。運転する被験者は左車線を80km/hで走行した。また、右車線にはハンドルとアクセル、ブレーキペダルのみからなる簡易なドライビングシミュレータを用いて、走行速度の目安となるような先導車を配置した。

本実験で想定する緊急地震速報は、平成15（2003）年9月26日の十勝沖地震における震源と地震観測点位置によるシミュレーション結果を用いた。車両の走行位置は、震央距離103km、計測震度5.95のK-NET大樹付近を想定した。この地点では、緊急地震速報が発信された場合、主要動到達までの余裕時間は約10秒と推定されている。

緊急地震速報の与える影響を明らかにするために、3種類の走行実験を行った。実験1（14組）は、緊急地震速報をどちらの運転者にも与えない状態で地震動を加えた。実験2（13組）は、両方の運転者に緊急地震

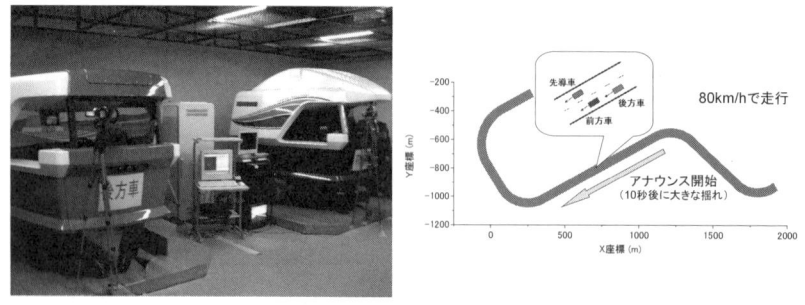

図7　連動した2台のドライビングシミュレータ（左）と緊急地震速報の模擬実験に用いた走行コース（右）

速報を提供し、その後揺れを加えた。実験3（14組）では、前方車にのみ緊急地震速報を与え、後方車には緊急地震速報を与えなかった。緊急地震速報の内容は、「ただいま地震が発生しました。強い揺れに備えてください」とした。82名の被験者は、全員男性で20歳代～50歳代の比較的運転操作に慣れた人である。また、被験者には走行中に地震が発生することは伝えていないが、実験2と実験3では放送が入る可能性があることのみを事前に伝えた。

　実験終了後、各被験者にアンケート調査を実施した。「実験中に発生したシミュレータの振動を地震と認識できたかどうか」という設問に対する回答結果を図8に示す。緊急地震速報が与えられていない実験1の前方車、後方車と実験3の後方車に関しては、実地震時のアンケート結果と同様に、地震発生を最後まで分からなかった被験者がかなりの割合で見られた。とくに実験1では4割、実験3の後方車では7割の被験者が地震発生を最後まで認識できていない。この実験では計測震度5.95の揺れを与えたが、このような大きな地震動でも地震に気付かない運転者が存在することから、道路被害が原因となった事故が起こる可能性も否定できない。一方、緊急地震速報が与えられると、地震発生を最後まで気付かない被験者は存在しない。このように、運転者が地震発生を認知できることは、緊急地震速報の大きな利点といえよう。

　情報格差が生じている実験3では、前方車が地震発生を認識しているのに対して、後方車は地震の発生に気付いていないという現象が生じており、

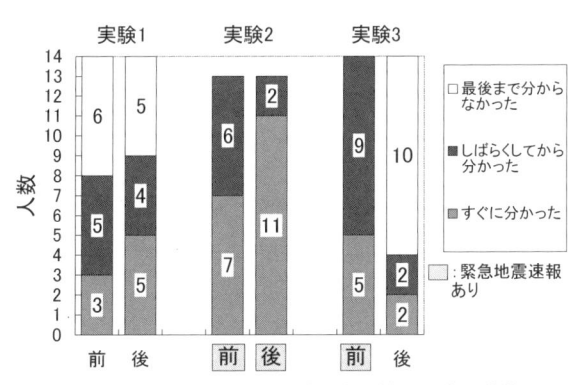

図8　緊急地震速報の有無と被験者の地震発生認識状況

運転行動にも影響することが推測される。図9に示すように、緊急地震速報の与えられていない実験1では、強震時でもそのまま走行を続けた被験者が多く、地震が原因で停車した被験者はいなかった。一方、緊急地震速報が与えられた実験2では、ほとんどの被験者が減速または停車している。また、実験3の後方車に関しては、地震発生に多くの被験者が気付かなかったにもかかわらず、減速または停車をした被験者が14名中9名いる。これは、前方車が緊急地震速報を受信して減速または停車の行動をとったので、車間距離を適切にとるためには後方車も対応する必要があったことによると思われる。

　車両速度に関しては、速報が与えられていない実験1では、地震が到来しても地震と気付かないため、同じ速度で走行し続けている被験者が多かった。実験2に関しては、速報が運転者に提供され始めてから、緩やかに走行速度が減少している場合が多い。前方車と後方車の車間距離については、実験1では前後車両間の車間距離は加震中も含めてほぼ一定値で推移している。一方、実験2に関しては、警報アナウンス終了時の時刻約5秒から車間距離が大きくなるケースが多く見られた。これは速報を受けた後方車が、意図的に前方車との車間距離をとった結果であると思われる。

　前方車のみに緊急地震速報を提供した実験3では、アナウンスが流れている間に車間距離が小さくなっているケースが多く見られる。緊急地震速報により、前方車は地震発生を事前に知ることができるが、後方車には情報が伝達されていないので、前方車の走行速度が小さくなると車間距離が

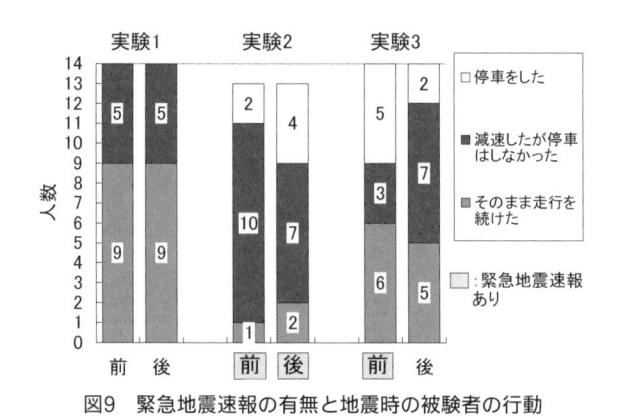

図9　緊急地震速報の有無と地震時の被験者の行動

短くなってしまう。その結果、本実験では14組中2組で追突事故が発生し、追突事故には至らなかったものの車間距離が非常に短くなり危険だったケースもいくつか見られた。追突事故を起こした被験者の車両速度とブレーキ操作の様子を図10に示す。前方車は、主要動が到達する時刻よりも前に減速を開始している。後方車は、前方車がブレーキ操作を行ったために、急ブレーキを踏み追突の回避を試みたが、間に合わず追突事故を起こしている。

このように、一部の運転者のみが緊急地震速報を受信する状況では、地震時における運転者間の行動の違いが大きくなり、追突事故などが発生するおそれがある。この問題を解決する現実的な対応策としては、急な減速をしないことと、ハザードランプの点灯が考えられる。実験3では、減速または停車の際にハザードランプを点灯させた前方車の被験者が4名見られ、これらのケースでは後方車が強震時にスムーズに減速することができた。我が国の高速道路では、渋滞時などにハザードランプを点灯して追突を防ぐことが一般化しているので、緊急地震速報を受信した運転者に対しても、ハザードランプを点灯するように広報周知し、周囲の運転者への注意喚起を行うことが重要と考えられる。

5．まとめと課題

緊急地震速報は、大地震が発生した場合に人的被害や二次災害を軽減する手段として大いに期待されている。しかし、人間に情報を伝達するということは、受け手によって情報の格差が生ずるおそれがあり、高速道路などの道路交通はその代表的なものである。

本論では、まず高速道路運転者が実際の地震時にどのように揺れを体感し、どのように行動したかを平成15（2003）年宮城県沖地震の際のアン

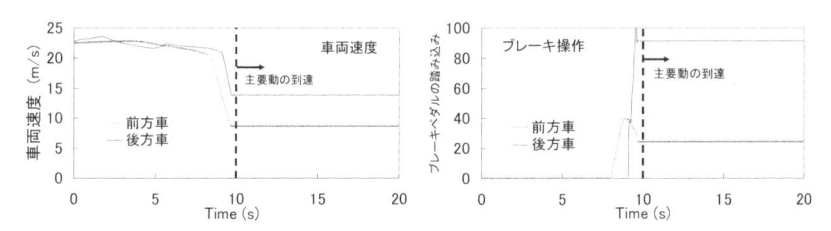

図10　前方車のみに緊急地震速報を流した実験における車両速度とブレーキ操作の例。前方車の突然のブレーキにより追突事故が発生した。

ケート調査に基づいて整理した。次に、ドライビングシミュレータを用いた模擬走行実験に基づいて、運転者の揺れに対する体感を調べるとともに、単独走行の運転者に対する緊急地震速報の効果に関する実験を行った。これより、緊急地震速報を受けると運転者は揺れに備えることができるので、事故を大幅に減らせるとの結果が得られた。

さらに、より現実的と考えられる複数車両が連なって走行する場合について、サーバーで繋いだ2台のドライビングシミュレータを用いた模擬走行実験を行った。緊急地震速報を受けた運転者と受けない運転者を混在させた場合も実験したところ、前方車の急なブレーキ操作により追突事故が発生したケースも生じた。

緊急地震速報は、情報を受ける側に充分な準備ができていないと、このような逆効果を生ずることもある。高速道路の走行に関しては、緊急地震速報を受けた運転者はあわててスピードを落としたりせず、周囲の状況を確認したうえで、ハザードランプを点灯し、緩やかに減速・停止するなどの対応をとる必要がある。テレビ・ラジオ等を通して緊急地震速報を一般に流すようになる前に、このことを広く国民に周知し、大多数の運転者がこれを認識することが、喫緊の課題といえよう。

(やまざき　ふみお／まるやま　よしひさ)

※**謝辞**：なお、本文で紹介した複数シミュレータ実験では、本田技研工業株式会社より多大なご協力をいただいた。また、この実験の被験者はNHKに募集していただいた。記して謝意を表する。

参考文献

1) 丸山喜久・山崎文雄：2003年宮城県沖の地震における地震動強さと高速道路運転者の反応の関係、土木学会論文集、No. 794/I-72、pp.307-312、2005.

2) 丸山喜久・山崎文雄：ドライビングシミュレータを用いた地震時運転者の反応特性に関する基礎的検討、土木学会地震工学論文集、Vol. 27、CD-ROM、p. 8、2003.

3) 丸山喜久・山崎文雄：ドライビングシミュレータを用いた地震動早期警報の効果検討、土木学会論文集、No.787/I-71、pp.177-186、2005.

4) 坂谷将人・丸山喜久・山崎文雄：複数ドライビングシミュレータを用いた走行模擬実験による緊急地震速報の効果検討、地域安全学会梗概集、No.19、pp.75-78、2006.

8 交通機関（鉄道）での緊急地震速報の利活用

著者プロフィール
1983年東北大学理学部地球物理学科卒業後、1985年東京大学大学院理学研究科修士課程修了。1985年4月、国鉄入社。同年12月鉄道技術研究所地盤防災研究室。以降、鉄道総研総務部総務課副長（秘書室担当）、環境防災技術開発推進部環境地質研究室主任技師などを経て、2000年7月同防災技術研究部地震防災研究室室長、現在に至る。

(財)鉄道総合技術研究所
芦谷　公稔

鉄道総研 URL http://www.rtri.or.jp

1．はじめに

　鉄道の地震災害を軽減するためには、事前に施設の耐震性を向上することが基本であるが、一方で、地震発生時は迅速かつ適切に列車運行を制御することにより事故を未然に防ぐことが重要となる。そこで、鉄道では新幹線を中心に早期地震検知・警報システム（ユレダス：Urgent Earthquake Detection and Alarm System）を開発、実用化してきた。ユレダスが実用化されて十数年になるが、この間、平成7（1995）年の阪神・淡路大震災を契機に、気象庁など公的機関の全国ネットの地震観測網が整備され、その即時情報（緊急地震速報という。）を配信する計画が進められている。鉄道総研は、この緊急地震速報を活用する汎用的で経済的な早期地震警報システムの開発に取り組んできた。本稿では、鉄道における地震警報システムの開発の経緯及び最近の動向を紹介する。

2．鉄道における地震警報システムの変遷

　過去約40年間における鉄道の地震防災システムに関する主な研究開発経緯を図1に示す。新幹線開業までは、鉄道の地震時の列車制御は、駅や保守区の職員の体感震度もしくは簡易な地震計の最大加速度値を基に、職員の判断によって行われていた。昭和39（1964）年10月の東海道新幹線の開業にあたり、高速走行列車の地震時の制御に対しより高い安全性が求められ、新幹線用の地震時自動列車制御システムが検討された。このシステム開発の直接の契機は、東海道新幹線開業直前の同年6月に発生した新

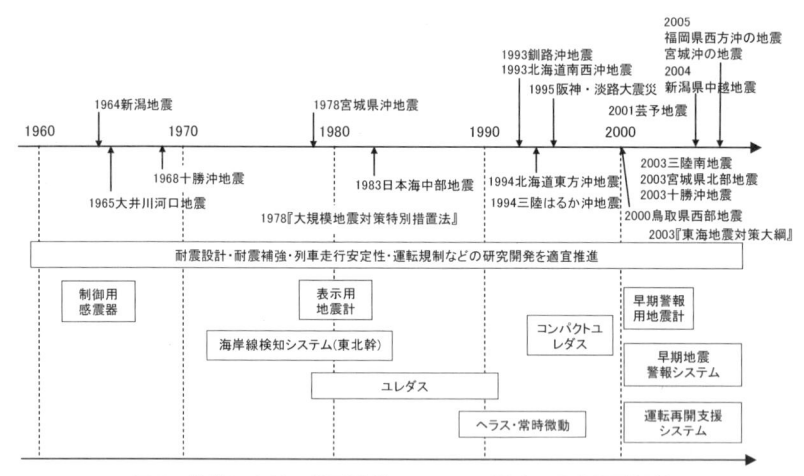

図1　鉄道における地震防災システムに関する研究開発経緯

潟地震であった。さらに、開業直後の昭和40（1965）年4月の大井川河口付近の地震によって新幹線が被災したことが開発を促進させることとなった。このシステムは、沿線の変電所（約20km間隔）に制御用感震器を設置し、震動加速度の振幅値（S波主要動の加速度値）を指標として、基準値を超えた場合、変電所のき電を自動停止することで、列車運行を制御するものである。

　1970年代後半になると、東北新幹線開業に向けて、東北地方の太平洋沿岸で頻発する大地震に対して、震源により近い海岸線で地震発生を検知し、警報を発することで、内陸の東北新幹線に地震の主要動が到達する前に、列車運行を制御するシステムが開発された。このシステムは「海岸線検知システム」と呼ばれるもので、いわゆる「早期地震検知・警報システム」に属する最初のシステムである。ただし、この段階ではまだ警報判断はS波主要動の大きさで行われていた。また、警報を発する範囲は、海岸線検知点ごとに、受持ち範囲として地震の規模には関係なく事前に設定されていた。

　その後、新幹線の速度向上が図られていく中で、地震検知後より早い時点（P波）で警報判断を行うこと、さらに、警報を発する範囲を地震の規模に応じてより的確に設定することなどが求められた。このコンセプトに基づいて開発されたシステムがユレダスであり、一観測点単独のP波初動

部数秒間のデータから、地震の位置やマグニチュードを推定し、その後の主要動による影響範囲を判断するシステムである。

ユレダスが実用化されて十数年になるが、この間、地震学や地震工学分野の研究が進展し、早期地震警報に関する貴重な知見が蓄積されてきた。特に、阪神・淡路大震災を契機として、気象庁や（独）防災科学技術研究所などの公的機関の高密度地震観測網の整備が進んだことや、コンピュータや通信分野などの情報技術が飛躍的に進展したことを背景に、地震観測データをリアルタイムで解析し、その情報を即時発信し、地震防災に役立てようとする研究分野（リアルタイム地震防災）が急速に進展してきた。

気象庁は、こうした世の中の動向を踏まえ、全国ネットの地震観測網のデータをリアルタイム処理し、地震発生直後から震源位置やマグニチュード、予測震度等の推定情報を「緊急地震速報」として配信する計画を進めている。前述したように、鉄道では独自にユレダスを開発、実用化してきたが、気象庁の緊急地震速報を活用することにより、さらに早期警報機能の向上を図ることができると考え、緊急地震速報を活用した列車運転制御システムの開発を進めてきた。以下では、早期地震警報システムの核となる単独観測点による新しい地震諸元推定手法を採用した早期警報用地震計と、緊急地震速報を用いた警報システムについて紹介する。

3．単独観測点による地震諸元推定方法

単独観測点のP波初動データから地震諸元を推定する方法は、ユレダスで実用化しているが、近年の地震学等の知見を踏まえて、気象庁と鉄道総研が共同で新たな方法を考案した。その方法は、P波初動部の振幅の包絡線（エンベロープという。）の形状が震央距離やマグニチュードに依存しているという特徴を利用している。具体的には、P波初動の振幅増加率が大きいほど、すなわち、初動が急激に立ち上がるほど、震央距離が近い地震であるという特徴である。この特徴は、我々が普段経験していることと符合する。それは、近い地震だと突然ドンと縦揺れがくるが、遠い地震だとカタカタという縦揺れがだんだん大きくなっていくという経験である。この特徴が初動部の波形に現れているわけである。そこで、P波初動のエンベロープ形状を簡単な関数を当てはめることで定量化し、初動部の振幅増加率を算出して、この振幅増加率から震央距離を求める方法を開発した（B－Δ法と呼んでいる。）。また、この方法では、推定した震央距離と初

動部の最大振幅から地震のマグニチュードを推定する（図2）。

鉄道総研では、新たな地震諸元推定方法を採用した早期警報用の地震計を開発し、実用化した。この新地震計は、九州新幹線（新八代・鹿児島中央）に導入され、平成16（2004）年3月の開業とともに実運用されているほか（**写真1**）、既設新幹線のユレダス等の後継機として採用され、平成19（2007）年3月までにすべてのユレダス等が新地震計に更新された。また、気象庁は、緊急地震速報の処理のために、新地震計を全国約200箇所の観測点に配置した。

この新地震計を用いると一観測点だけでも地震の諸元を推定できるが、緊急地震速報では地震波が複数の観測点に到達するにしたがって、さらに情報の精度を上げる工夫をしている。例えば、気象庁の開発した「テリトリー法」や「グリッドサーチ法」及び防災科学技術研究所が開発した「着未着法」などである。このように、緊急地震速報は、様々な手法を組み合わせて、逐次精度を高めながら、一つの地震に対して複数回配信される。

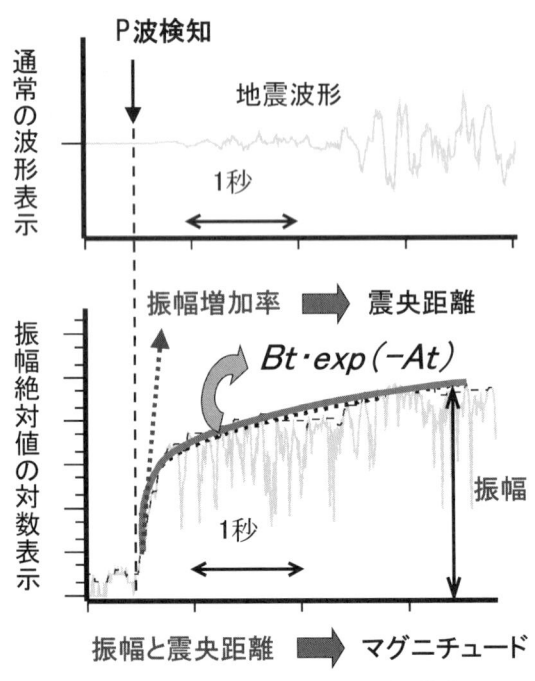

図2 単独観測点での地震諸元推定方法の模式図

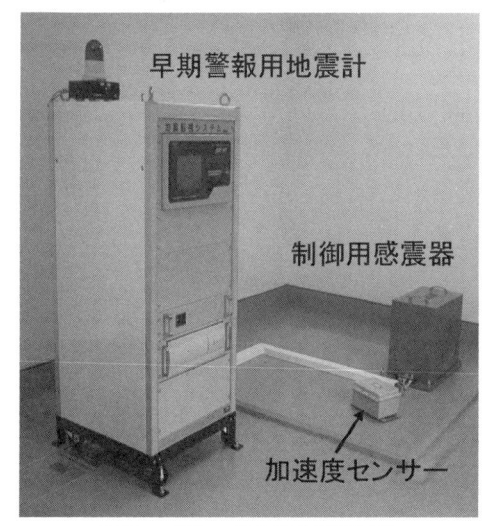

写真1　新たな早期警報用地震計

4．列車制御範囲の考え方

　地震が発生した時、その影響がどこまで及ぶかは、震源の規模（マグニチュード）だけではなく、地震波が伝播する地盤の特性や対象とする施設の耐震性能などによって異なるので一概には言えない。しかし、地震時の列車制御の要・不要の判断は即座に行う必要がある。そこで、影響範囲の一つの判断方法として、鉄道総研では、過去の被害地震のデータを基に、地震のマグニチュード（M）に応じて、これ以上は被害がないだろうという限界の距離（Δ）に対する経験式を提案している。この方法はM－Δ法と呼ばれ、新幹線の早期地震警報の判断に用いられている。図3は、最近の被害地震データを用いて作成した、マグニチュード（M）と被害発生箇所までの震央距離（Δ）の関係図（M－Δ図）である。図中の直線が被害発生の上限距離に相当する。

　この他、列車制御の要・不要の判断は、計測震度や最大加速度などの距離減衰式（各種の経験式が提案されている。）を用いて、マグニチュードと震央距離から当該線区での最大震度や最大加速度等を推定し、その値がある基準値を超えるか否かによる方法もある。どのような方法を用いるかは、各鉄道事業者の現在の運転規制方法や地震後の安全確認方法などと照らして検討することが必要である。ちなみに、M－Δ法による影響範囲は、

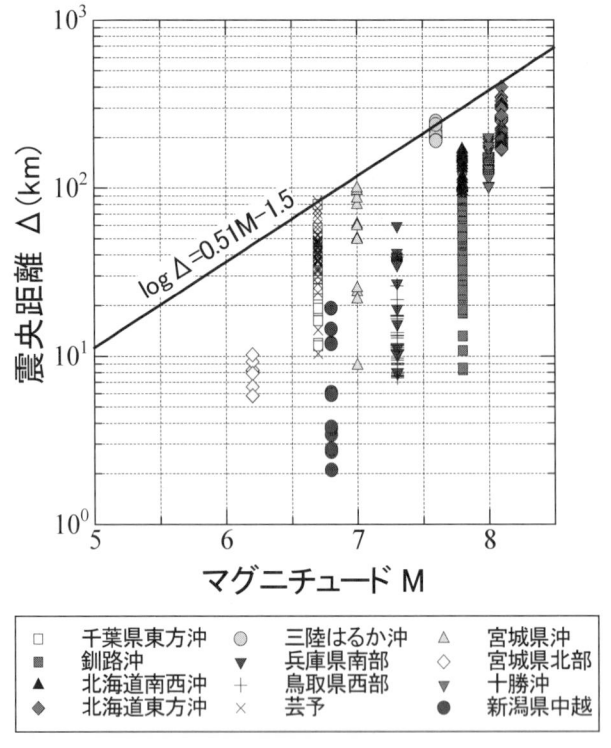

図3 最近の被害地震による被害箇所までの震央距離とマグニチュードの関係

概ね震度5弱以上の揺れが想定される範囲に相当している。

　図4は緊急地震速報による警報判定の一つの事例として、平成15（2003）年十勝沖地震において実際に観測されたデータに基づいて緊急地震速報を算出し、M−Δ法によって影響範囲を試算した例である。この例では、震源に一番近い「えりも」観測点に地震波が到達してから3秒後に緊急地震速報の第1報が発表され、その4秒後に第2報、さらに1秒後に第3報が発表され、次第に実際の震央に近いところに推定されていることが分かる。また、マグニチュードの推定は第1報が7.6、第2報が7.9、第3報が7.8である。

　図中の▲はこの地震で鉄道が実際に被害を受けた地点を示しているが、それぞれ第1報と第2報で制御範囲内に入っている。計算上、緊急地震速報を受信してから当該箇所にS波が到着するまでの余裕時間は15秒程度と試算されている。

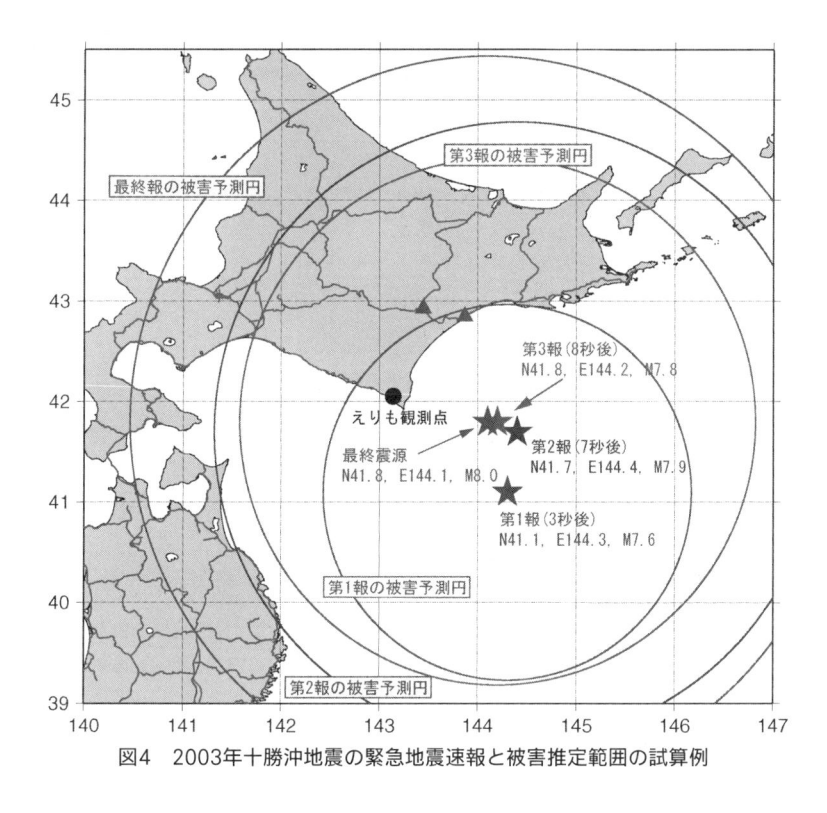

図4 2003年十勝沖地震の緊急地震速報と被害推定範囲の試算例

5．緊急地震速報システムの実用事例

　鉄道総研では、緊急地震速報を利用した早期地震警報システムの開発を進めてきた。最初は小田急電鉄の協力のもと同線区をテストフィールドとしたプロトタイプシステムを製作し、気象庁が平成16（2004）年2月に開始した緊急地震速報の配信試験に参画した。この試験結果を踏まえ、小田急線を対象とした実用システムの開発を行った（写真2・図5）。このシステムは、地上専用回線で緊急地震速報を受信し、前述のM－Δ法によって小田急線に影響があるかどうかを判断し、影響があると判断した場合は列車無線装置に信号を発して、自動的に列車無線を発報するものである。本システムは平成18（2006）年度初めから試験運用を開始し、気象庁が緊急地震速報の先行配信を開始した同年8月1日からは実運用に入っている。

　平成19（2007）年5月現在、大手民営鉄道や公営鉄道を中心に十数社が同様のシステムを導入し、実運用している。今後さらに導入拡大が図ら

写真2 緊急地震速報システムの実用例の全景

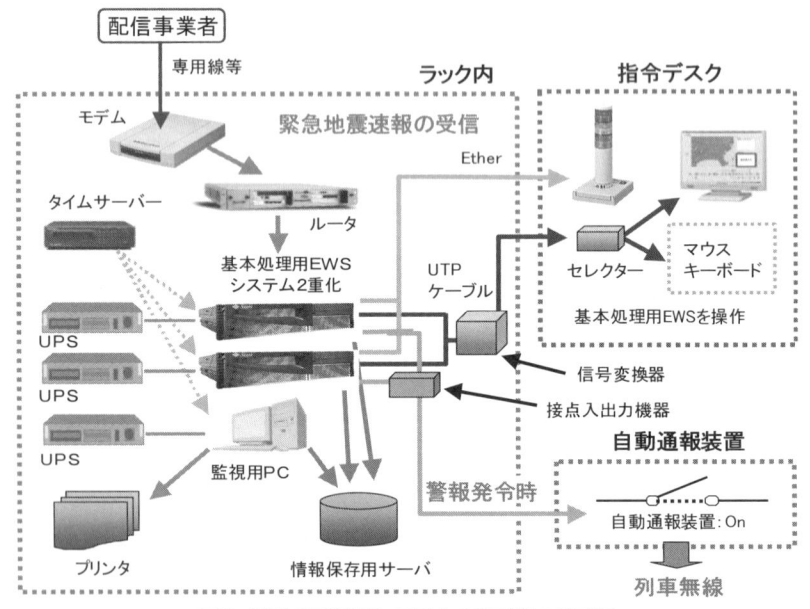

図5 緊急地震速報システムの実用例の構成図

れるものと期待している。

6．今後の展開

　新幹線においては自ら高機能な地震計を沿線及び海岸線に設置して早期地震警報システムを構築しており、今後ともそのシステムを維持・管理していくとともに、さらなる機能の高度化を追求していくものと思われる。一方、従来、主にＳ波警報のみで地震時の運転規制を行ってきたJR在来線や民鉄線等においては、地震時の安全性向上の観点から、緊急地震速報を活用したシステムの導入が期待される。そのためには、緊急地震速報の配信コストの低廉化や受信システムの汎用化、低コスト化などを引き続き検討していくことが必要と考えている。

　図6は、鉄道における地震警報システムのさらなる高度化のための研究開発のイメージを示したものである。この図にあるように、将来的には、鉄道各社が運用する自社の地震警報システムと緊急地震速報を併用して、より早く、より的確な早期地震警報システムを構築することが可能になるものと思われる。また、衛星放送等を活用し、緊急地震速報を移動体（列車）で直接受信し、GPSの位置検知機能を併用することで、移動体自らが地震の影響を判断し、運行を制御することも可能になると考えている。

　読者の皆様から忌憚のないご意見・ご要望がいただけたら幸いである。

（あしや　きみとし）

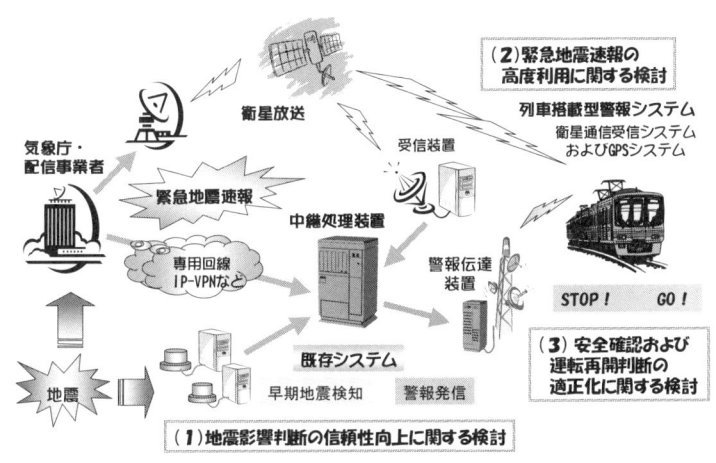

図6　早期地震警報システムの高度化のイメージ

COLUMN

緊急地震速報を活用した早期地震警報システム
～列車制御に活用した取組み

毎日多くの乗客を運び、住宅地を走行する列車。地震の規模によっては大きな被害が予想される。緊急地震速報を活用できれば被害の軽減が期待できる。

そんな取組みを先行的に進めているのが首都圏で鉄道を運行している小田急電鉄㈱である。営業キロ120.5km、駅数70、輸送人員1日あたり約189万人。運行エリアには東海地震の地震防災対策強化地域も含まれており、地震対策は最重要課題の一つである。平成18年（2006年）の8月1日から先行的利活用の一環として、緊急地震速報による「早期地震警報システム」を導入した。神奈川県・相模大野にある運輸司令所に設置された機器で、受信した緊急地震速報の鉄道施設への被害予測を自動的に行い、運行エリア内で震度5弱相当以上の揺れが予想される場合、運行している全列車に一斉に緊急停止を自動通報する仕組みになっている。運転士が受信すると、手動で列車の停止操作をする。

このシステムを有効に機能させるため、小田急電鉄㈱では、マニュアルを整備するとともに、教育訓練を行い社員への周知徹底を図っている。平成18（2006）年9月1日の防災訓練では「早期地震警報システム」を活用した訓練を行った。小田急電鉄㈱の神谷昇プロジェクトマネジャーは、「システムを有効活用するには緊急地震速報のさらなる精度向上が必要ですが、一方で速報の限界も認識しておくことも重要です。適切な運用を図るため、社員の教育・訓練を進めています」そして、旅客へのアナウンスについては、「社会的な周知・広報が図られることが前提であり、対処の方法は鉄道事業者全体の問題として考えていかなくてはいけない」と、今後の課題と位置づけている。

〈http://www.odakyu.jp/〉

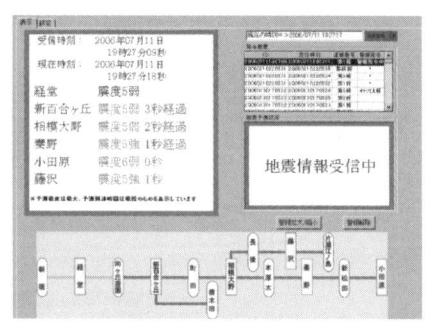

警報時のモニター画面

9 メディア特性をふまえた緊急地震速報伝達のあり方

東洋大学社会学部 教授
メディアコミュニケーション学科

中村 功

著者プロフィール
1994年、東京大学大学院社会学研究科博士課程単位取得退学。同年、松山大学人文学部社会学科専任講師、1996年同助教授。2003年東洋大学社会学部助教授を経て2004年より同教授、現在に至る。

中村研究室 URL http://www.soc.toyo.ac.jp/~nakamura/

1. はじめに

2007年10月から緊急地震速報の一般への提供がはじまるが、ここでは、緊急地震速報を一般の人々に伝える際にどのような点に注意したらよいか、メディアの活用を中心に考えたい。ところで、緊急地震速報が生かされるためには、①伝達メディアの確保、②伝達内容の工夫、③適切な対応行動への準備、の3つがそろう必要がある。以下ではそれぞれについて順をおってみてみよう。

2. 伝達メディアの確保

一般の人々にとって緊急地震速報は、他の警報などと同じく、避難のために危険を知らせる情報である。しかしこれには、情報が出てから対応するまでの時間的余裕が著しく短いという特徴がある。そこでまず考えるべきは、一般の人々に対して、迅速かつ確実に伝えるメディアをどう確保するか、という問題である。

幸いなことに、近年は情報技術が急速に発達しているので、技術的にはさまざまな可能性がある。表1は、現時点において、緊急地震速報の伝達に活用可能なメディアを列挙したものだが、実にさまざまなメディアがあることがわかる。一般には、遅延の可能性が小さく、利用者に強制的に情報を伝達できる（プッシュ性のある）メディアが望ましく、また普及のことを考えると、普段から使うメディアがそのまま使えれば、より望ましいといえよう。

しかし、一般の人々が使うとなると、単に性能だけでなく、使い勝手も

表1　緊急地震速報の伝達に役立つ可能性をもつメディア

種類	システム	伝送路	端末	特徴	
				遅延可能性	プッシュ性
放送系	テレビ	地上放送波	テレビ受信機	小	×
	ラジオ	地上放送波	ラジオ受信機	小	×
携帯系	ワンセグ	地上放送波	ワンセグ対応携帯電話	小	×
	携帯メール	パケット通信	一般の携帯電話	あり	○
	CBS	制御信号	次期対応携帯電話	小	○
CATV系	CATV	CATV回線	専用端末	小	○
	告知放送	CATV回線	新型告知放送端末	小	○
インターネット系	緊急地震速報受信装置	一般インターネット（IPv4）	専用端末（＋FM波利用の子機）	あり	○
	住宅設備	一般インターネット	インターホン	あり	○
	テレビ電話	IPv6マルチキャスト	テレビ電話	小	○
	パソコン	IPv6マルチキャスト 一般インターネット	パソコン＋ソフト（＋パトライト）	小 あり	△
同報無線系	Jアラート	衛星＋同報無線	同報無線	あり	○
事業者系	事業者向けシステム	専用線、フレームリレー、VPN	パソコン　専用端末	小	○

　重要である。そこでわれわれは、緊急地震速報の伝達において、どのようなメディアが人々に望まれているのかを探るために、小規模な実験（メディア利用実験）を行った。実験では、テレビ、携帯電話、パソコン、テレビ電話といった4つのメディアを選び（**写真1**）、緊急地震速報を想定したデモ映像を見聞きしてもらい、各メディアの使用感や有効性を、アンケートとインタビューを通じて、評価してもらった。対象は各年齢層の東京都民18名である。

　使用するメディアは4種類だが、テレビには2つ、携帯には3つの異なる映像を用意したため、用意したパターンは合計7種類である（**写真2**）。各パターンは（パソコンPCを除き）東海地震で関東地方に緊急地震速報が出る場合を想定して作成した。なお、パソコン映像については東京大学地震研究所、テレビ電話機器及び映像についてはNTTコミュニケーションズから拝借したものである（**図1**）。

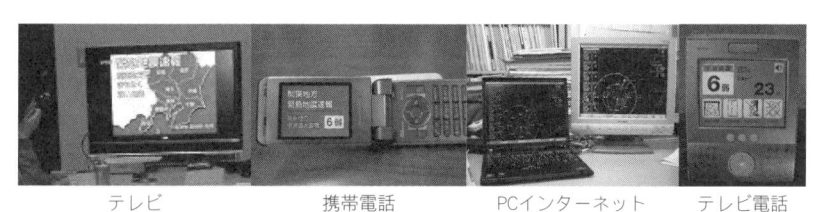

写真1　メディア利用実験で使用したメディア

テレビ　　　携帯電話　　　PCインターネット　　　テレビ電話

【テレビ①（テロップ）】　【テレビ②（赤地図）】　【携帯①（テロップ）】

【携帯②（赤地図）】　【携帯③（ワンセグ用）】　【パソコン】

【テレビ電話】

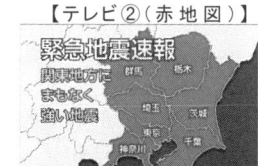

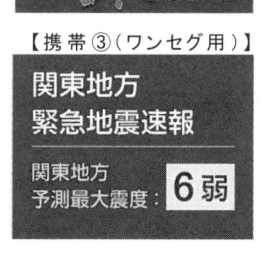

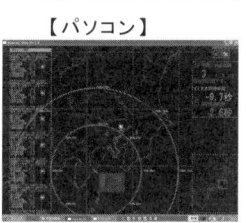

写真2　メディア利用実験で使用した映像

音声
【テレビ①（テロップ）】【携帯①（テロップ）】【パソコン】アラーム音のみ。
【テレビ②（赤地図）】【携帯②（赤地図）】【携帯③（ワンセグ用）】ナレーション（男性）
「（アラーム音に続いて）緊急地震速報です。関東地方にまもなく強い地震がきます。机の下にもぐるなど、身を守ってください（3回繰り返す）。」
【テレビ電話】ナレーション（女性）「（アラーム音に続いて）20秒後に震度6弱の地震が来ます。（アラーム音）（到達予想時刻）揺れが収まるまで身を守ってください。あわてて外へ飛び出さないでください。揺れがおさまったら火の元を確認し、安全な場所に避難してください。報道機関や自治体からの情報に注意して、冷静に行動しましょう。」

図1　メディア利用実験で使用した音声のパターン

Ⅱ-9　メディア特性をふまえた緊急地震速報伝達のあり方

この実験結果をまとめると、次のとおりである。

第一に、メディアの評価は伝達される内容（表現）に大きく左右されていた。例えば、総合評価が最も高かったのは、携帯③（ワンセグ用）とテレビ電話であった（図2）。これは、この2つのパターンにだけ予想震度が入っていたという内容の影響が大きいと考えられる。また同じメディアでも、流される映像によって評価が大きく異なっている。例えば同じ携帯でも、携帯①（テロップ）は評価が低く、携帯③（ワンセグ用）は評価が高かった。

第二に、メディアによってそれぞれ適した内容がある。例えばテレビは関東圏とか各県といった、広域を対象に放送しているために、各利用者のいる場所の予想震度や到達予想時間などを表現しにくい。それに対してテレビ電話では場所の設定ができるために、それらを直接的に示すことができる。

あるいは、携帯電話の画面ではテレビのテロップが見にくく、ワンセグにはワンセグ用の内容を流さないと、評価が低くなってしまう（図2）。実際画面の見やすさをたずねたところ、テレビ②（赤地図）とテレビ電話の評価がよく、携帯①（テロップ）が最も悪かった（図3）。テロップの字は普通のものよりやや大きめに作成したのだが、それでも携帯電話の小さな画像で写すと、字がつぶれて見えなくなってしまう（写真3）。評価が低いのはこのためである。

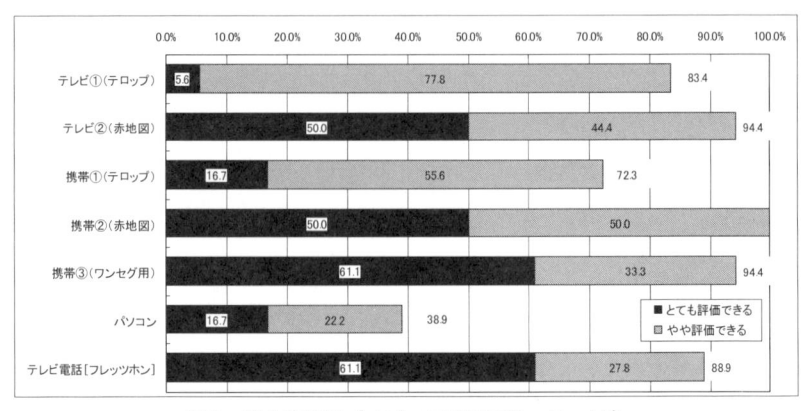

図2　総合的評価（メディア利用実験　N＝18）

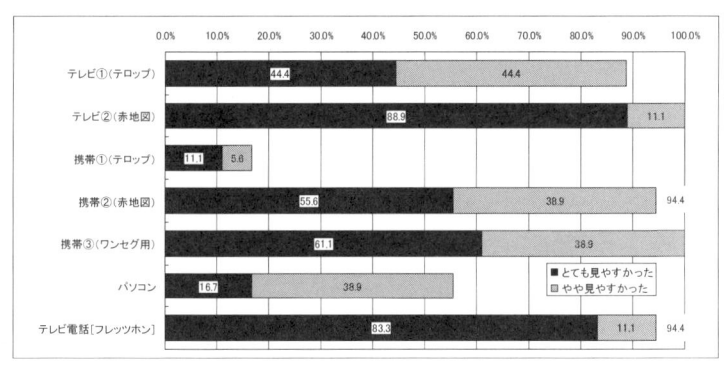

図3　画面の見やすさ（N＝18）

写真3　携帯ではテロップの字は見にくい

　第三に、メディア特性としては、音声による表現が重要との指摘があった（グループインタビュー結果；表2、写真4）。これは、テレビにしろ、テレビ電話にしろ、携帯にしろ、人々はいつも画面を注視して生活しているわけではないからである。またテロップ映像やパソコンのデモ画面は評価が低かったが、それも音声がないためと考えられる。音声は注意を喚起したり、緊急性を伝えるためにも重要な手段のようである。どのような音や声が、いつもと違う感じを表現できるのかについても、今後検討する必要があるだろう。

　第四に、メディアの有効性は、人々の生活スタイルに左右されていた。例えば外出しがちな若年層では携帯電話への期待が大きく、パソコンに向かっている時間が長い勤め人はインターネットPCへの期待が高く、テレビ視聴時間が長い高齢者はテレビへの期待が高かった。人によって、普段から身近なメディアを使って伝達する必要があるようである。

写真4　グループインタビュー風景

表2　グループインタビューの結果（要約）

● 若年層

テレビ①テロップ
- インパクトなし、地図に場所名がない
- 音が平和すぎる　どのタイミングで地震が来るかわからない
- 他の場所に地震が来たのか、これからくるのかわからない
- 音に緊急性がない

テレビ②赤地図
- 画面が切り替わるので、わかりやすい、「机の下にもぐるなど」といわれてもそれしかしない人がいるのでは、いざというときには指示されたこと以上のことは何もできないのでは
- 音があるので離れていてもわかるのがいい
- 震度がわからないと行動するのは無理

携帯①テロップ
- 文字がぼやけている
- 見づらい　何が出てきたかわからない　緊急性なし
- 気づかない　何があるかわからない　バイブや音が鳴るならよいが
- 携帯に流れるのは便利だが、緊急性を感じなかった

携帯②赤地図
- 携帯はよく持ち歩く、緊急性を感じてわかりやすい

携帯③ワンセグ用
- 文字が大きく、緊急性を感じた
- 震度が出ていることと、シンプルなのでインパクトが伝わる
- 携帯の中で一番いい　6弱という数字に危機感がある
- 震度が出ている　画面がシンプルでわかりやすい

パソコン
- よくわかっている人にはわかりやすいのだろう　音がない分他のメディアに頼りたくなる
- 「すごい」と見ているうちに対応が遅れそう　他の情報を得ると思う
- 他の情報で確認したくなる　何があるかわからなかった

テレビ電話
- これが一番すき　ほしかったものが全部ある　ずっと見ていて、対応が遅れるということはない　地震のあとに注意を言ってくれたので安心感がある
- 何をしたらよいかがわかった
- 行動指示は万人によい情報　見た目もよい
- 何をしなくてはいけないかがわかった　これが一番よい

● 中年層

- 携帯は町の中でいっせいに鳴るとパニックになるのでは
- テロップは問題外
- 震度6が出ると、行動に結びつく

表2　グループインタビューの結果（要約）

- テレビだとスイッチが入っていないとだめ
- アナウンスの声が優しすぎる
- テロップはいつもの地震速報みたい　地震が起きるのか起きたのかわからない
- 震度が出てくると心構えができてよい
- テレビで字は読まない
- 番組が継続しているテロップでは、他の地域で起きた地震だと思ってしまう
- 「まもなく強い地震が来ます」では数分後だと思ってしまう
- テレビはいつも画面を見ているわけではないので、最初は音で知らせてほしい　震度や秒数もほしい
- テロップではなく、画面ががらっと変わることで「あれっ」と思う
- 画面はもっと激しく「パカパカ」があったほうがよい

- 携帯テロップは字がにじんでいる　震度を知りたい
- 地図は、ぱっと見て天気予報みたい　携帯③（ワンセグ用）がよい
- パソコンはSF映画みたい　見入ってしまう
- 私はパソコン画面を一日20時間ぐらい見ているので、パソコン画面の一般用のものを期待する
- テレビ電話は行動指示が多すぎる、震度だけでいい
- テレビ電話は子機があるといい　音だけでもいい
- テレビ電話は震度と秒数がそろってあるのでよいがった　音がいい
- テレビ電話はカウントダウンが恐怖感を倍増する、バックが赤で画面も見やすい、欲しいと思った　ゆれる前に行動指示を出して欲しい
- テレビのアナウンスはカーナビみたいでやさしくてよくない

●高年層

- 震度は欲しい
- パソコンは見入ってしまう
- テレビとパソコンは同じ画面を流すべき、テレビが主
- テレビ電話　画面を見る暇ない　音だけでいい　行動指示がいい　応援してくれている感じで、一番やさしいと思った。機械が5万円というが、出せるか？

- テレビでテレビ電話の内容をやれば、それでいい
- 秒数はいらないけど、震度はいる
- 行動指示は日ごろから各人が考えておくべきことで、そのときは必要ない

3．伝達内容の工夫

　緊急地震速報を伝えるとすれば、どのような内容が望まれ、効果的であるか探るためにわれわれはもう一つの実験（映像視聴実験）を行った。実験ではテレビを想定して、緊急地震速報を伝える8種類の映像を作成し、多くの学生に視聴してもらい、アンケート形式で評価してもらった。対象は東洋大学と日本大学の学生計347名である（写真5）。

　実験に使用した映像だが、映像1（携帯③ワンセグ用）、映像2（テレビ②赤地図）、映像3（テレビ①テロップ）の3つは、先のメディア実験

写真5　映像視聴実験風景

と共通である。他方、映像4（ピクトグラム）は行動指示をピクトグラム化したもので、映像5（地図詳細）は地図内に予報区ごとに予想震度が描かれ、震源から広がってくる同心円状により主要動の到達予想時間を示唆したものである。テレビは広域エリアを相手にしているので、書き込まれる情報がこのように多くなってしまう。映像6（地図簡略）は映像5の震度表示を県単位に簡略化したものである。また映像7（一覧表詳細）は予想震度と到達時間を予報区ごとに一覧表にしたもので、映像8（一覧表簡略）は映像7の表示を県単位に簡略化したものである（写真6）。

この実験の結果をまとめると以下のとおりである（図4）。

[映像4（ピクトグラム）] 　[映像5（地図詳細）] 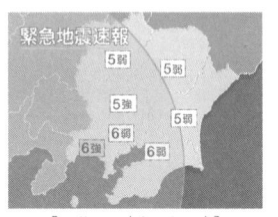　[映像6（地図簡略）]

[映像7（一覧表詳細）] 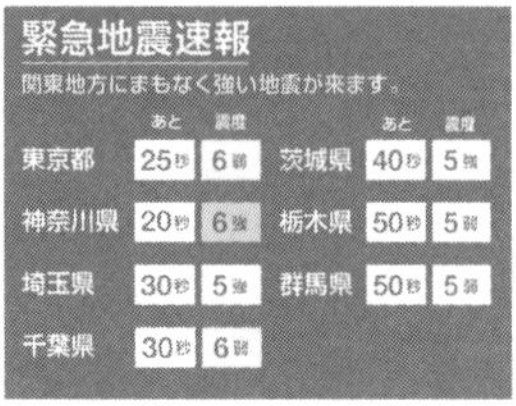　[映像8（一覧表簡略）]

写真6　実験に使用した映像

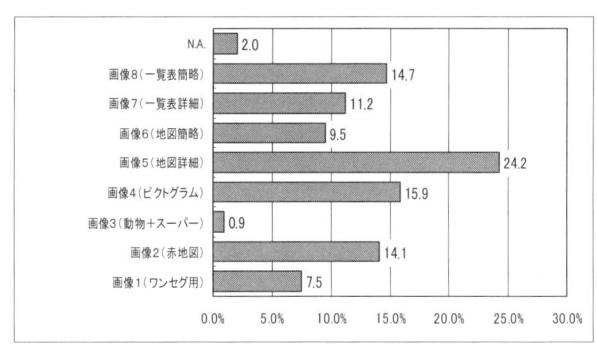

図4　一番よかった映像（N＝347）

　第一に、総合的に評価が高かったのは、各地の詳細な震度が地図上に示され、強震動域が同心円が広がっていく映像5（地図詳細）であった。一方、最も人気が無かったのは映像3（テレビ①テロップ）であった。

　緊急地震速報の伝達において何が大切と思うかをたずねたところ、「画面の見やすさ」「震度表記がある」「到達予想時間がある」「どうすればよいかの指示がある」「地図がある」などを多くの人があげた（図5）。映像5（地図詳細）はこれらの要素の多くを含んでいるために評価が高かったと思われる。

　第二に、では映像5（地図詳細）のような内容が最もよいかというと、そうではない。というのは、適切な行動への結びつきやすさをみると、他の内容のほうが優れているからである。すなわち、各映像を見た後、あなたはどう行動すると思うか、とたずねたところ、映像4（ピクトグラム）

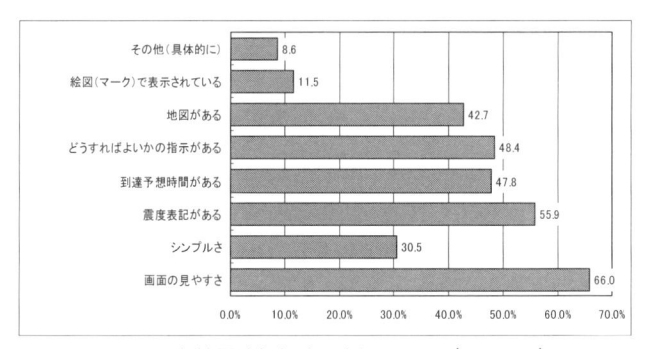

図5　緊急地震速報伝達に大切なもの（N＝347）

の成績が最もよかった。例えば、「机の下にもぐる」は映像4（ピクトグラム）が74.1%なのに対し、映像5（地図詳細）は55.0%、映像2（テレビ②赤地図）が53.0%、映像8（一覧表簡略）が55.6%と横並びである。他方、映像3（テレビ①テロップ）はここでも19.9%と、最低の数字であった（図6）。

　緊急地震速報の伝達内容としては、映像4（ピクトグラム）のように、行動指示情報を入れ、適切な行動に結びつけることが重要である（図7）。

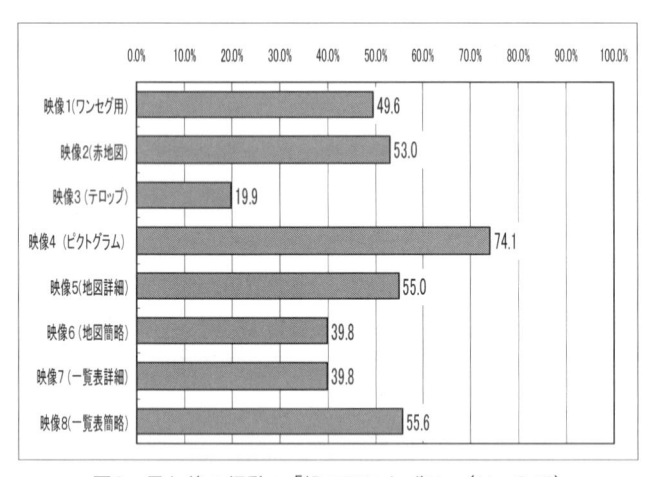

図6　見た後の行動：「机の下にもぐる」（N＝347）

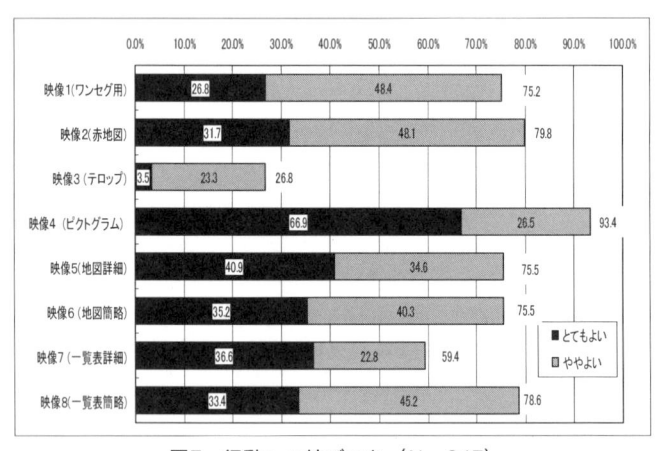

映像	%
映像1(ワンセグ用)	49.6
映像2(赤地図)	53.0
映像3(テロップ)	19.9
映像4(ピクトグラム)	74.1
映像5(地図詳細)	55.0
映像6(地図簡略)	39.8
映像7(一覧表詳細)	39.8
映像8(一覧表簡略)	55.6

図7　行動への結びつき（N＝347）

映像	とてもよい	ややよい	計
映像1(ワンセグ用)	26.8	48.4	75.2
映像2(赤地図)	31.7	48.1	79.8
映像3(テロップ)	3.5	23.3	26.8
映像4(ピクトグラム)	66.9	26.5	93.4
映像5(地図詳細)	40.9	34.6	75.5
映像6(地図簡略)	35.2	40.3	75.5
映像7(一覧表詳細)	36.6	22.8	59.4
映像8(一覧表簡略)	33.4	45.2	78.6

4．適切な対応行動への準備

　しかし、迅速確実なメディアで、適切な情報を送ったとしても、それだけでは十分ではない。さらに受け手側の準備が必要である。

　準備としては、第一に、人々が緊急地震速報の意味を理解しておく必要がある。注意・関心が他に向いている日常生活の中でも、とっさにその意味を理解し、状況を把握できるようにしておかなければならない。また従来の地震速報と間違えて、聞き流されることのないようにもしておかなければならない。

　第二に、この情報を受けたときに何が危険で、どう行動すべきかをわかっておく必要がある。例えば、一般に大地震時には、倒壊する家屋からいち早く逃げ出すことを考えがちだが、それは必ずしも正しくない。阪神・淡路大震災のような直下型の大地震では、緊急地震速報は間に合わないし、そもそも強い揺れで動くことができないからである。

　緊急地震速報が最も有効なのは、落下物や転倒物から身を守ることではないかと筆者は考えている。というのは、近年頻発している震度6クラスの地震では、灯篭、ブロック塀、外壁、照明器具など、転倒物や落下物による死者がよくみられるからである。

　また自動車運転時には、追突のおそれがあるので、ハザードランプを出してゆっくり減速する、というのも大切なことである。気象庁では緊急地震速報「利用の心得」として、とるべき行動を示しているが、そういった知識の準備は重要である。

　第三に、退避場所の確保と確認が必要である。一般に避難行動が行われるためには、その場の危険性と避難場所の認知がセットになっていなければならない。家具の転倒防止や整理整頓をして、安全な場所を確保し、確認しておかなければ、いざというときに戸惑ってしまうだろう。

　また出先では、あらかじめ退避ゾーンを表示しておくことも重要である。わが国と同じ地震国であるペルーでは、不特定多数の集まる施設にはたいてい、「地震安全ゾーン」（ZONA SEGURA EN CASO DE SISMO）なるものが設定されており、地震時にはそこに退避するようになっている（写真6）。落下物や転倒物がない場所、柱周辺やエレベーターホールなど、比較的安全な場所が指定されているようだが、日本でもこうした制度を参考にするとよいのではないだろうか。

　緊急地震速報にはさまざまな限界があることも事実である。しかし、せ

写真6　ペルーの地震安全ゾーン

っかくの情報なのだから、以上の点について整備を進めながら、有効に活用していきたいものである。

　　　　　　　　　　　　　　　　　　　　　　　（なかむら　いさお）

参考文献 ─────
- 三上俊治，田中淳，中村功，中森広道，関谷直也，田村和人，森康俊，森岡千穂，地引泰人：住民等への防災情報伝達システム―緊急地震速報の伝達と被害情報収集システム―，災害情報調査研究レポート，Vol.11, 2007.

COLUMN

その数十秒で何ができるのか？ メリットを活用して、効率よく緊急地震速報を一斉配信
～「誰もが使える緊急地震速報」をコンセプトに～

　全国でCATVの視聴世帯数はおよそ2,000万世帯。この膨大な数の視聴者が、全国一律に「緊急地震速報」を受信し活用する―約500社あるCATV各社の先陣を切って、㈱東京ケーブルネットワークでは、そのコンセプトの確立を目指して、緊急地震速報の一般配信への取り組みを2005年から行ってきた。

　IPユニキャスト方式では、高額の専用端末と別途情報料が必要なのに対し、CATV RFブロードキャスト方式を使用した場合は、現在の設備を有効活用でき、既存の接続世帯に即、情報提供が可能であり、また端末のリース料込みで月額数百円と、格安料金での情報配信が可能となる。地域貢献・地域連携が図れるCATV局のメリットを最大限活かすことができるのだ。

　また、CATVのサービスエリアは行政単位のため、地域行政との防災連携が可能である。各CATV局の自社媒体（コミュニティーチャンネル・番組案内等）を用いての緊急地震速報に関する教育・啓発活動や、関連情報の告知・伝達も可能となる。

　今後は、①J－ALERTへの対応…「地域緊急情報伝達システム②全国CATV局内設置地震計連動…「直下型地震対応早期伝達システムへの展開を図る。

　㈱東京ケーブルネットワーク事業開発プロジェクトリーダーの遠藤昌男氏は、「今後は誰もが手軽に利用できる、"なくてはならない情報システムに"し、CATVの新たなポジションの確立を目指していきたい」と語っている。

〈http://www.tcn-catv.co.jp/〉

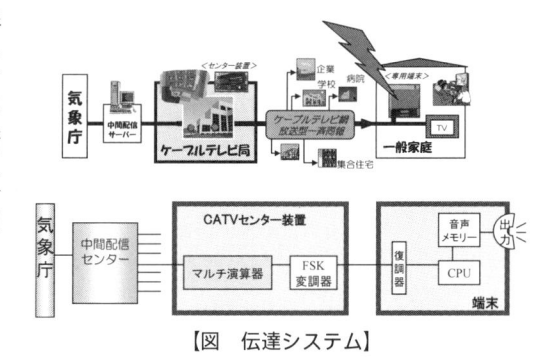

【図　伝達システム】

10 不特定多数の収容施設・集客施設での利用と課題

日本大学文理学部
社会学科准教授
中森　広道

著者プロフィール
日本大学大学院文学研究科社会学専攻修了。㈶都市防災研究所研究員などを経て、1997年日本大学文理学部社会学科助手。2000年同専任講師。2003年同助教授。2007年同准教授（資格名称変更）。専門は災害社会学、災害情報論、社会情報論。

中森研究室 URL　http://homepage2.nifty.com/nakamorihiromichi/

１．はじめに

「緊急地震速報」が一般の人々に伝えられるようになった場合、百貨店・地下街・駅といった不特定多数の人々が利用する施設・集客施設において無用な混乱が起こるのではないかということを懸念する人が少なくない。では、このような不特定多数の人々が利用する施設において「緊急地震速報」が伝わった場合、混乱など望ましくない状況が発生することを防ぎ、「緊急地震速報」を有効に活用するためには、どのような検討が求められているのであろうか。本稿では、筆者が行った「緊急地震速報」に関するアンケート調査の結果やこれまでの災害並びに災害情報に関する研究などを踏まえて、この課題について考えていきたいと思う。

２．「緊急地震速報」を一般の人々に伝えることへの賛否

気象庁が、「緊急地震速報」の先行的運用を開始した平成18（2006）年に、「緊急地震速報」に関する意識や評価について、筆者はまず、日本大学文理学部の学生（361名）を対象としたアンケート調査（11月実施。以下「日本大学調査」という。）を行い、次に平成19（2007）年2月には、全国の18歳以上の住民（1,014名）を対象としたアンケート調査（以下「全国調査」という。）を行った。

まず、「緊急地震速報」についての認知度であるが、全国調査では、「知っていた」が19％、「なんとなく聞いたことがあった」が48％、「全く知らなかった」が33％で、約3割の人が「緊急地震速報」の存在を知らな

かったという結果だった。この中で「『緊急地震速報』を知っていた」と回答した人（「全く知らなかった」と回答した以外の680名）に、「今年（平成19年）から本運用が始まるかもしれない」ことを知っていたかについて（平成18年に先行的運用が開始された時に平成19年中に本運用開始予定であることが発表されていた）尋ねたところ、「全く知らなかった」が47.4%、「なんとなく聞いたことがあった」が42.6%、「知っていた」が10.0%であった。

　次に、「緊急地震速報」は、①発表することにより混乱が生じる懸念がある、②誤報や空振りがある、という点を挙げて、一般の人々に伝えることへの賛否を尋ねた。まず、①の「混乱」については、「多少の混乱があっても積極的に流してほしい」が49.7%、「混乱が起こらない対策を行ってから流してほしい」が45.9%と、ほぼ半々となった。この結果は、性別で差が見られ、「積極的に流してほしい」を選んだ人は男性に多く、「混乱が起こらないような対策を行ってから」を選んだ人は女性に多く見られた（図1）。次に、②の「誤報や空振り」については、「誤報や空振りがあっても積極的に流してほしい」が73.2%、「絶対に間違わないというシステムができるまで流さないでほしい」が18.8%という結果で（図2）、こちらは性別による差はほとんどなかった。これらの結果から、「緊急地震速報」を一般に伝えることについては、「誤報はあっても仕方がないが混乱が生

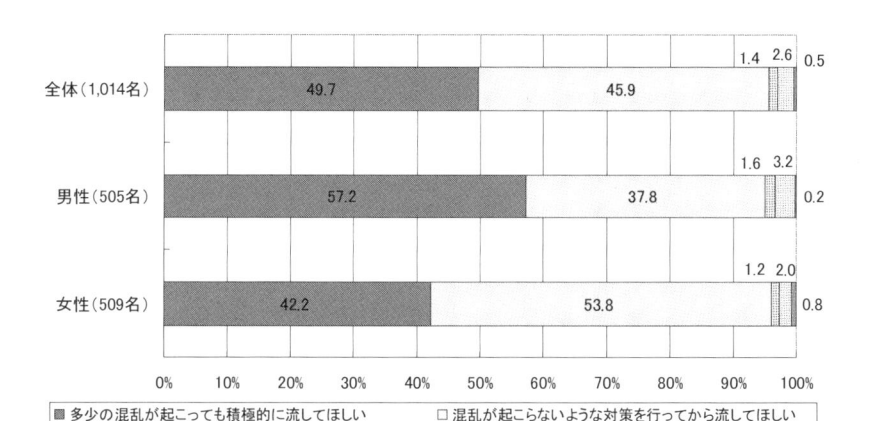

図1　「緊急地震速報」を一般に伝えることへの賛否（混乱に関する懸念）（%）

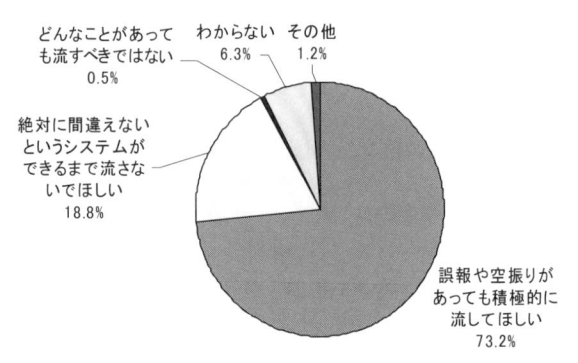

図2 「緊急地震速報」を一般に伝えることへの賛否（誤報に関する懸念）（1,014名）

- どんなことがあっても流すべきではない 0.5%
- 絶対に間違えないというシステムができるまで流さないでほしい 18.8%
- わからない 6.3%
- その他 1.2%
- 誤報や空振りがあっても積極的に流してほしい 73.2%

じることは問題である」と考える人が多い傾向にあるようだ。

3．不特定多数の収容施設・集客施設での対応

不特定多数の収容施設で「緊急地震速報」が伝わった時、人々はどのようなことが起こるとイメージし、どのような対応をとると考えているのだろうか。

全国調査並びに日本大学調査で、「百貨店、地下街、駅など不特定多数の人々が利用する施設で『緊急地震速報』が流れた場合にどんなことが起こると思いますか」という質問をしたところ（複数回答）、表１のような結果となった。全国調査も日本大学調査も「多くの人が、出口に殺到して大混乱が起こる」を選んだ人が最も多く、共に８割以上を占める一方、これらの選択肢の中で最も適切な対応と考えられる「多くの人が危ない場所から離れたり安全な姿勢をとったり身を守る」を選んだ人は３割に満たない結果となった。不特定多数の人が利用する施設で「緊急地震速報」が流れた場合に、いわゆるパニックをはじめとする望ましくない対応を人々がとるのではないかとイメージする人が多いようである。

次に、もう少し具体的な場所ごとでの対応について見ていきたい。全国調査では、「地下街・地下道」「百貨店の地上１階」「百貨店の上層階（５階以上）」「ラッシュ時の駅のホーム」「スーパーマーケット」「コンビニエンス・ストア」「家庭電化製品・カメラの量販店」「劇場・ホールの客席」「商店街の通り」「自宅の中」の10箇所において、「震度５強」の揺れが来るという情報が流れた場合に、それぞれどんな対応をとるかというこ

表1 不特定多数の人が利用する施設で「緊急地震速報」が伝わった時のイメージ（％）（複数回答）

	全国調査〔1,014名〕（2007.2）	日本大学調査〔361名〕（2006.11）
多くの人が、出口に殺到して大混乱が起こる	85.2	88.4
大声をあげたりする人などがいて大騒ぎとなる	46.9	47.9
地震が来る前にケガ人が出たり物が壊れたりすることが起こる（日本大学調査での表記は「地震が来る前にケガ人が出る」）	43.6	54.3
何をしてよいかがわからない多くの人が、うろうろとする	53.1	48.5
多くの人が危ない場所から離れたり安全な姿勢をとったり身を守る	27.3	24.1
何もしない人が多いと思う	14.2	6.6
特に何も起こらないと思う	1.1	－
わからない	1.6	0
その他	0.7	1.7

とについて質問した。回答の選択肢は、①その場で様子を見る、②とりあえず危険と思われる場所から離れる、③屋内の安全な場所を探して身を守る、④急いで出口に向かう（「商店街」については「急いで商店街を抜ける」）、⑤何もできない、⑥わからない、⑦その他、の7つを用意し、1つだけ選ぶ形にした。また、揺れが到達する時間について、「まもなく」「あと30秒」「あと10秒」の3つの表現を提示して、それぞれの回答を求めた。電話回線などを利用した一部のサービスでは、地域ごとに推定される震度と到達時間を伝えることは可能であるが、テレビやラジオなどで「緊急地震速報」を伝える場合は対象とするエリアが広く（例えば、東京にある放送局は関東地方1都6県とその周辺を、大阪にある放送局は近畿地方2府4県とその周辺をサービスエリアとしている）、細かい地域ごとの震度や到達時間の予測を一度に伝えることが難しいこともあり、具体的な震度や時間を示さずに「強い揺れが来る」という表現で伝えるように検討されているため、全国調査では、具体的な時間ではなく「まもなく」という表現を入れて質問を行った。この結果が、表2から表11である。

表2 地下街・地下道で「緊急地震速報」を聞いたときの対応（%）

	その場で様子を見る	とりあえず危険と思われる場所から離れる	地下街の安全な場所を探して身を守る	急いで出口に向かう	何もできない	わからない	その他
まもなく	14.8	23.8	23.5	32.1	2.6	3.2	0.2
30秒	13.8	25.4	24.2	26.7	7.4	2.4	0.1
10秒	19.3	30.8	13.6	10.0	22.6	3.6	0.2

表3 百貨店の地上1階で「緊急地震速報」を聞いたときの対応（%）

	その場で様子を見る	とりあえず危険と思われる場所から離れる	屋内の安全な場所を探して身を守る	急いで出口に向かう	何もできない	わからない	その他
まもなく	15.1	30.8	21.0	28.4	2.0	2.6	0.2
30秒	11.3	30.3	22.5	27.8	5.6	2.3	0.2
10秒	17.2	33.8	14.5	10.8	20.2	3.3	0.2

表4 百貨店の上層階（5階以上）で「緊急地震速報」を聞いたときの対応（%）

	その場で様子を見る	とりあえず危険と思われる場所から離れる	屋内の安全な場所を探して身を守る	急いで出口や階段の方に向かう	何もできない	わからない	その他
まもなく	15.0	31.2	22.5	21.0	5.0	4.6	0.7
30秒	12.3	33.5	25.9	15.7	9.2	3.0	0.4
10秒	16.4	35.1	15.0	6.2	23.5	3.7	0.1

表5 ラッシュ時の駅のホームで「緊急地震速報」を聞いたときの対応（%）

	その場で様子を見る	とりあえず危険と思われる場所から離れる	ホームの安全な場所を探して身を守る	急いで出口に向かう	何もできない	わからない	その他
まもなく	21.4	22.2	21.5	13.8	15.2	5.5	0.4
30秒	16.7	26.2	22.9	12.6	17.3	3.8	0.5
10秒	18.2	30.3	13.4	5.0	28.7	4.0	0.3

表6 スーパーマーケットで「緊急地震速報」を聞いたときの対応（%）

	その場で様子を見る	とりあえず危険と思われる場所から離れる	屋内の安全な場所を探して身を守る	急いで出口に向かう	何もできない	わからない	その他
まもなく	16.3	32.2	17.6	29.0	1.5	3.3	0.2
30秒	13.1	31.5	20.6	26.8	5.6	2.3	0.1
10秒	16.8	35.4	12.8	11.8	19.7	3.4	0.1

表7 コンビニエンス・ストアで「緊急地震速報」を聞いたときの対応（%）

	その場で様子を見る	とりあえず危険と思われる場所から離れる	屋内の安全な場所を探して身を守る	急いで出口に向かう	何もできない	わからない	その他
まもなく	17.4	27.8	12.7	37.2	1.8	2.9	0.3
30秒	14.0	29.0	15.8	33.7	5.0	2.3	0.2
10秒	16.7	32.0	10.7	19.1	18.0	3.3	0.2

表8 家庭電化製品・カメラの量販店で「緊急地震速報」を聞いたときの対応（％）

	その場で様子を見る	とりあえず危険と思われる場所から離れる	屋内の安全な場所を探して身を守る	急いで出口に向かう	何もできない	わからない	その他
まもなく	12.3	36.2	20.6	25.3	2.1	3.3	0.2
30秒	10.2	37.6	23.0	20.8	5.8	2.5	0.2
10秒	15.3	39.6	12.9	8.4	19.9	3.7	0.1

表9 劇場・ホールの客席で「緊急地震速報」を聞いたときの対応（％）

	その場で様子を見る	座席の下にもぐる	屋内の安全な場所を探して身を守る	急いで出口に向かう	何もできない	わからない	その他
まもなく	19.5	34.7	17.2	21.6	3.4	3.6	0.1
30秒	16.1	36.8	20.1	17.5	6.9	2.5	0.2
10秒	19.0	38.3	12.0	6.7	20.2	3.6	0.1

表10 商店街の通りで「緊急地震速報」を聞いたときの対応（％）

	その場で様子を見る	とりあえず危険と思われる場所から離れる	商店街の安全と思われる場所を探して身を守る	急いで商店街を抜ける（商店街から逃げる）	何もできない	わからない	その他
まもなく	21.2	30.0	25.5	16.2	2.1	4.5	0.5
30秒	15.8	32.7	25.7	17.7	5.4	2.4	0.3
10秒	18.4	35.8	13.9	7.7	20.4	3.6	0.1

表11 自宅の中で「緊急地震速報」を聞いたときの対応（％）

	その場で様子を見る	机、テーブル、ベッドなどの下にもぐる	屋内の安全な場所を探して身を守る	急いで出口に向かう	何もできない	わからない	その他
まもなく	29.1	40.3	13.5	11.8	2.1	2.6	0.6
30秒	21.6	40.9	17.0	13.8	3.6	2.0	1.1
10秒	21.5	43.1	12.3	7.3	12.5	2.5	0.8

　この中で、特に望ましくない対応と考えられる「急いで出口に向かう」の回答を時間ごとに比較したものが表12である。駅のホームを除いた不特定多数の人が利用する場所では、「あと30秒」の場合は2〜3割前後の人が「急いで出口に向かう」と回答しているが、「あと10秒」になると、ほとんどの場所で1割前後またはそれ以下にまで減っていく傾向にある。つまり、地震の揺れが来るまでに、ある程度の時間的余裕があると人々が認識した場合には、出口に向かう人が多くなることが考えられる。ただし、「コンビニエンス・ストア」については、出口に向かうという人が他の場所に比べて多い傾向が見られる。コンビニエンス・ストアを頻繁に利用している人の割合が全回答者の3割程度である全国調査に比べ、日本大学調査の回答者の大半が頻繁にコンビニエンス・ストアを利用している（回答者はすべて学生）日本大学調査の場合（「まもなく」という質問は設定し

表12 「緊急地震速報」を聞いた時に「急いで出口に向かう」と
回答した人の割合（％）（1,014名）

	まもなく	あと30秒	あと10秒
地下街・地下道	32.1	26.7	10.0
百貨店の地上1階	28.4	27.8	10.8
百貨店の上層階（5階以上）	21.0	15.7	6.2
ラッシュ時の駅のホーム	13.8	12.6	5.0
スーパーマーケット	29.0	26.8	11.8
コンビニエンス・ストア	37.2	33.7	19.1
家電・カメラの量販店	25.3	20.8	8.4
劇場・ホールの客席	21.6	17.5	6.7
商店街の通り	16.2	17.7	7.7
自宅の中	11.8	13.8	7.3

ていない）、「あと30秒」でも「あと10秒」でも「急いで出口に向かう」と回答した人の割合はあまりかわらない（**表13**）。

　そこで、コンビニエンス・ストアで「緊急地震速報」を聞いた場合、「あと30秒」でも「あと10秒」でも「急いで出口に向かう」と回答した人に、その理由を尋ねた結果が**表14**である。この結果を見ると、他の場所に比べて利用客の数が少ないことから「出口に向かっても大きな混乱は生じないから」と、言わば合理的な考えを示す回答もあるが、「品物が落下したり、飛んできたりして危険だから」「店内に安全な場所がないから」といった狭い空間に多くの商品があり安全な場所がないことを理由にあげる人が多いようだ。コンビニエンス・ストアにおいて「緊急地震速報」を聞いた場合、もし、利用者が出口に向かうことが望ましくないと考えるのであれば、コンビニエンス・ストアの経営者や管理者は、具体的にどのように利用者の安全を守るのかについて検討し明示する必要があるだろう。そして、このことは、コンビニエンス・ストアだけではなく、不特定多数の人が利用するすべての施設の経営者・管理者が早急に行わなければならない対策の課題であると言えよう。

　ところで、全国調査の結果を見ると、「急いで出口に向かう」と回答し

表13 コンビニエンス・ストアで「緊急地震速報」を聞いた時の対応（%）（日本大学調査　361名）

	その場で様子を見る	とりあえず危険と思われる場所から離れる	屋内の安全な場所を探して身を守る	急いで出口に向かう	何もできない	わからない	その他	無回答
あと30秒	7.8	37.4	13.6	37.4	1.7	1.1	0.8	0.3
あと10秒	10.8	36.3	10.8	31.6	7.8	1.4	1.1	0.3

表14 コンビニエンス・ストアで急いで出口に向かう理由（複数回答）（%）

	品物が落下したり、飛んできたりして危険だから	店内に安全な場所がないから	出口に向かっても大きな混乱は生じないから	ニュース映像などを見て、店内は危険だと思うから	その他
全国調査（194名）	59.3	45.4	58.2	25.3	6.2
日本大学調査（114名）	58.8	41.2	31.6	21.1	11.4

た人の割合は、ほとんどの場所で、「あと30秒」よりも「まもなく」の方が多い傾向にある。これに関して、「『まもなく』と聞いて、どのくらいの時間を考えましたか」という質問したところ、「まもなく」を「1分以上」ととらえる人が過半数を占めていた（図3）。「緊急地震速報」は、そのほとんどが地震が発生して数秒から数十秒後に揺れが来るという情報であることから、人々に「秒単位の対応」を求める情報である。しかし、「まもなく」という言葉は、人によっては「分単位の対応」と受け取られる表現のようである。したがって、この調査結果を見る限り、「緊急地震速報」を伝える上で「まもなく」という表現は、あまり適切なものではないようだ。「緊急地震速報」を人々に伝える時の文言・表現も、効果的なものを用いるように心がける必要があるだろう。

4．不特定多数の収容施設と「パニック」
―「パニック神話」と「パニック」の発生条件―

災害が発生した時、また災害に関する情報が流れた時に、多くの人が懸

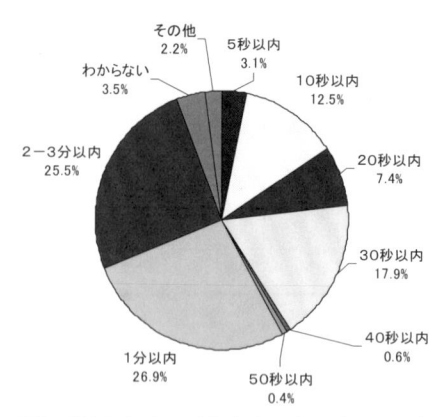

図3 「まもなく」が意味する時間 （1,014名）

念するものの1つが「パニック」のようだ。この「緊急地震速報」についても、P.191で紹介した調査結果からも分かるとおり情報が伝わった時に「パニック」が発生することを懸念する人が少なくない。

　我が国で「パニック」という言葉が一般の人々に広く浸透して使われるようになったのは、1970年代以降のようである（専門家など一部の人々が用いることは、当然のことながらそれ以前にもあった）。現在、「パニック」という言葉は、いくつかの意味で用いられているが、災害研究での「パニック」は、「不特定多数の人々が危険を回避するために、限られた脱出路（脱出口）や稀少な資源に向かって、ほぼ同時に殺到することによって生じる社会的混乱」（三上俊治の定義による）という意味で用いられ、例えば「頭がパニック状態」などといった個々人の混乱状態に使われるような意味とは区別されている。

　災害研究で用いる意味での「パニック」が、実際の災害（特に自然災害）や災害情報が伝えられた際に発生したという事例は実は稀少であり、災害の実証研究が進んでいたアメリカでは1950年代からこの点が指摘され、アメリカの社会学者は多くの人々が持つ「災害時には必ずパニックが起こる」という固定した観念のことを「パニック神話」と呼ぶようになり、我が国でも今日、同様な見解が示されている。

　しかしながら、「パニック神話」は、「絶対に『パニック』が起きない」という意味ではない。これまで、内外の社会学者・心理学者たちは、災害時や災害情報が伝えられた際に「パニック」が発生したことは少ないと指

摘する一方、いくつかの「条件」が充たされた時に「パニック」が発生するという見解も示している。各方面で示された「パニックの発生条件」について、社会心理学や社会情報論から災害研究を続けていた廣井脩は、言わば最大公約数的にこれらをまとめ、次のように簡潔な「パニックの発生条件」を示している。

①危険が突然発生すること
②脱出口があること
③その脱出口が限られていること
④その場所にいることが危険であると人々が認識すること

廣井は、以上の4条件が「すべて充たされた場合」にパニックが発生するのではないかと指摘している。これまで災害や災害情報が流れた時に「パニック」がほとんど起こっていない理由は、これらの4条件がすべて充たされる状況になった事が少なかったからだと考えられる。

また廣井は、実際の災害においてパニックが発生したかどうかの実証的研究が少ないことなどから、新聞に「パニック」を見出しとした記事が掲載された昭和53（1978）年の「宮城県沖地震」について（地震発生は月曜日の夕方）、被害の大きかった仙台市内の不特定多数の収容施設の管理者・担当者にヒアリング調査を行い、その実態を検証した。その結果、対象とした施設で「パニック」の発生はなかったものの、「パニックらしきもの（パニックの一歩手前）」のような現象は、百貨店の地下、大学、バスの中などといった場所で確認されている。例えば、百貨店の場合、地上階では大きな混乱はほとんど見られなかったものの、地下の売り場において「パニックらしきもの」が生じている。理由としては、停電した地下という人々が「閉じ込められる」と感じるような空間であることや、百貨店の地下は食料品売り場であり、しかも夕方であることから女性客が多いことや、地上階売り場の従業員は百貨店の正社員が多いものの地下の食料品売り場の従業員は出向社員やアルバイト・パートの割合が多く、非常時の対処方法等を十分に理解していた人が少なかったことなどがあった。そして、「パニックらしきもの」が見られた事例に共通して見られた特性として、「閉じ込められるのではないか・危険ではないかと人々が思う場所」や「的確な指示が徹底できない状況」といったことが挙げられた。ただ、

これらの事例でも最終的にパニックの発生条件がすべて充たされなかったために最悪の事態は回避されたわけである。

　これらのことから留意しなければならないことは、特に「パニックの発生条件」が充たされると懸念される場所では、その条件が充たされないような対策を講じておく必要があるということである。先述したように、これから「緊急地震速報」の本運用が始まった場合に、多くの人々が、不特定多数の収容施設において「パニック」が発生するのではないかというイメージを浮かべている。このようなイメージを払拭するためには、単に「パニックが起こるというのは神話である（パニックはめったに起きない）」ということを示すだけでは具体的な解決策にはならない。まずは、ここであげた「パニックの発生条件」が充たされないような対策や工夫を具体化することが求められる。設備の設計や施設内の備品の配置、管理者・従業員の指示やアナウンスといったことの徹底はもちろんだが、施設の利用者自身が、「この施設は安全である」と判断できたり、「どのようにすれば身の安全を守ることができるのか」ということが日ごろから分かるようにしておくことが必要だろう。そして、建物の耐震はもちろんであるが、備品の転倒・落下やガラス等の飛散による被害を防ぐための対策を講じ、さらに講じた対策を目に見える形で示すことも忘れてはならないだろう。

５．「パニック」だけではない「望ましくない対応」
　　―不特定多数の収容施設の管理者に求められている対策―

　さて、「パニック」について述べてきたが、「緊急地震速報」を受け取った利用者がとる「望ましくない対応」は「出口に殺到する」ことなどによって生じる「パニック」だけではない。「緊急地震速報」を聞いて何をしていいか分からずうろうろすることや、本来危険な場所にいながらその場所から離れたり身を守る姿勢をとらないこと、そして何もしないことも「望ましくない対応」である。不特定多数の収容施設の管理者には、これらの「望ましくない対応」を人々がとらないようにするための対策が求められている。

　全国調査において、「緊急地震速報」を一般の人々に発表するための準備・対策として、不特定多数の人々が利用する施設の管理者に希望することについて質問した結果が表15である（複数回答）。最も多い回答が「適切なアナウンス」（75.5％）で、次いで「安全な空間をあらかじめ作ってい

表15　不特定多数の人々が利用する施設の管理者に求める対策（%）（複数回答）（1,014名）

どういう行動をとればよいか掲示をしてほしい	64.4
どういう行動をとればよいかチラシやリーフレットを置いてほしい	22.3
危険な場所をはっきりと分かるようにしてほしい	52.1
安全な空間をあらかじめ作っていてほしい	69.7
適切なアナウンスを流してほしい	75.5
モノの固定やガラスに飛散防止のフィルムを貼るなどの対策	54.0
「緊急地震速報」を利用者（客）には流さないでほしい	1.3
特に望むことはない	1.4
その他	1.3

てほしい」（69.7%）、「どういう行動をとればよいか掲示をしてほしい」（64.4%）、「モノの固定やガラスに飛散防止のフィルムを貼るなどの対策」（54.0%）、「危険な場所をはっきりと分かるようにしてほしい」（52.1%）といった順であった。これらの結果に対し「どういう行動をとればよいかチラシやリーフレットを置いてほしい」を選んだ人は22.3%だった。これは、不特定多数の人々が利用する施設では、「緊急地震速報」への対処方法を冊子などの配布によって伝えることでは不十分で、「何をすればよいか」「どこが安全なのか」ということが、その場で分かるようにしておいてほしいと望んでいる人が多いことを示しているものである。なお、「『緊急地震速報』を利用者には流さないでほしい」という回答は1.3%で、不特定多数の人々が利用する施設において「緊急地震速報」を流すことに反対をしている人はわずかであることが分かる。

6．まとめにかえて

あらためて「緊急地震速報」について留意しておきたいことを挙げれば、まずこの情報は「予知情報ではない」ことである。調査の自由回答の結果などを見ると、この情報を予知ととらえている人もいるが、この情報は地震が実際に発生してはじめて発表されるものであり、情報を受け取ってから地震の揺れが到達するまでに秒単位の時間しかなく、何十分とか何時間

といった余裕はないのである。もう1つは、「緊急地震速報」は地震によっては発表されないケースもあり、また、震源が近い場合には、この情報を受け取る前に、地震の揺れが到達することもあることだ。つまり、「緊急地震速報」の本運用が始まっても、すべての地震の発生を、揺れを感じる前に知ることができるわけではなく、これまでどおり「不意打ち」の形で揺れが来ることもあるということを留意しなければならない。

「緊急地震速報」は新しく始まる情報であるため、たしかに、この情報に対処するための新たな課題や解決しなければならない問題も多々ある。しかし、「緊急地震速報」を受け取る側が、まずやらなければならないことは、日ごろ言われている地震時の心得や対処方法並びに地震対策を徹底することだろう。例えば、地震時に我々に求められる対処に「火を消す」や「机の下にもぐる」といったことがある。これまで揺れを感じてから行っていたこれらの対応が、「緊急地震速報」により、いくつかの地震については、秒単位という非常にわずかな時間だが、実際に揺れを感じる前にできるようになる。したがって、「揺れを感じたら何をするか」という心得や対処を、「緊急地震速報」を受け取った時に適切に行うことで、より確実に身の安全を守ることができるわけである。

また、当たり前のことだが、「緊急地震速報」が発表されても地震の発生自体が無くなるわけではないので、構造物の耐震化、家具などの固定、ガラスなどの飛散防止といった対策をとっておかなければ、効果は不十分である。つまり、不特定多数の人々が利用する施設においても家庭においても、特別なことを考える前に、まず日ごろの地震対策を徹底することが、何より「緊急地震速報」を活かすための近道ではないかと思う。特に不特定多数の人々が利用する施設では、「緊急地震速報」が伝わった場合に具体的にどんな対応・姿勢をとればよいのかを明示・掲示するとか、例えば「安全地帯（地震の揺れに対して身の安全を守ることができる場所）」のようなものを複数設けるなど、利用者の目に見える形で日ごろの地震対策を進めることで、「緊急地震速報」の発表時を含めた地震時に生じる不安や懸念を少なくすることができるのではないだろうか。

そして、「緊急地震速報」が発表された時に、秒単位の短い時間の中で細かい具体的な対応や指示をすべて伝えることは難しい。そのため、「緊急地震速報」が伝わった時に、施設の管理者、従業員、利用者のそれぞれが何をすればよいのかが分かるように、「『緊急地震速報』の伝達」と「そ

れぞれの受け手の対応」をセットにして日ごろから対策を講じていかなければならない。これらが、「緊急地震速報」の本運用に向けて、不特定多数の収容施設に求められている大きな課題と言えよう。

(なかもり　ひろみち)

参考文献

・安倍北夫・岡部慶三・三隅二不二編：自然災害の行動科学、福村出版、1988.
・釘原直樹：パニック実験―危機事態の社会心理学、ナカニシヤ出版、1995.
・中森広道：「緊急地震速報」に関する大学生の意識調査報告書、2007.
・中森広道：緊急地震速報　まずは身近な地震対策の徹底を、東京消防2007年4月号、東京消防協会、pp.74－78、2007.
・廣井脩：災害報道と社会心理、中央経済社、1987.
・廣井脩・中森広道・後藤嘉宏・山本康正：不特定多数収容施設における避難の実態　災害時の避難・予警報システムの向上に関する研究（平成3・4年度文部省科学研究費研究成果報告書）、pp.309－359、1993.
・廣井脩：新版　災害と日本人　巨大地震の社会心理、時事通信社、1995.
・廣井脩編著：災害情報と社会心理、北樹出版、2004.

COLUMN

集客施設における緊急地震速報の放送
～地下街における防災対策への活用

　人が多く集まる施設においては、緊急地震速報を聞いた人が出口に殺到してパニックが起きることが心配されている。そのため、デパートなどの集客施設では、緊急地震速報の施設内での放送には慎重である。

　そんななか、いち早く緊急地震速報の館内放送を決めたのが八重洲地下街㈱である。八重洲地下街は、東京駅八重洲出口側の地下に位置し、店舗数約190店、1日平均15万人の施設利用者（地下街利用者、通行人等）がある。そこを管理する八重洲地下街㈱防災センターが震度5弱以上の緊急地震速報を受信したときには、次のようなメッセージが館内に流れる。「（報知音）こちら防災センター。まもなく地震の大きな揺れが来ます。近くの柱や壁ぎわに寄って身の安全を守ってください。」これにあわせて、施設管理者の初動対応とともに、仮に誤発報であった場合のお知らせについてマニュアルが整備されている。

　現在、平成19（2007）年10月1日からの運用に向けて、関係者への周知を進めている。八重洲地下街㈱の戸田保安部長は、「パニックを防ぐには、施設利用者、テナント等への周知が不可欠です。地下街の要所に告知文を掲出したり、館内放送によって利用者の理解を深めてもらっています。また、商店会理事会、テナント従業員を対象とした説明会を開くとともに、緊急地震速報を受信したときの対応を定めています」と語る。特に、テナント従業員は、正社員だけでなく、パート従業員など勤務形態がまちまちである。従業員の意識を統一しておくことが「パニック防止」には重要となってくる。

〈http://www.yaechika.com/〉

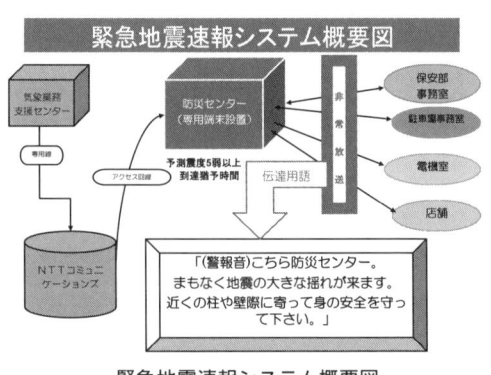

緊急地震速報システム概要図

11 「緊急地震速報の配信システム」に関する活用と課題

リアルタイム地震情報
利用協議会研究部長
六郷　義典

協議会URL http://www.real-time.jp/

著者プロフィール
1975年日本大学理工学部電気学科卒業。1994年同大学博士（工学）。日本電気㈱にて、デジタル多重変換装置、SONET/SDH、ATMアクセスシステム、VDSL、メトロD－WDM等の研究、また通信放送機構において、CATVの研究に従事。現在、REIC研究部長。技術士（電気・電子）。

1. はじめに

　緊急地震速報は、観測点でのP波から震源情報と地震の規模を推定し、これらの情報を配信し、受信側で主要動到達までの余裕時間と受信地点での揺れの規模を計算する。このため、緊急地震速報は秒を争う情報である。また、この情報を用いて、人への報知と機器等の制御を行うため、誤りなく伝達される必要がある。したがって、低遅延でデータの欠落等の損失の無い伝送手段が要求される。そこで、気象業務支援センターから一次配信事業者までの間は、専用線もしくはIP－VPNが用いられる。

　本章では、一次配信事業者からエンドユーザまでの配信手段について扱う。通信の信頼性を確保するためにメイン回線に有線回線を用い、代替回線に衛星回線を用いる方法を提案する。まず、現在、データ伝送の主流であるクライアント／サーバモデルを用いて、リアルタイム通信を実現する手段を述べる。

　有線伝送において、専用線もしくはIP－VPNを選択した場合、回線費用は高価である。そこで、本章では一次配信事業者から末端ユーザへの配信について、専用線、インターネット及びIPv6マルチキャストを用いる場合について述べる。

　一方、地震時、地上回線は破壊される可能性がある。このため、サバイバビリティを確保するため、代替回線として衛星通信を用いる。本章では衛星通信の一つとしてCS衛星通信について論ずる。そして、これらの長所・短所を比較する。

また、ユビキタスネットワークの典型として、Zigbeeネットワークが挙げられる。Zigbeeは短距離無線通信であり、家庭内で緊急地震速報を配信する手段として用いることが考えられる。

本章では、家庭内で、Zigbeeを用いる場合について述べる。

2．気象業務支援センターからの配信

緊急地震速報は気象庁から発信され、気象業務支援センターを経由して、一次配信事業者及び気象業務支援センターと直接契約するユーザに配信される。気象業務支援センターからの配信には、専用線とIP－VPNが選択できる。

ここでは、専用線一本を用いてユーザに配信する場合を図1に示す。この時の通信手順は、気象庁独自のTCP/IPソケット手順が使用される。図2に気象庁TCP/IPソケット手順を示す。

この手順では、TCPのコネクションはセンター側から確立され、維持される。この時、定期的に生存確認が行われ、コネクションが維持されていることが確認される。また、コネクションの切断は、センター側から行われる。通信手段として、IP－VPNを選択した場合も手順は同じである。

3．配信手段の冗長化

緊急地震速報はめったに発信されないが、発信された場合には必ず利用者に正しく配信されなければならない情報である。ここでは、地上回線と

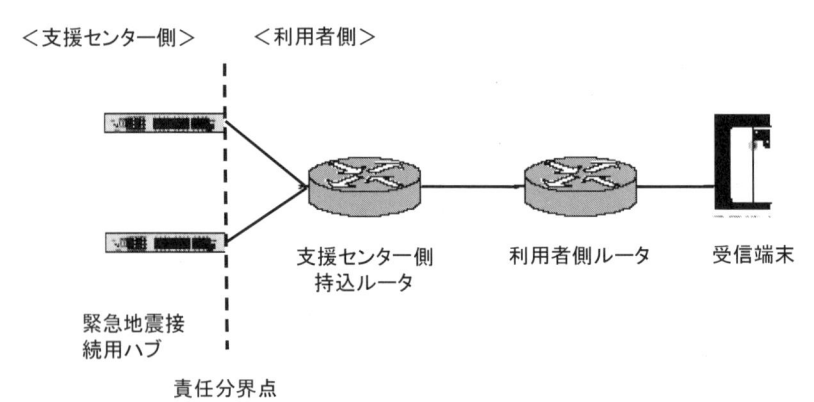

図1　気象業務支援センターからの緊急地震速報の配信

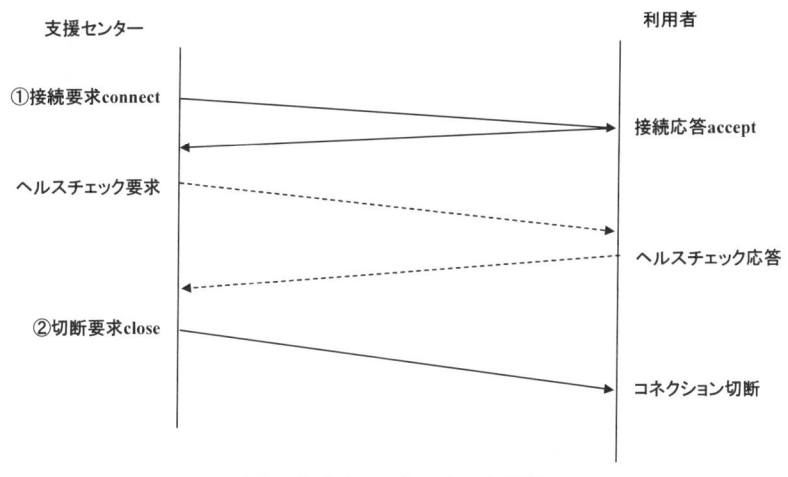

図2 気象庁TCP/IPソケット手順

衛星回線を用いて冗長化することを提案する。この時地上回線としては、専用線、IP-VPN、インターネット及びIPv 6マルチキャスト等が選べる。また、衛星回線としてはCS衛星通信を推奨する。

4．クライアント／サーバモデルによるリアルタイムデータ通信

　REICでは一次配信事業を手がけている。REICでは、ユーザのセキュリティを確保するため、クライアント／サーバモデルを用いたリアルタイム通信を実現している。すなわち、REIC側にサーバを配備し、利用者側にクライアントを配備する。この時TCPのコネクションは、常にクライアント側から確立され維持される。

　コネクションの維持は、定期的にKeep alive信号の交換によって行われる。一定時間、Keep aliveがこない場合は、クライアント側からコネクションの再確立が行われる。この時の手順を図3に示す。コネクションの確立は、クライアントからSYNパケットが送信され、サーバはSYN＋ACKパケットを返し、更に、クライアントはACKパケットを返すことによりコネクションが確立される。この手順を3ウェイハンドシェークと呼ぶ。いったんコネクションが確立されるとコネクションは維持され、双方向データ通信が実行される。コネクションの切断は、サーバもしくはクライアントのどちらかからFINパケットを送信することにより行われる。受信側

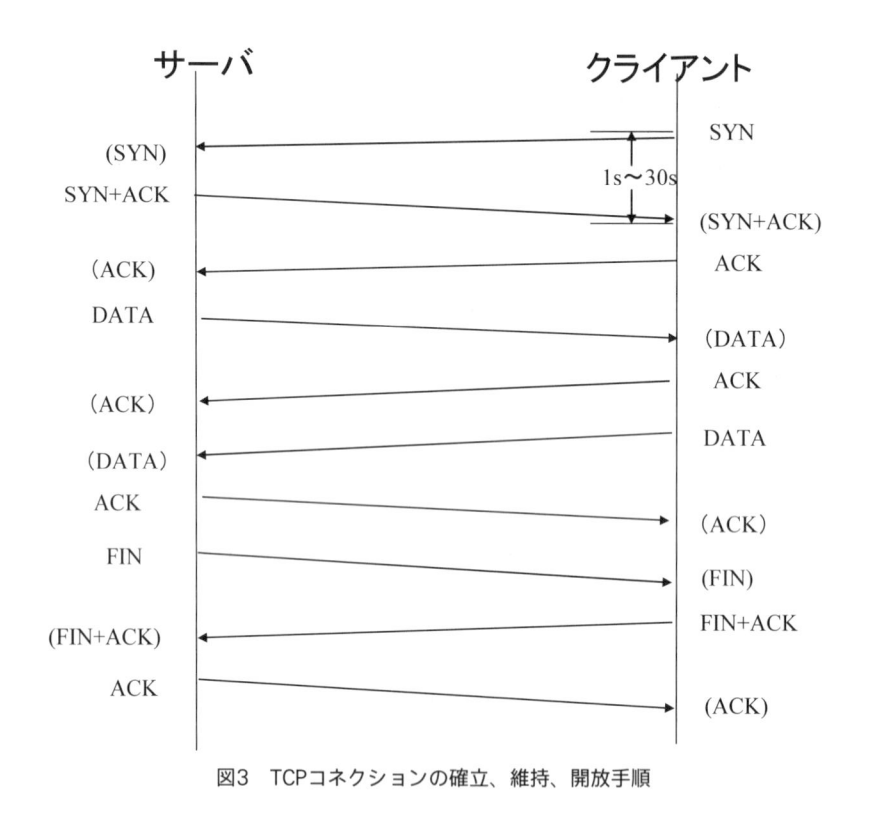

```
       サーバ                          クライアント
                                            SYN
        (SYN)
                                         1s〜30s
       SYN+ACK
                                          (SYN+ACK)
        (ACK)                            ACK
        DATA
                                         (DATA)
        (ACK)                            ACK
        (DATA)                           DATA
        ACK
                                         (ACK)
        FIN
                                         (FIN)
        (FIN+ACK)                        FIN+ACK
        ACK
                                         (ACK)
```

図3　TCPコネクションの確立、維持、開放手順

は、FIN＋ACKを返し、送信側がACKを返すことにより切断手順が完了する。

5．有線伝送

本節では、有線伝送路として特徴的な専用線、IP‐VPN、インターネット及びIPv6マルチキャストを取り上げ、緊急地震速報を配信する場合について考察する。

(1) **専用線**

専用線は、通信帯域が固定のサービスである。ディジタル専用線では、信頼性の高いSTM（Synchronous Transfer Mode）方式が用いられるのが一般的で、ディジタルハイアラーキに従い、通信速度は64kbpsから64kbpsの整数倍で段階的にサービスが提供され、768kbpsの上は1.5Mbps、

6Mbpsと設定される。専用線はエンド－ツー－エンドで、品質保証され、STM方式であるため、低遅延の回線が実現される。しかしながら、回線コストは割高となる。また、回線コストは、回線容量と伝送距離で決まる。

専用線で緊急地震速報を配信する場合は、専用線の両端にルータを配備し、TCP/IPで配信する。この時、IPアドレスはローカルアドレスでよい。

(2) IP－VPN

次にIP－VPNについて述べる。通常は、通信事業者が独自に構築した閉域IP網を用いて構築された仮想専用線がIP－VPNである。プロトコルにMPLS（Multi－Protocol Label Switching）を用いるL3スイッチによる静的経路選択（ルーティング）方法がよく知られている。IP－VPNではサービス品質保証（SLA：Service Level Agreement）に基づき帯域が確保され、平均遅延時間等が保証される。しかしながら、本質は閉域インターネットであるため、帯域の保証及び遅延時間の保証において、専用線より劣るが、その分安価である。

(3) インターネット

次にインターネットについて述べる。インターネットは、TCP/IPを用いて全世界のネットワークを相互接続したネットワークである。現在、インターネットにおいて世界中で広く使用されているプロトコルはIPv4（Internet Protocol Version 4）で、クライアント／サーバモデルを基本とする。IPv4はコンピュータを識別するアドレス空間は32ビットである。

インターネットのプロトコルスタックを図4に示す。インターネットにおけるトランスポート層プロトコルとしてはTCPもしくはUDPが用いられ、ネットワーク層プロトコルとしてはIPが用いられる。TCP/IPにおいては、TCP/IPより上位は上位層（Upper layer）と呼び、下位を下位層（Lower layer）と呼ぶ。

IPはベストエフォート型のサービスで、コネクションレスの配信を行うため信頼性は保証されていない。このため、TCPにおいてコネクションを確立し、再送機能等を用いて補完する。但し、UDPはコネクションレスである。

インターネットにおいては、上位層プロトコルは2つのグループに分類される。すなわち、インターネットのユーティリティ関数と、利用者が直接使用するサービスを提供するプロトコルに分けられる。サービスを提供するためによく用いられるプロトコルに以下のものがある。

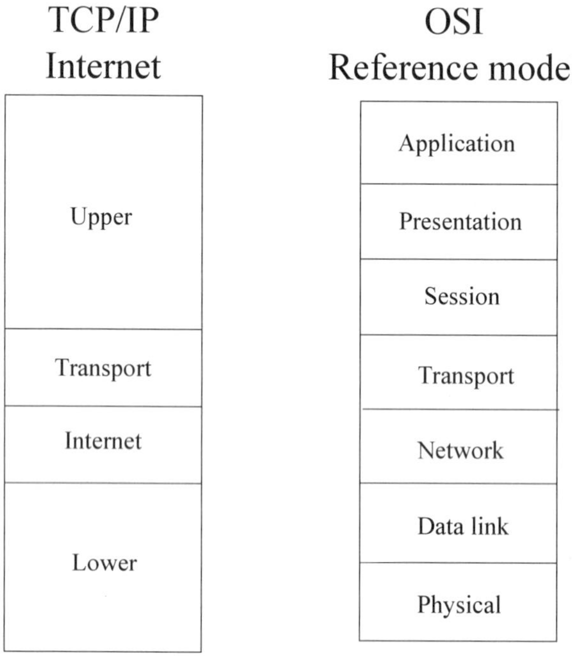

```
TCP/IP              OSI
Internet       Reference model

              ┌─────────────────┐
              │   Application   │
┌──────────┐  ├─────────────────┤
│          │  │  Presentation   │
│  Upper   │  ├─────────────────┤
│          │  │    Session      │
├──────────┤  ├─────────────────┤
│ Transport│  │   Transport     │
├──────────┤  ├─────────────────┤
│ Internet │  │    Network      │
├──────────┤  ├─────────────────┤
│          │  │   Data link     │
│  Lower   │  ├─────────────────┤
│          │  │   Physical      │
└──────────┘  └─────────────────┘
```

図4　インターネットのプロトコルスタック

① HTTP (Hypertext transfer protocol)：Webサーバとクライアントがデータを送受信するためのプロトコルである。
② SMTP (Simple message transfer protocol)：電子メールを送信するためのプロトコルである。
③ TELNET：ネットワークに接続されたコンピュータに遠隔ログオンする機能を提供する。
④ FTP (File transfer protocol)：信頼性のあるファイル転送するためのプロトコルである。

　リアルタイム地震情報利用協議会（REIC）からインターネットを用いて緊急地震速報を配信する場合、REICの配信サーバをサーバとし、利用者の受信端末をクライアントとする。クライアント／サーバモデルが用いられる。この時、利用者はグローバルIPアドレスを取得する必要がある。サーバは、接続してくるグローバルIPアドレスで、利用者を認証する。そして、接続してきたグローバルIPアドレスとポート番号に対して、暗号化

した緊急地震速報を配信する。また、TCPのコネクションを維持するため、サーバは定期的にKeep alive信号を発信する。クライアントは、Keep aliveを受信すると、サーバに対してkeep aliveを返信する。Keep aliveの通信が途絶すると、コネクションが切断されたと認識し、クライアントは直ちにコネクションの再接続を実行する。

(4) IPv6マルチキャスト

まずIPv6マルチキャストの特徴を述べる。IPv4は、アドレス空間が32ビットである。すなわち、識別できるコンピュータの最大数は約43億台である。このため、アドレスが枯渇することが確実視されるようになった。IPアドレス枯渇問題に対応するため、IPv6が開発された。IPv4との最も大きな違いとして、IPアドレスの枯渇に対応してアドレス空間を128ビットに拡張している。このため、識別できるコンピュータの最大数は43億の4乗となり、実質的に無限と考えられている。

マルチキャストは、一つの送信ノードから複数の受信ノードに同一内容のパケットを特定多数送信する場合に利用する技術である。一方、通常の1対1通信をユニキャストと呼ぶ。

通常のIPv4やIPv6ユニキャストでもマルチキャストと同様の通信は行えるが、送信元のコンピュータが送信すべきデータの量は受信するコンピュータの数に比例して大きくなり、データの送信処理負荷が大きくなってしまう。そのため、送信元のコンピュータが必要とするデータ通信回線の帯域幅（データ転送速度）も大きくしなければならなくなる。また、一つの送信元から受信相手すべてに順番に送信するため、同時性が保てなくなるという問題もある。

マルチキャストにおいては、送信ノードは送信先の情報を知る必要はなく、マルチキャストグループという特定のアドレスにパケットを送信するだけでよい。ここでは、UDP/IPを用いることを前提とする。受信ノード側で同じマルチキャストグループへ参加することで、送信元からのパケットが途中のマルチキャストルータで複製されながら受信ノードに配送される。パケットの複製はマルチキャストグループに所属している受信ノードのある経路のみに限定されるため、ネットワークを効率的に利用することができる。

このように、マルチキャストではサーバは一つのパケットを送信するだけなので、サーバ及び帯域の負荷が分散され、同時性も保つことができる。

マルチキャストで重要な機能は、
① データの処理機能
② グループ管理
③ マルチキャストセキュリティポリシー設定機能

である。
　ここで、緊急地震速報をIPv6マルチキャストで配信する場合の機能配備を図5に示す。
　緊急地震速報配信サーバからマルチキャスト配信サーバまでは、64kbpsの専用線を用いIPv4上でTCPのユニキャスト配信を行う。マルチキャスト配信サーバでは、IPv4からIPv6に変換し、UDPでPOIを介してIPv6マルチキャスト網に配信する。個々のマルチキャストルータでは、必要な個数のパケットを複製して、下流に配信する。このようにして、マルチキャストグループに登録されたエンドユーザに対して緊急地震速報が配信される。

6．衛星通信

　衛星通信とはCommunication Satelliteと呼ばれる、赤道上空 約36,000kmに静止している人工衛星を用いて行う通信で、現在のところ片方向通信である。主な日本の通信・放送衛星の配備状況を図6に示す。本節では宇宙通信㈱に焦点を当てて述べる。
　宇宙通信㈱が運用している衛星には、スーパーバードA号（東経158°）、スーパーバードB2号（東経162°）、スーパーバードC号（東経144°）及びスーパーバードD号（東経110°）があるが、緊急地震速報はスーパーバードD号を用いて配信されている。

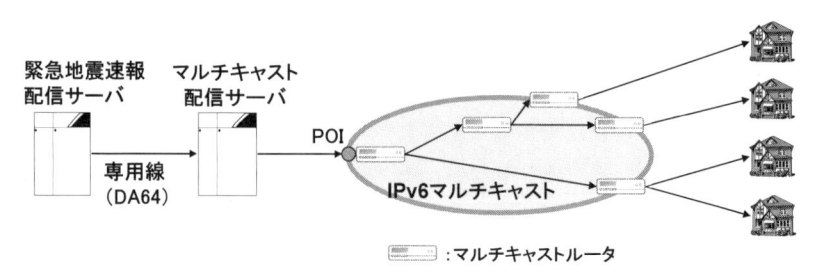

図5　IPv6マルチキャストによる緊急地震速報の配信

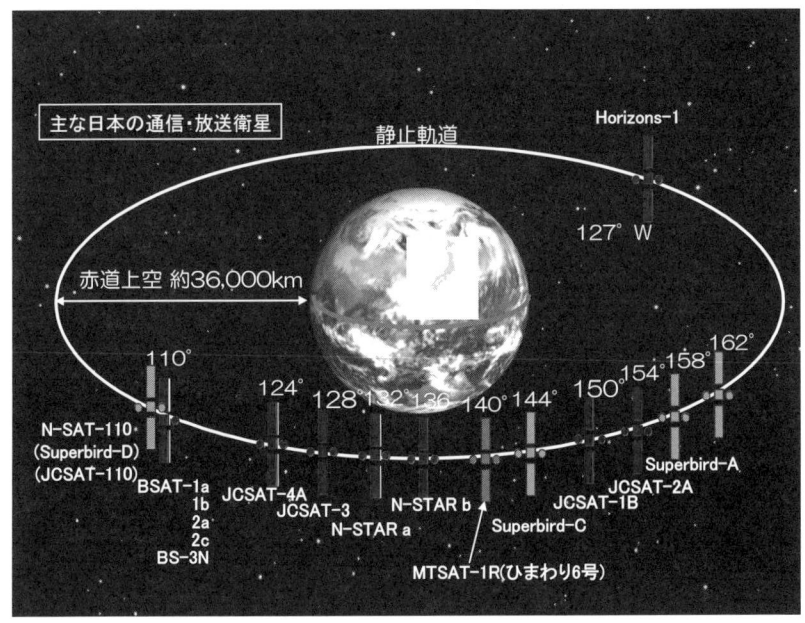

図6　主な日本の通信・放送衛星の配備状況

　衛星通信には衛星特有のメリット、デメリットがある。以下、衛星通信の特徴について述べる。
　メリットとして、
　①　サービスエリアは日本全国及び海外までカバーする広域性を備えている。
　②　アンテナを設置すれば直ちに通信が確立でき、移動や構成変更も自由に行えるという簡便性を備えている。
　③　同報性を有するので全国一斉に通信が可能で、受信者数はいくらでも増やせる属性を有する。
　④　ネットワーク管制センター（送信局）が障害にならない限り、電波は配信されるため、地上の災害に強く、強い耐災害性を有する。現在、センターは茨城県にあるが、将来的には副局として山口県にもセンターを置き、冗長構成とすることが考えられている。
　⑤　ネットワーク構成が簡単であり、輻輳によるサービス品質（QoS）の低下がない。

⑥　ネットワーク管制センターのセキュリティを維持することにより、外部からの不正アクセスに強く、高いセキュリティが保たれる。
⑦　数k～数10Mbpsを同一設備で柔軟に回線帯域設定を設定できる。
一方、デメリットとして、
①　赤道上空約36,000kmの静止衛星を用いるため、約250ms秒の固定的な伝搬遅延があるが、緊急地震速報の伝達では許容される範囲である。
②　強い雨による降雨減衰により回線断が発生することがある。しかし、これまでの実績で99.98%以上（東京で60cmφのアンテナ使用時）の回線稼働率が得られている。ちなみに、降雨減衰による回線断は瞬断で、降雨量が1時間に50mm以上ないと回線断にはならない。
③　衛星が見通せる位置にパラボラアンテナを設置する必要がある。
などが挙げられる。

宇宙通信㈱の提供している緊急地震速報の受配信システムの構成を図7に示す。緊急地震速報をリアルタイムに衛星向けデータに変換し、全国の受信機に向けて一斉に送信する。受信機では、接続されたLAN上の機器に向けて速報を再送信し、さまざまな装置で処理・利用する。

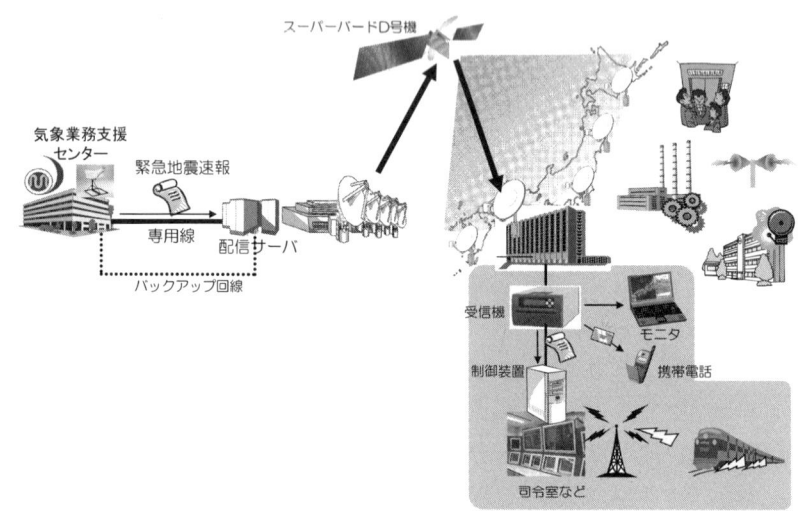

図7　緊急地震速報の受配信システムの構成

この時緊急地震速報を受信するために必要な装置は、衛星の信号を受けるためのパラボラアンテナと専用受信機、及びLAN環境だけで、シンプルなシステム構成のため地上回線による速報受信と相互補完的に利用することが出来る。

7．伝送手段による比較

これまでに述べた伝送手段について長所短所を表1にまとめる。

8．近距離無線通信Zigbee方式

今まで脚光を浴びてきた近距離無線通信のネットワーク技術は無線LAN等、ファイルや画像の転送、動画再生といったデータ量の大きいマルチメディアを対象にしていた。一方、情報家電をコントロールするようなホームオートメーション、ホームセキュリティ、インテリジェントビル管理といった分野では、温度、湿度、音、光、圧力といったセンサーとの

表1　伝送手段による比較

	専用線	インターネット（IPv4）	IPv6マルチキャスト	通信衛星
伝送遅延	遅延少なく非常に安定 ◎	不安定 ×	遅延少なく比較的安定 ○	固定遅延はあるが安定 ◎
一斉配信	不可能 ×	不可能 ×	可能 ○	可能 ○
情報信頼性	高信頼 ◎	成りすまし等の脅威にさらされる ×	グループ管理機能があり比較的安全 ○	暗号化通信により安全 ◎
利用コスト	高額 ×	ブロードバンド利用 ◎	ブロードバンド利用 ◎	高額 ×
設備コスト	安価に提供可能 ○	安価に提供可能 ○	マルチキャストサーバが必要 △	受信設備が高価 ×

やりとり（センサーネットワーク）が中心となり、通信するデータ量が少なくて済む代わりに非常に多くの接続数が求められる。そこでZigbeeと言う方式が開発された。緊急地震速報の家庭での活用においては、これらホームネットワークを利用し情報家電の電源断、ドアの開閉等の制御、人への報知にZigbeeが有効である。

　Zigbeeは、従来のマルチメディアとはまったく異なるセンサー中心のネットワーク需要に応えるために、無線通信として規格化された。最大65,000ノードをサポートし、アドホック・マルチホップネットワークと呼ばれる機能を実装することで、端末の設定なしにセンサーにネットワーク参入や離脱を可能にしている。また、スター型、ツリー型に加えて、基地局を必要としないメッシュ型のネットワークにも対応できる。なお、当然ながらZigbeeでファイルや画像を転送することは不向きである。

　無線ネットワークは、通信距離に応じて、広域（Wide Area）ネットワーク、数百Km四方をカバーするMetropolitan Areaネットワーク、構内（Local Area）ネットワークそして数十m四方をカバーするPersonal Areaネットワークに分けられる。Zigbeeは、パーソナルエリアでデータレートが小さく、家庭内での機器制御に適している。

　図8において、Zigbeeによる機器は、センサーや制御機器を無線で相互に接続することができ、またそれぞれが接続をすることにより、Zigbee端末は理論上64,000個の接続を可能としている。

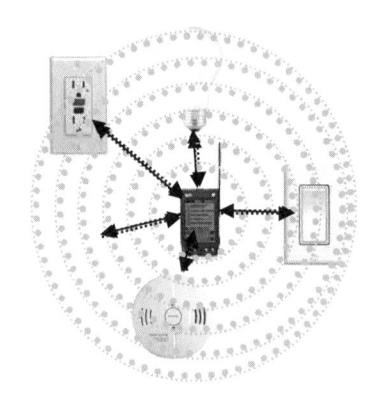

●センサー、制御機器間を接続　　　　●理論上64K個の端末

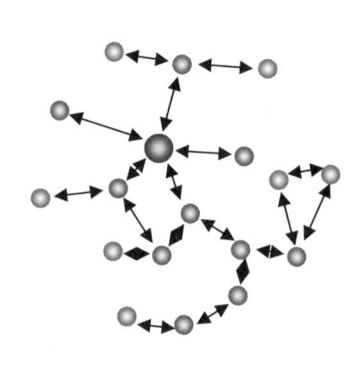

図8　ネットワーク

例えば、ホームセキュリティ実現のためにセンサーを取り付けることを考えた場合、センサーをあらゆるところに数多く設置するためには、設定に伴うコストをできる限り小さく抑える必要が出てくる。そこで、ZigbeeではIEEE802.15.4をベースにセキュアな近距離無線通信に必要な機能だけに絞りこむことで、プロトコルスタックをできるかぎり単純化した。具体的には、一度に送信できるデータ量を127バイト、データ通信の最大速度をセンサーネットワークで実用上問題のない250kbpsに抑え、ホストCPUの負荷軽減を図っている。その結果、Bluetoothが32ビットマイコンなどを使うのに対し、Zigbeeでは4ビット又は8ビットといった低消費電力で安価なマイコンでも十分コントロール可能であって、家庭内の限られた領域での機器制御に適している。また、電源投入から初期動作が完了するまでBluetoothが数秒かかるのに対し、Zigbeeでは30msしかかからず、スリープからの復帰動作も15msと短いので、スリープモードや電力OFFなどのきめ細かい制御で電力消費をさらに抑えることができ、緊急地震速報のように限られた時間内での駆動に適しており、消費電力の低減が要求される場合に適している。

（ろくごう　よしのり）

COLUMN

安全・効率よく緊急地震速報を一斉配信
～IPv6マルチキャストを利用した緊急地震速報の配信～

「緊急地震速報」を有効に利用するためには、"安全かつ効率の良い伝達手段"が欠かせない。㈱NTTコミュニケーションズでは、NTT東日本・西日本の「フレッツ」回線を介して、IPv6マルチキャストにより即時に一斉配信するサービスを提供している。

マルチキャストは、ネットワーク上にある複数の端末に対して、データを一斉に配信する技術で、緊急地震速報のように、同時に同じ情報を効率よく配信するのに適した通信方式である。また、インターネットを経由しない閉域網通信により、トラフィックの集中やセキュリティの問題が低減されるメリットがある。インターネットでの1対1のユニキャスト通信の弱点を克服している。

また、より確実な配信を行うために、受信端末とサーバ間の通信が正常に行えるかを確認する死活確認(ヘルスチェック)を実施している。具体的には、数十秒間隔で受信端末とサーバ間でハードウェアヘルスチェック、アプリケーションヘルスチェック、配信ヘルスチェックの3段階で確認を行っており、ヘルスチェック結果で異常があると、警告メールを送るなどのサービスも提供し、確実な配信をサポートしている。IPv6を用いることにより、すべての受信端末にIPアドレスを付与してダイレクトな死活確認を容易にしている。

緊急地震速報の利用シーンはオフィス内での警報、館内放送やエレベータの制御、機器管理部門の早期情報把握など多岐に渡るが、同社では利用用途に応じて最適な受信端末の選択を可能としており、企業の安全対策やBCP(事業継続計画)の強化、顧客サービス向上、マンションの付加価値アップなど、ビジネス利用の可能性を後押ししていくとのことである。

〈http://www.ntt.com/jishinsokuho/〉

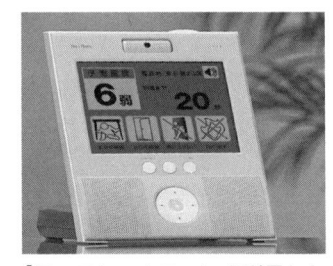

【図 フレッツフォンを利用した緊急地震速報端末】

第III章 今後の展望と課題

1 緊急地震速報の限界の打破

リアルタイム地震情報
利用協議会　専務理事
藤縄　幸雄

協議会 URL　http://www.real-time.jp/

著者プロフィール
1965年東京大学理学部物理学科卒。同年、国立防災科学技術センター入所。以後、平塚支所沿岸防災研究室長、第2研究部地殻変動研究室長、流動研究官、特別研究官、先端解析技術部部長を歴任。2003年より特定非営利活動法人リアルタイム地震情報利用協議会専務理事。現在に至る。

1．はじめに

　緊急地震速報があまねく使用されることで、大きな防災効果が期待されることは間違いない。一方で緊急地震速報には、地震でないのに地震と思う誤報などのいわゆる限界があり、円滑な利用と普及、及びその効能の発揮の障害となっている。民放各局では、放送での一般利用について、いまだに前向きの結論を表明していないが、その理由として誤報を出したときの放送責任の問題があるようである。このように公器であるマスコミの参加を逡巡させるほど「限界」は大きな問題である。また、予測到達時間の精度が数秒であるために、1秒ごとのカウントダウンが意味をなさないといったこともある。
　ここでは、このような課題にどう取り組むべきかにつき、私見を述べる。緊急地震速報の精度・信頼度を決めるのは、主として地震観測網の諸元であるが、本題に関連するのは、震央からの距離、観測点間隔、データ伝送における遅延時間、保守体制である。これらに関して、詳述する。

2．観測網の緊急地震対応化

　緊急地震速報の実運用が議論されてきたことから、観測網自体を実運用に向けて見直す必要がある。余裕時間は、地震の発生する場所と観測網との関係に大きく依存することから、観測点の配置と密度を見直すべきである。すなわち陸地では観測密度のまばらな地域があり海域ではほとんど空白域となっている。このような場所で地震計を補完、あるいは新設するこ

とである。それによって誤報の減少、余裕時間の増大、信頼度の向上が達成できる。現状の地震観測網では、例えば2006年の宮城県沖地震のときに、仙台市で14秒程度の余裕時間があったが、石巻市など地震に近い沿岸では数秒と少なかった。沖合に地震計があれば5～10秒の余裕時間が増加する。この差は人の生死を分けるに十分大きな時間である。

　事実、平成15年度から仙台市長町小学校などにおける実証実験では、学童に十分な訓練を行うことで、数秒で一定の避難行動が取れるようになることが判明している。また、自動的な制御、例えば、ガス・電熱器具などの家庭内熱源では、1秒以内に緊急遮断が可能である。また、原子力発電所の緊急遮断のための中性子棒の挿入が1～2秒で完了できると言われているなど、数秒の余裕時間の増加によって大きな防災効果が生み出される可能性を現実化する必要がある。

　緊急地震速報には、気象庁では津波地震早期検知網の観測点での多機能型地震計によるデータが使われる。一方、防災科学技術研究所の基盤的観測網では、リアルタイム伝送されている高感度地震観測（Hi-net）データが供せられている。そのほかに、広帯域地震観測網（F-net）、地震動（強震）観測（KiK-net）、強震動観測（K-NET）、さらに自治体による強震観測地震計もある。これらの貴重なデータも順次活用され、より高精度な情報の作成や、リアルタイム免震のように新分野での開発が行われることが望まれる。

3．海底地震観測網の整備

　海底地震観測網の整備については、近年、気象庁による遠州灘沖、及び東南海地震対策に関連した独立行政法人海洋研究開発機構による紀伊半島沖における観測網整備が行われている。海底で発生する地震に対しては、余裕時間、信頼度の向上にもっとも効果があるもので、他の海域への展開（宮城県沖、南海沖など）を行って、日本列島からあらゆる地震危険海域へ「ムカデの足」よろしく海底ケーブルを延ばすいわゆる「ムカデ作戦」を計画的に進める必要がある。

　海底地震計の配置案を図1に示す。東南海・南海地震の発生想定域に陸上の高感度地震計と同じ密度で均一に地震計を配置するという案である。

　計測器として、地震計と津波計がある。

　地震計は、高感度型及び強震計とする。津波計は、水圧式による。

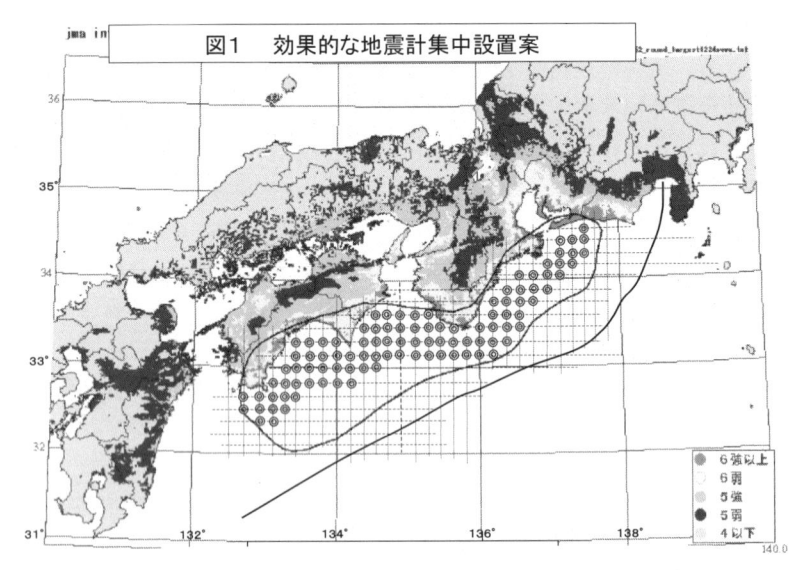

図1　東南海・南海地震対応海底地震計設置案（約100台設置）
(ハイネットと同様に25kmメッシュに地震計を設置。)

　地震計を2種類にしたのは、強震観測・緊急地震速報での活用を意図したもので、高感度型の併用は、微小地震観測も含めた詳細な地殻活動の把握のためである。
　津波計は、しばしば問題とされている津波予測の信頼度向上をはかるもので、発生した津波を海底で計測し、リアルタイムシミュレーションでの活用を目的としている。これにより、とかく問題視される津波予報の精度向上が期待される。
　このような整備がされたあとに、南海地震が発生したとしたら、緊急地震速報による余裕時間がどのように変わるかを表1に示す。破壊開始の場所については、過去の南海地震（1946）の震源地を参照して、和歌山県白浜市の南約50kmとしている（図2参照）。
　これを見ると、和歌山市では、予測震度5強、海底地震計がない状態でも余裕時間が24秒であるので、緊急地震速報を使わない状態での死者の95％が救われることになる。海底地震計が敷設されると、31～32秒と7～8秒の増加になるが、効果の増大はほとんどない。一方、地震に最も近い串本町では、海底地震計がない状態では、余裕時間が0秒であるのに対

表1　緊急地震速報利活用による余裕時間と死亡者の被害軽減率（例1）
南海（1946）を震源とした場合

都市名	予測震度	余裕時間（秒）	余裕時間（秒）25kmメッシュ	速報利活用 既設設備	追加設備活用 25km間隔
津	4	間隔 38	45〜46	95%強	95%強
尾鷲	5強	22	29〜30	95%強	95%強
志摩	5弱	31	38〜39	95%強	95%強
伊勢	5弱	36	43〜44	95%強	95%強
松阪	5弱	36	43〜44	95%強	95%強
和歌山	5強	24	31〜32	95%強	95%強
新宮	6強	9	16〜17	80%強	90%強
串本	6強	0	7〜8	0%	80%強
白浜	6弱	2	9〜10	25%	80%強
御坊	6弱	12	19〜20	90%	95%
徳島	5弱	26	33〜34	95%強	95%強
阿南	5	23	30〜31	95%強	95%強
海南	5	22	29〜30	95%強	95%強
高知	4	38	43〜44	95%強	95%強
室戸	5	24	31〜32	95%強	95%強

Ⅲ-1
緊急地震速報の限界の打破

して、海底地震計が敷設されると、7〜8秒となるので、生存率が80%と顕著な効果の増大が望める。

　緊急地震速報の利活用を自治体レベルで行うに当たって、余裕時間の不足、利用効果における県内地域差が、本格活用の阻害要因となる。徳島県を例として、それを解決するために、南海地震想定発生域に海底地震観測網を整備することが考えられたが、その試算を紹介しよう。

　南海地震が発生した場合に、緊急地震速報の活用による主要動到達までの余裕時間は、現在の地震観測網では、0秒から数十秒と予測される（表2・図3参照）。表2において余裕時間1は、図3に示す位置に地震が発生し、現状の観測網を使った場合であり、余裕時間2は、図1に示すような海底地震計を追加した場合である。この表からわかるように試算の対象

1946年南海地震の場合（例1）

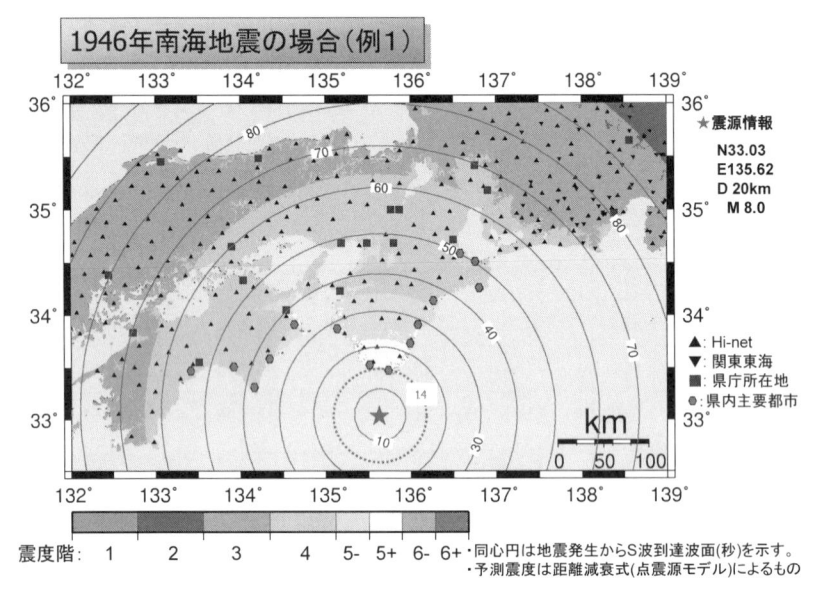

図2　破壊開始点を1946年南海地震の震源地とした場合のS波の到達までの余裕時間

となった徳島県内全域で余裕時間は、約10秒以上となる。これより人命を守ること、火災などの二次災害の防止が全県内で実現することとなる。

　現在、東南海地震を対象とし紀伊半島東沖で、大規模な海底地震観測が開始されている。この整備を早急に完了させるとともに、南海地震の想定域にも敷設を行うべきである。さらに、コスト削減の観点からも、だらだら何十年もかけて進めるのでなく、大陸棚調査の際のように、10年以内に一気に全海域に敷設するくらいの勢いで、取り組んでもらいたいものである。

4．直下型地震対応

　2004年10月23日に新潟県中越地方で発生したM6.8（最大震度7）の地震によって、阪神・淡路大震災以来の被害が発生した。典型的な直下型地震で、緊急地震速報が有効でないと言われている地震である。実際被害の甚大な小千谷での余裕時間は、－2秒であった（**図4参照**）。すなわち、緊急地震速報の発信がS波到達の2秒後であった。この時間を長くできないであろうか。余裕時間をきめているのが、データ伝送などの遅延、観測

表2　徳島県沿岸海域における想定地震の場合（例2、図3）の徳島県市町村での余裕時間と被害改善率詳細

都市名		予測震度	余裕時間1	改善率1	余裕時間2	改善率2
徳島市		6弱	8	80%強	15〜16	90%強
鳴門市		6弱	11	90%弱	18〜19	95%強
小松島市		6弱	6	80%強	13〜14	90%
阿南市		6弱	3	25%強	10〜11	90%
勝浦郡勝浦町		5強	6	80%強	13〜14	90%
名西郡石井町		6弱	10	90%弱	17〜18	95%弱
那賀郡那賀川町		6弱	4	25%強	11〜12	90%
	羽ノ浦町	6弱	4	25%強	11〜12	90%
	木頭町	5強	8	80%強	15〜16	90%強
海部郡由岐町		5強	3	25%強	10〜11	90%
	日和佐町	6弱	3	25%強	10〜11	90%
	牟岐町	5強	4	25%強	11〜12	90%
	海南町	5強	4	25%強	11〜12	90%
	宍喰町	5強	5	80%	12〜13	90%
板野郡	松茂町	5強	11	95%弱	18〜19	90%強
	板野町	5弱	12	90%弱	19〜20	90%強
	上坂町	5弱	12	90%弱	19〜20	90%強
阿波郡	市場町	5強	13	90%	20〜21	95%強
	阿波町	5強	13	90%	20〜21	95%強
麻植郡	鴨島町	5強	12	90%弱	19〜20	90%強
	山川町	5強	13	90%	20〜21	95%強
美馬郡	脇町	5強	15	90%強	22〜23	95%
	美馬町	5強	18	90%強	25〜26	95%強
三好郡	池田町	5弱	23	95%弱	30〜31	95%強
	山城町	5弱	23		30〜31	
	三加茂町	5弱	20		27〜28	
	東祖谷山町	5弱	19		26〜27	

徳島県沿岸海域における想定地震の場合（例2）

★ 震源情報
N33.5
E135.0
D 20km
M 8.0

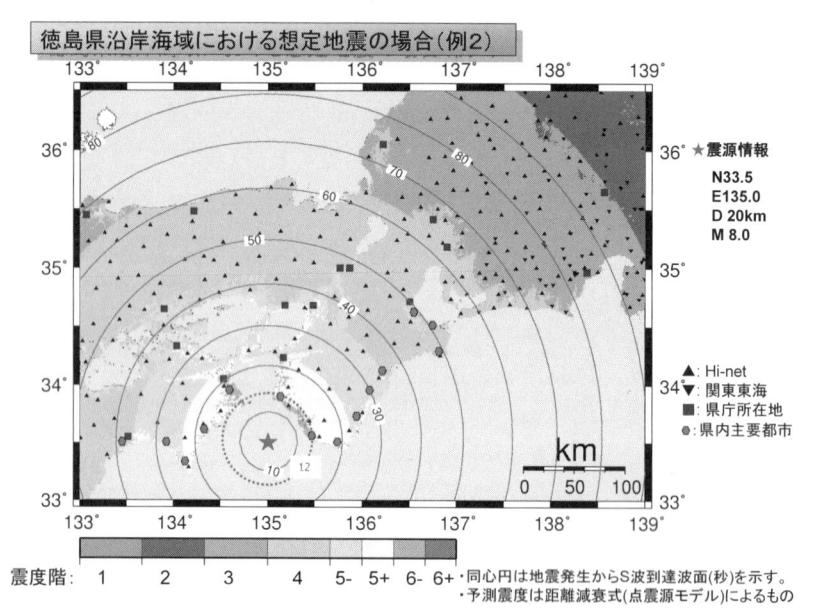

▲ : Hi-net
▼ : 関東東海
■ : 県庁所在地
● : 県内主要都市

震度階: 1 2 3 4 5- 5+ 6- 6+

・同心円は地震発生からS波到達波面(秒)を示す。
・予測震度は距離減衰式(点震源モデル)によるもの

図3　迫り来る南海地震の想定破壊開始点とをやや徳島県に近いとした場合のS波到達までの余裕時間、緊急地震速報利活用による余裕時間

臨 時 地 震 観 測 網 案

○ 地震計

10km

2004年
10月23日
17時56分

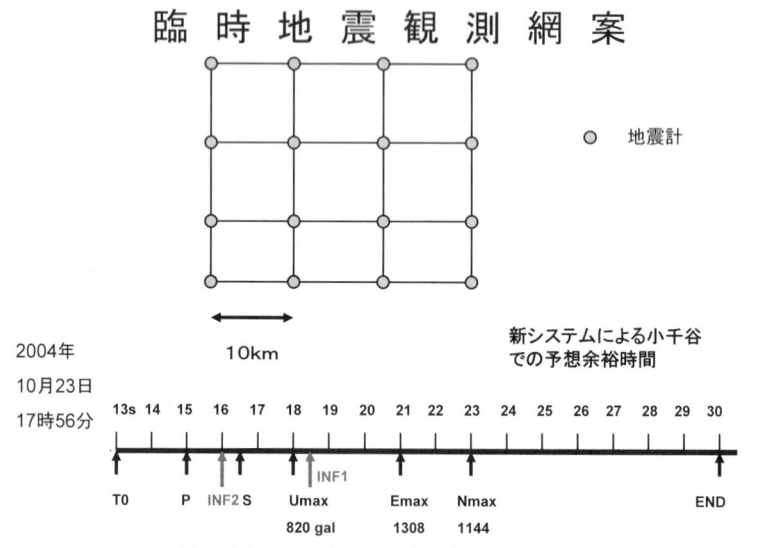

新システムによる小千谷での予想余裕時間

13s 14 15 16 17 18 19 20 21 22 23 24 25 26 27 28 29 30

T0　P　INF2 S　Umax　INF1　Emax　Nmax　　　　　　END
　　　　　　820 gal　　　1308　1144

図4　10Km間隔で地震計を設置した際の、新潟中越地震における小千谷におけるタイムチャート（INF2：緊急地震速報が到達した時間）と、既存ネットによるタイムチャート（INF1：既存ネットでの緊急地震速報到達時間）

点間隔、緊急地震速報算出のアルゴリズムであるので、条件の変更で改善がなされるはずである。

　ここでは、地震計間隔を半分の10kmにして、さらに、データ伝送の遅延を0.5秒にして、シミュレーションしてみた。その結果のタイムチャートを見ると（図4参照）、余裕時間が＋2秒となっている。最大加速度となるのは、S波の到達より数秒遅れることを考えると、実質的に、5秒程度の余裕時間を得ることとなる。さらに、首都圏では、防災科学技術研究所が多大な資金によって、4箇所の3,000mクラスの深層観測井の最下部に地震計を設置している。この地盤でのS波の速度が、秒速1kmとすると、これだけで3秒の余裕時間の増加になる。必要ならさらに深層観測井を増設することを考慮してしかるべきである。

　このように地震計の密度を上げること、新たに深部観測地震計のデータを活用することによって、最悪110兆円もの被害の予測が為されている首都圏直下型地震（東京湾北部、被害最大ケース）で予測されている数十万世帯の火災被害を防げ、財産及び人命の保全の面で大きな効果が期待される。もちろん、そのためには、ガス・電熱機具が緊急地震速報により地震波主要動の到達前に、総合的に制御されるシステムが各家庭にもれなく設置されていることが前提である。

5．データ伝送

　次の課題は、データの伝送の問題である。地震観測が数千点で行われているが、観測網の目的にリアルタイム活用が当初から意図されていなかったために、緊急地震速報活用には限られた観測網しか使われない。気象庁の地震・津波監視網では専用回線が用いられており、観測点からデータ伝送時間が0.2秒程度と思われる。一方、Hi-netではフレームリレー方式となっており、平均2秒の伝送遅れとなっていたが、最近の研究成果を用い、効率的なデータ伝送方式が開発され、1秒近くに縮小された。この1秒は、震央近くの地域、直下型地震では大きな意味を持つ。わずかの1秒、2秒といえ、先述したように実質的な効果には大きなものがあることから、効果に見合う資金を投入するのに逡巡するべきでない。

6．観測網の高信頼化

　緊急地震速報は、多機能型地震計と高感度地震観測網によっているが、

後者の地震計に先に地震波が到達しても、地震検知をしたことになっていない。これは、Hi－net観測点を含めて、基盤観測用地震計に対しては、研究開発用であるとの理由から、保守が十分でなく信頼度に欠けるとの判断のためである。この点の改善が急務である。すなわち、不具合の発生を速やかに回復できる資金・体制を確保すべきで、また、どの観測点が正常に作動しているか、ノイズレベルに変動がないかなどの情報が、利活用者に開示されることも当然に必要である。さらに、解析システムの二重化と共に、気象庁本庁にのみ設置されている計算センターを近畿地方にも設置すべきである。

7．おわりに

これらの問題の解決を真剣に実施することで、地震防災の新しいツールが持つ可能性を最大限に発揮させることができるようになる。ひいては人的・経済的被害の半減という国家目標の達成の条件のうち、ハード部分は揃うことになる。加えて、周知・訓練などをマニュアルの整備と合わせて行えば、役者が揃うことになる。要路の関係者の理解と熱意に期待したい。我々協議会でも、微力ながら力を尽くす所存である。

（ふじなわ　ゆきお）

2 緊急地震速報の高度利用

東京大学教授
地震研究所
堀　宗朗

著者プロフィール
1984年東京大学工学部土木工学科卒業。1985年ノースウェスタン大学大学院修士課程修了、1987年カリフォルニア大学サンディエゴ校博士課程修了。以降、東北大学講師、東京大学助教授を経て、2001年より現職。

堀研究室 URL http://www.eri.u-tokyo.ac.jp/sensing_and_simulation/j/index.html

1. はじめに

　現在、緊急地震速報の一般利用が進められている。本書で紹介されているように、特定の利用者を対象とした緊急地震速報の利用に関しては長く研究開発が続けられており、その中には実用に至った技術もある。特定の利用者を対象とするという条件を除き、緊急地震速報を社会全般で使うという場合には、緊急地震速報の利用に新たな展開が見込まれる。

　情報発信の主体である気象庁をはじめ複数の組織で、緊急地震速報をより有効に利用するための方法に関して活発な議論を進めている。しかし、このような議論に加わる研究者・技術者は地震や地震防災の分野に限られている。社会全体のためになる緊急地震速報の有効な利用方法を考案するためには、より広い分野の研究者・技術者に緊急地震速報やその利用に関心を持ってもらうことが必要となる。また、研究者・技術者に限らず、緊急地震速報の受益者である社会全般から、有効な利用に関して斬新なアイディアを提供してもらうことも同じように必要である。

　緊急地震速報が役に立つのは相応に大きな地震が起こったときである。このような地震の発生頻度は決して高くなく、また発生したとしても、震源が海域である場合や近くに人口密集地域がない場合もある。したがって、社会全体を対象とした緊急地震速報の新しい利用方法を考案する時間的余裕は残されている。より広い分野からこの問題に取り組む研究者・技術者が出てくることができるのであり、社会全般から斬新なアイディアを広く提供してもらうこともできるのである。もちろん、大地震の発生頻度が少

ないことは、今までに考案され実用化された緊急地震速報の利用方法を高度化する余裕もあることを意味している。

　上述の点を背景に、本章では、緊急地震速報の高度利用に関して私案を整理する。本章が、さまざまな分野の研究者・技術者に緊急地震速報とその利用を考えてもらう機会となることを希望しているし、緊急地震速報の利益を受ける多くの人々から使い方の新しいアイディアを考えてもらう機会になることも希望している。このため、私案の整理の前に、高度利用に関する著者の基本的な考え方を説明する。そして、この考えに基づいて、既存の利用方法の高度化と新しい利用方法の順で整理する。

２．高度利用が目指すところ

　緊急地震速報の利用は二つに大別できると思われる。一つは人々に地震発生の注意喚起をする利用であり、もう一つは地震発生前に何らかのシステムを制御する利用である。前者の代表は、学校での緊急地震速報の利用である。地震が来る前に学童が机の下に避難することは、誰もが納得する有効な利用である。システム制御に関してはビルのエレベーター制御が挙げられよう。ビルが揺れる前にエレベーターを最寄りの階に停止させることは、閉じ込め防止に大きな効果が期待できる。

　さて、このような緊急地震速報の利用は、それ自体は目的ではない。ある目的のための手段である。少し詳しく説明すると、学校での利用は、目的とするところは安全な避難である。この手段として地震発生前に注意喚起をする緊急地震速報が使われるのである。同様にエレベーター制御は閉じ込め防止が目的であり、最寄り階にエレベーターを停止させるという手段として緊急地震速報が使われるのである。したがって、既存の利用方法に絞ると、緊急地震速報の高度利用は、より確実に目的を達することと考えることができる。

　より確実に目的を達成するという高度利用の観点から学校での利用方法を吟味してみると、校舎の耐震性が低い場合には、どのように緊急地震速報を利用したとしても、安全に避難するという目的は達せられないことがある。極論すれば、校舎が崩れるような場合には、地震の前に机の下に避難しても意味がない。逆に言えば、校舎の耐震性が高い場合には、緊急地震速報によって建物が揺れる前に危険な場所から安全な場所に移ることで、まさに安全な避難ができることになる。緊急地震速報の利用の有無

かかわらず、校舎の耐震性を十分なレベルにまで上げることはそれ自体重要である。しかし、緊急地震速報の利用が前提となると、校舎の耐震性を上げることでより確実に安全に避難できることとなり、耐震補強の効果が高まることは確実である。校舎の耐震補強を進めることに関する社会的な賛同を得られやすくなると思われる。エレベーター制御の場合も同様であり、高度利用にはビルそのものの耐震性を上げることが重要となる。

　より確実に目的を達するという高度利用の観点には、コストパフォーマンス[1]を考えることが不可欠である。建物の耐震補強をしないよりはするほうが良いのは自明である。しかし、大地震の発生頻度が小さく、また、発生場所・時期も不確定であるため、限られた資金を有効に使うことを考えると、一般に耐震補強のプライオリティは下がる傾向にあることは否めない。耐震補強は有効であり重要であっても、実際には行われないのである。しかし、こと地震発生直後の安全性に関して、緊急地震速報による注意喚起を使ってより安全に避難できるようになることが明らかになれば、校舎のような教育施設の耐震補強の効果は上がることは確実である。緊急地震速報の利用によって耐震補強をすることのコストパフォーマンスが上がるのである。

　地震防災・減災投資の必要性や重要性は論じるまでもないが、地震発生の確率と想定される被害額を使うリスク分析を行うと、一般に投資効果が低いという結果になる。被害額の想定に問題があるなどの指摘はあるが、巨大地震は極低頻度であるため、防災投資のコストパフォーマンスが低くなることは否めない。この状況を解決するのは技術である。現在の高コストに甘んずるのではなく、コストを下げる研究開発を行い、有効な技術を実用化するという努力を払うべきなのである。円滑な避難や閉じ込め防止に限らず、地震防災や減災にかかわるいろいろな目的を達成する手段として、コストパフォーマンスの高い緊急地震速報の利用方法を高度化することが重要である。もちろん、コストパフォーマンスを上げることは簡単ではなく、研究開発をすれば確実に有効な技術が実用化されるという訳でも決してない。しかし、このような努力を続けることは欠くことができない。

---

[1] 緊急地震速報の雛形とも目されるユレダスは、地震波到達前に列車の速度を落としたり止めたりする制御をする。この制御は、地震波を捕らえ、伝送し、制御する、という比較的簡単な仕組みで行われる。特殊な装置を車両や線路につける必要はなく、極めてコストパフォーマンスが高いシステムであることは明らかである。

さて、緊急地震速報は目的を達成する手段であるという前提で、高度利用が目指すものはコストパフォーマンスを高めることである、という結論を導いた。これは、著者が、緊急地震速報を社会基盤情報[2]として位置付けているためである。もう少し詳しく例を挙げて説明してみよう。社会基盤施設の代表である高速道路網のような交通インフラは、物流・人流を目的とする手段であり、交通インフラを利用する十分な物流・人流の仕組みがあってはじめて有効となるものである。社会基盤施設としての交通施設の有効性を議論するには、目的となる人流・物流があって意味がある。同様に、社会基盤情報である緊急地震速報も明確な目的があり、その目的を達成する手段として有効性を考えるべきである。そして有効性の主要因がコストパフォーマンスなのである。以下、本章で展開される高度利用の議論は、社会基盤施設と同じ流れでコストパフォーマンスの高い利用方法を考案することになる。

3．既存の利用方法の高度化

前述のように、現在進められている緊急地震速報の利用方法は、地震波が到達する前の注意喚起とシステム制御に大別されると思われる。既にいろいろな検討が行われているが、注意喚起という利用方法の高度化として、具体的には次のようなものが考えられる。

- **揺れの予測の高精度化**

  地盤の影響で同じ地域でも建物ごとに揺れは異なる。このため、個々の建物に対し、より高い精度で揺れを予測し、きめ細かく注意喚起をする必要がある。これには建物に地震計を設置する必要がある。揺れ方のデータを蓄積し、元の地震の震源やマグニチュードと揺れ方を対応させる分析を行う。分析の結果、将来起こる地震に対しても、その震源やマグニチュードから建物の揺れ方や震度を高い精度で簡単に予測したり比較することができる。

- **密集空間での注意喚起**

  劇場や映画館のような密集空間では、地震直後に限られた出口に群

---

[2] 社会基盤情報は、本来は、地理情報システムに代表される土地利用や交通ネットワークに関する情報を意味するが、社会に基盤的に利用されるべき情報という意味で、あえてこの言葉を使っている。

集が殺到する⁽³⁾という状況になることが懸念されている。このようなパニックを避けるための、緊急地震速報による注意喚起の方法が必要とされる。群集心理に関わる問題であり、簡単な解決策はないかもしれない。しかし、社会の高齢化やバリアフリー化の影響で群集の構成も従来とは異なっており、避難の際に生じるかもしれない人的被害を軽減させるためには、密集空間での注意喚起を工夫することは重要課題であると考えられる。

- 黄信号的注意喚起

 交通信号機は赤と青のほかに、青から赤に変わる前触れとして黄が使われる。時間的には短いが、この黄信号は交通流の円滑化に相当の効果があると思われる。黄信号と同様に、ほんの数秒、もしくは1秒を切る時間でも、地震波到来の前に緊急地震速報が流れれば、避難が円滑化するなどの相応の効果がある状況はいろいろあるように思われる。屋外作業者への緊急地震速報の発信はその具体的な例であろう。同種の状況はまだまだあるように思われる。

 なお、コストパフォーマンスを考えると、揺れの予測の高精度化は地震計の設置やデータの蓄積・分析等のコストがかかる。したがって適用箇所は限られてくるであろう。一方、密集空間での注意喚起と黄信号的注意喚起に関しては、新たな設備の開発や設置は不要である。したがってコストパフォーマンスが高い高度化にはいろいろな可能性がある。一方、注意喚起は人間の心理に関わる問題でもあるため、基礎的な研究から積み上げて有効な注意喚起の技術を開発することが必要である。

 注意喚起の効果を上げるには長年の訓練も必要である。やや気の長い話ではあるが、生まれた時から緊急地震速報がある環境で育つ世代は、緊急地震速報に対して、それ以前の世代よりは格段にうまく反応することは十分考えられる。個人差はあろうが、パニックに陥らず、冷静に行動できる余裕が持てるのである。小中学校に緊急地震速報を普及させることは、長年の訓練という意味でも重要であり、もしかしたら、緊急地震速報を維持するコストを十分カバーできる効果を上げるかもしれない。定量的な分析は難しいであろうが、緊急地震速報が社会に当たり前のようにある環境を

---

(3) 緊急地震速報そのものがパニックを引き起こす引き金となる可能性も考えられる。しかし、密集空間で群集が集まった状況で緊急地震速報が引き金となるのであれば、緊急地震速報がなくとも地震波到達が引き金となって、パニックが起こる可能性は高いとも考えられる。

評価することは必要かもしれない。この評価は、緊急地震速報のシステムの維持や更新を検討する時や、諸外国が緊急地震速報のシステムの移植を検討する時には重要となると思われる。

人を対象とする注意喚起と比べると、緊急地震速報を使ったシステム制御では、高度化の余地が大きいと考えられる。注意喚起と重なるところもあるが、情報家電の制御、消防防災職員の初動体制、発電所・工場プラント、ビル設備の中央集中監視、等々、いろいろなシステムの制御が検討されている。しかし、緊急地震速報と連動させることはおろか、利用の検討すら行われていないシステムのほうが膨大な数があることは確かである。一般利用に合わせて、さまざまなシステムで緊急地震速報を利用した制御を検討することが必要であろう。

一方、緊急地震速報の性格上、実際の揺れが始まるまでに時間的余裕がなく、緊急地震速報を使ったシステム制御が有効となるものは限られてしまう。さらに、大地震の発生頻度を考えると、緊急地震速報を利用したシステム制御が実際に使われることは稀である。したがって、コストパフォーマンスも考えると、導入すべきシステムは、極めて高価なものを扱い制御に極短時間しかかからないものとなる。制御に短い時間の猶予しかないことはいかんともしがたいが、コストパフォーマンスの制約を破るには、緊急地震速報を利用したシステム制御を導入するコストを下げることが重要である。一案として、種々のシステムに簡単に組み込め、オン／オフのような単純な制御が簡単にできるといった条件を満たす、緊急地震速報と連動した汎用的なソフトウェアを開発することが重要であろう。汎用性の高さや、導入や操作が容易であることが、このソフトウェアが普及する鍵を握ると思われる。

さて、巨大施設であるダムに関しては早くから緊急地震速報の利用が検討されている。注意喚起が実用化レベルに近いところにあるが、このような巨大施設は附属するシステムも大規模であり、緊急地震速報を利用したさまざまな制御を考えることもできる。前述のように、実効がある制御は限られているようであるが、「緊急地震速報という最新の技術を適用しさまざまなシステムを地震波到達前に制御している」という努力が払われていることは、安全・安心の観点からは過小評価できない。付近の住民にとって、緊急地震速報導入の検討すらされていない場合と比べれば、技術上の努力がなされていることは遥かに好ましいからである。コストパフォーマンスに基づく実効

性は厳しく評価することは大前提であるが、巨大施設やそれに付随する大規模なシステムでは、防災・減災に対する不断の努力を続けることは社会に対する責任とも考えられる。システム制御のための緊急地震速報の導入はもちろん、利用法の高度化が常に検討されている、という状態は好ましいのである。この状態は緊急地震速報を使ったシステム制御の高度化を育む土壌ともなり、大規模システムを持つ機関や企業がシステム制御に関して積極的な検討をすることを良しとする社会的風潮が生まれることが期待される。諸省庁が率先してこのような検討に取り組むことが望まれる。

4．新しい高度な利用方法

　地震防災に直接・間接に関わるさまざまな組織やその周辺で緊急地震速報の利用は検討されており、利用の新しい分野を見つけることは至難の業である。広い分野で緊急地震速報の導入や利用が検討されることを希望するという言い訳を作って、著者の専門外の分野での利用に関して私案を紹介する。この言い訳から明らかなように、私案は、誰もが納得する全うな利用方法ではなく、高度ではあるが「隙間」を狙ったものであることをお断りしておく。

　第一の私案はデリケートな実験を行う施設での利用である。精密な計測を長時間にわたって行う実験では、中程度の揺れが異常な計測ノイズの元となることや実験設備を微妙にずらすこと等、微細ではあるがデリケートな実験には致命的な障害をもたらす場合がある。中程度の揺れに対しても、相応の対応ができるようにすることが望まれる。実は、緊急地震速報を使って中程度の揺れに対しても精密な実験を守るというアイディアは、数年前より東京大学工学部の研究室で検討されたもので、アイディアに基づいて試験運用もされている。この利用方法は大地震による大きな揺れに限定されず、中規模の揺れに対しても緊急地震速報に効果があるという点で従来とは異なる。長期にわたってデリケートな実験や作業をする際に、免震構造や免震床を導入する代替案として、緊急地震速報を使う方法を検討するというニーズがあると考えられる。

　第二の提案は極めて簡便な利用方法の考案である。手前味噌になるが、東京大学地震研究所では、鶴岡助教を中心として、緊急地震速報を受けてパーソナルコンピュータを迅速に休止状態に移行させるソフトウエアを開発している。業務用のコンピュータはともかく、個人使用のパーソナルコンピュータでは定期的なバックアップは取られていない。この現状を見る

と、大地震発生時にパーソナルコンピュータが揺れる前に休止状態に移行させてハードディスクの保護をする、ということには相応のニーズがあると考えられる。ソフトウエアのインストールだけが必要であり、しかも実施の処理が簡単であるためソフトウエアも小さい。すなわち、導入のコストは極めて安価である。導入の対象となるパーソナルコンピュータの数は多く、長期にわたって継続的に利用されることになり効果は大きい。徹底的に簡便化することで利用の機会を大幅に増やし、個々の効果は小さいが全体では大きな効果になる、という意味で高度利用と考えている。

第三の私案はデイトレーダの自動売買ロボット対策である。今までの利用方法とは全く趣旨が異なるが、この私案の重要性は高いと思われる。大地震が発生した地区では、そこにある企業体の株は短期的に変動する。したがって、緊急地震速報がネットに配信される場合、緊急地震速報と連動して適当な株の売買を行うロボット[4]を作成することは児戯に等しい。さらに、万が一、緊急地震速報の誤報が配信された場合、株の自動売買が世界規模で一斉に始まり、後戻りできなくなる。この影響を過小評価することはできない。緊急地震速報の利用者の数を爆発的に増加させるという意味で高度ではある。しかし、負の利用である。著者の専門外であり、杞憂にすぎないことを祈るが、リスクは大きいため、この負の利用に対する検討は必要であるかもしれない。

第四の私案は仮想空間での利用である。セカンドライフに代表されるような仮想空間が脚光を浴びている。仮想空間はインターネットの新しい仕組みであり、現在は主にいろいろな広告の場として使われているが、今後さまざまな方向で大きく発展する可能性があることが指摘されている。その一つが教育である。地震の実際の経験とはもちろん異なるが、仮想空間で地震被害を疑似体験させることは新しい防災教育であり、リアリティーのある仮想空間を作ることで教育効果は高まると考えられている。仮想空間の防災教育に緊急地震速報を組み込むことは、社会一般に緊急地震速報を普及させることに極めて大きな効果があると思われる。また、実空間では難しい避難時の心理状態やその変化を調べるために、緊急地震速報を組み込んだ仮想空間を利用することもできる。研究という観点からみても有意義であろう。

---

[4] 極端な例は、我が国近隣で発生する海溝型地震に連動して日本の企業の株を売るという自動売買ロボットである。このような自動売買ロボットは、世界中のデイトレーダが関心を持つことは確実である。新種のテロともなりうる。

以上、蛮勇を奮って私案を紹介したが、これは、地震防災と縁遠い領域の技術者・研究者に少しでも緊急地震速報に興味を持ってもらい、新しい高度な利用方法を考案してもらうことを意図している。第2章で述べたように、著者は緊急地震速報を社会基盤情報と位置付けており、その利用方法や高度化は社会全般の関心事となるべきと考えているからである。言い訳ついでに少々脱線することを許してもらえば、日本の自動車産業が世界をリードするに至っており、このレベルに達するまで自動車産業が続けてきた努力は高く評価すべきであると思われるが、高速道路網を含む道路インフラが急速に整備されたことも少なからぬ貢献があると思われる。緊急地震速報が産業育成に貢献するまで利用されるとは著者も考えないが、緊急地震速報が社会情報基盤として整備されることは、狭い意味での地震防災の枠を超えて、社会全体に大きな貢献をもたらす可能性がある。このためには、さまざまな分野で緊急地震速報の高度な利用方法を考えることが第一歩であろう。

5．海域での地震観測網の展開

　緊急地震速報の高度利用を考える際、緊急地震速報そのものの高度化も検討する必要がある。具体的な高度化の方向は、地震発生をより早く検知するために海域での地震観測を行うことである。この方向性は、今まで観測がされていなかった海域で地震を観測するという理由のほか、海溝型の巨大地震を考えると海域での地震観測の重要性が高いとする理由による。

　発生が切迫していると指摘されている海溝型巨大地震は、東海・東南海・南海地震を筆頭として、宮城県沖地震や千島沖地震が挙げられている。観測対象の海域は特定している。海域の地震観測は決して簡単ではないが、我が国では海底に設置できる地震計が開発されている。また、光ファイバーを使った高性能で安価な新しい地震計の研究も進められている。観測網を展開し維持する費用は決して安いものではないが、特定の海溝型巨大地震を対象とした海域での地震観測は実現可能である。

　陸域で観測することに比べ、震源に近い海域で海溝型地震を観測すれば、緊急地震速報によって得られる地震波到達までの猶予時間は10秒のオーダから100秒のオーダ[5]にまで増加する。猶予時間が増加することは、注意

---
[5] 猶予時間は震源からの距離に依存するほか、地震の発生の仕方にも依るため、正確に猶予時間を見積もることは難しいが、100～200km近い箇所で観測すれば、猶予時間は50～100秒伸びることになる。

喚起はもちろん、システム制御がもたらす防災・減災の効果が極めて大きくなることが考えられる。東海・東南海・南海地震に限定することになるが、数秒ではなく100秒オーダの長い猶予時間があることは、システム制御のパフォーマンスを大幅に向上することを可能とする。海溝型巨大地震が広域を襲うことを考えると、広い範囲で緊急地震速報が効果的に利用されることになる。特に、東海・東南海・南海地震が襲う東海地域には沿岸に我が国の基幹とも考えられる工業地帯が広がっている。大型工場はもちろん、膨大な数の中小工場のシステムの被害をなくしたり最小限のものとしたりすることは極めて重要である。

　繰り返しであるが、海域に地震観測網を展開することはもちろん、それを維持することは相応のコストがかかる。その一方で猶予時間が長くなることからパフォーマンスが上がることも確かである。コストパフォーマンスを冷静に評価することは不可欠であるが、緊急地震速報の高度化のために、海域に地震観測網を展開することは十分検討に値する。

　東海・東南海・南海地震の発生に関する一つのシナリオとして、一度にこの三つの地震が発生するのではなく、一年ないし二年の時間を置いて巨大地震が発生するシナリオが考えられている。すなわち、同時に三つの地震が発生しなければ、非常に切迫した状態で次の巨大な余震が起こりうる状態になるのである。東海・東南海・南海地震に備えて海域地震観測を維持することは難しいかもしれないが、このような場合には地震発生後となるが、数年間に限定した海域地震観測網を展開することが代替となる。観測網を維持することに比べ、地震発生後に機動的に観測網を展開することでコストを格段に下げることができる。また、そのパフォーマンスは大きい。例えば、復旧・復興には危険箇所での作業も伴うが、作業者従業者の安全性を確保するためには緊急地震速報の注意喚起が重要となる。また、猶予時間が長くなることに加え、地域の住民の防災意識が高くなっているため、パニックを引き起こす等の緊急地震速報の負の効果を心配することは少なくなると考えられる。

6．おわりに

　本章で何度か説明したが、緊急地震速報は社会基盤情報であるため、地震防災の分野に限らず広い分野の研究者・技術者が利用の高度化を考えるべきであり、斬新なアイディアを社会全般から求めるべきである。本章で

触れた既存の方法の高度化や「隙間」を狙った新しい高度化のほかに、高度化にはさまざまな方向があることは確かである。可能性で終わらせるのではなく実用に達する技術を培うためには、利用の高度化を促進する研究開発の制度が作られることが望まれる。特に若年層を対象として、緊急地震速報の利用に関する斬新なアイディアを募集する制度があっても良いかもしれない。

　有効な利用があってはじめて緊急地震速報の効果が評価[6]できるのであり、利用の高度化には不断の努力を払うことが必要である。浅学な著者が専門外の話題にも触れたため、本章には思わぬ誤りがあるかもしれない。しかし、著者は緊急地震速報が地震防災・減災の革命的技術となることを信じている。この思いに免じてご寛容を願いたい。

（ほり　むねお）

参考文献

- 気象庁，緊急地震速報について，http://www.seisvol.kishou.go.jp/eq/EEW/kaisetsu/index.html
- 地震調査研究推進本部，http://www.jishin.go.jp/main/index.html
- 内閣府，防災情報のページ，http://www.bousai.go.jp
- 緊急地震速報利用者協議会，http://www.eewrk.org/
- リアルタイム地震情報利用協議会，http://www.real-time.jp/
- セカンドライフ，http://secondlife.com/world/jp/whatis/

---

[6] 著者の思い込みかもしれないが、地震防災・減災の技術は、大地震の発生頻度が少ないため、良きにつけ悪しきにつけ、短絡的な評価が下されがちである。緊急地震速報の場合、地震防災を一新する利用方法が見つかる可能性があり、その評価はじっくり行うことが望まれる。

COLUMN
危機管理体制への活用
～新潟県中越沖地震を経験して

「数秒、数十秒早く知って何ができるか」という意見もある。確かに、揺れに伴う直接的な被害を減らすことには限界がある。しかし、見方を変えて、いかに素早く非常時の体制を整えるかという視点でみた場合、緊急地震速報が生みだす"猶予時間"の利用価値は格段に高まってくる。

災害情報の提供を行っている㈱レスキューナウでは、地震が発生すると、①数分でスタッフの非常呼集をかけ、②10分以内に鉄道運行情報を配信し、③60分以内に被害概況をまとめあげて配信することになっている。緊急地震速報により、対応開始が少しでも早くなれば、提供できる情報の質、量が変わってくる。

平成19年7月16日に発生した新潟県中越沖地震においては、50秒前に警報を受信した。従来の地震速報（発生後1、2分程度）が届くよりも、3分ほど早く対応を開始することができた。それだけ、充実した内容の情報を提供できたことになる。

㈱レスキューナウの市川啓一代表取締役は、「災害情報は時間との勝負。1分でも惜しい。少しでも早く体制を整えることができるように、社員を会社の近くに住まわせています。たとえ数秒であっても、早くスタートできる緊急地震速報はたいへん貴重です」と語る。

自治体、企業の危機管理部門でも一刻も早い災害情報の把握、発信を求められる。"猶予時間"を活用する余地はまだありそうだ。

〈http://www.rescuenow.net/〉

レスキューナウ危機管理情報センター「RIC24」の様子
〈緊急地震速報表示パソコン提供：㈱インフォテック〉

3 津波対策における緊急地震速報の活用
―課題整理と低減対策に向けて

東北大学大学院教授
工学研究科附属災害
制御研究センター
今村　文彦

著者プロフィール
1989年東北大学大学院工学研究科博士後期課程修了。1992年東北大学工学部災害制御センター助教授。1993年アジア工科大学院助教授。1997年京都大学防災研究所巨大災害研究センター客員助教授（併任）。2000年より東北大学大学院工学研究科災害制御センター教授（現職）。

東北大学大学院
工学研究科
阿部　郁男

著者プロフィール
1990年日本大学文理学部応用地学科卒業後、日立東北ソフトウェア㈱入社。2002年4月より東北大学大学院工学研究科津波工学研究室にて津波情報の高度化をテーマに研究を開始。主に並列計算によるリアルタイム津波シミュレーション技術の研究開発に従事。

今村研究室 URL　http://www.tsunami.civil.tohoku.ac.jp/

1．津波避難できない実態

　我が国沿岸では過去から津波による多大な被害を受け続けており、特に人的被害は著しい。明治29（1896）年三陸地震津波では、2万2,000名もの犠牲者を出し、「TSUNAMI」を世界語にした理由ともなった。世界における津波犠牲者の3割強が我が国において生じている。「つなみ」という言葉を知らない日本国民はいないほどである。また、国際的には専門家や一部地域に限られていたが、平成16（2004）年12月26日のインド洋津波以降では、世界のメディアは「TSUNAMI」を使用している。恐ろしい自然災害であるが、地震発生から沿岸到達までわずかの時間的余裕があるので、来襲前に安全な場所に移動し避難できれば人的被害をゼロにすることも可能である。しかし、現在、この避難行動が予想以上に適切に行われていない危惧がある。

　最近の事例として、平成15（2003）年5月26日、三陸南地震（M＝7）が発生し、岩手・宮城の両県を中心に強い地震動が観測された。その後、各地での震度情報が10分以上つづき、津波に関する情報が出たのが12分後であった。沿岸部での震度は4〜6弱にもなり津波の発生が懸念された。

実際には、地震の震源が約70kmと深かったこともあり、沿岸では有意な津波は来襲しなかった。しかしながら、震源域は大船渡沿岸の近い場所に位置しており、もし津波を発生させるのに十分に海底変動が生じていれば、数分を待たずに第一波が沿岸を襲っていたことになる。三陸沿岸では、明治及び昭和に多大な犠牲者を出した被害経験があり、津波災害軽減には大変な努力がなされている。沿岸部では各種の防災対策が実施されている、いわば津波防災先進地域である。にもかかわらず、今回実際に避難行動できたのは、沿岸住民の中でもわずか１割に留まっていた（牛山・今村、2004）。また、平成14（2002）年３月八重山地方や平成15（2003）年９月十勝沖地震津波、最近では平成18（2006）年11月千島沖地震での津波警報発表の際でも同じ状況が報告されている。平均的には、津波避難指示・勧告などの発令地域で避難できたのは、約１割に留まっている。

現在、世界最先端の津波予報システムを持つ我が国であるが、津波情報の発信側、受信側の両方において課題がある。適切な避難を促すことができる津波情報の要件としては、（１）迅速性、（２）正確性、（３）詳細性、がある。本稿では、過去の歴史を振り返りながら、将来に緊急地震速報などによる情報を活かし、津波に関する情報をいかに向上させ、適切な避難に結びつけさせる課題と提案を紹介したい。

２．津波予報システム
(1) 初めての津波予報

我が国の津波予報システムは、世界でも最も実用的で歴史のあるものである。このシステムの現在に至るまでの過程を振り返りたい。

昭和三陸津波の大災害を教訓に、昭和16（1941）年に三陸沿岸を対象とした津波警報組織ができた。この時、仙台測候所で使用されていた予報図が図１である（今村・首藤、2000）。当時は、まだ予報中枢がなく、測候所ごとにその管轄区域に対して予報が行われていた。住民には、ラジオ及び警察署への電話連絡によって、発震後10〜20分以内に予報が伝達されていた。

昭和24（1949）年10月３日付で、「津波警報機構を60日以内に組織し、それより30日以内に警報機構の実施テストを完了する」旨、連合国総司令官名の覚書が出された。これを受けて、政府は同年12月２日に、「津波予報伝達総合計画」を閣議了承し、12月20日に第１回総合テストが実施

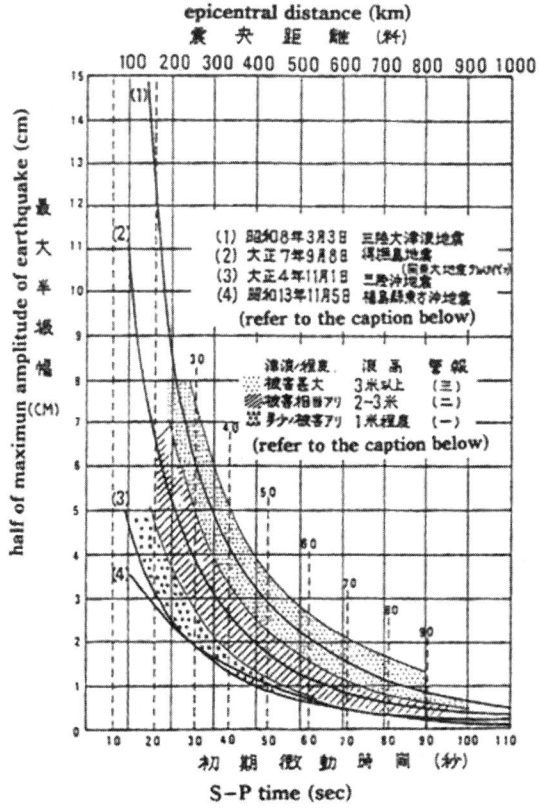

図1　気象庁の津波予報図（昭和16（1941）年頃仙台測候所で使用）

されたのである。この津波予報伝達総合計画は、若干の修正後、昭和27（1952）年6月に制定された気象業務法の体系に取り込まれた。正式決定の直前、3月4日に十勝沖地震津波が発生したが、この予報システムは成功を収めた。

当初の予報作業は、各地震観測地点で観測された地震のP波とS波の到達時刻が電話又は電報で津波予報中枢官署に送られ、そこで地図、チャート、鉛筆、コンパス、定規及びある種の計算機を使う手作業で地震の震源と規模（マグニチュード）を決定し、その後に担当者が図2に示す「津波予報図」（地震の震度や初期微動継続時間と全振幅との関係から、津波発生の可能性を判断できるよう、過去のデータに基づいて経験的に作成した

津波予報図

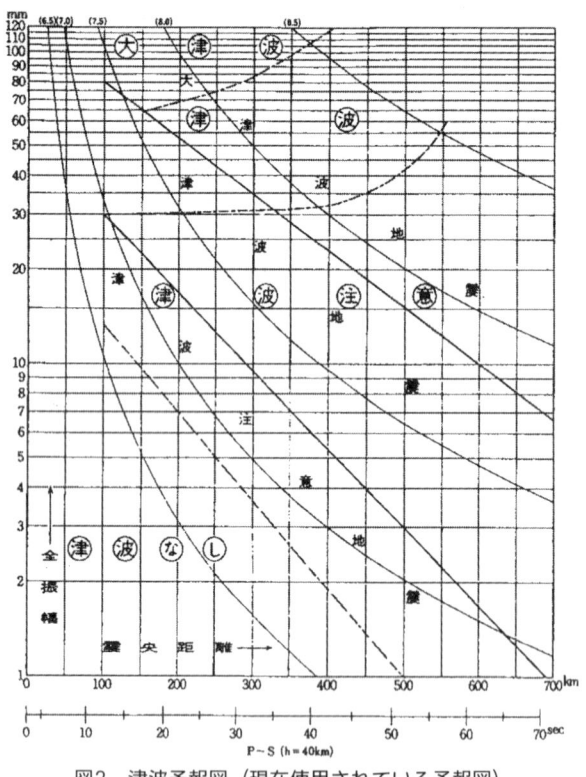

図2 津波予報図（現在使用されている予報図）

図）により津波発生の有無を判断するものであった。

(2) **予報時間の短縮に向けて**

　当時、予報を発表するまでに平均して17分ほどかかっていた。さらに、その結果を津波来襲地域へ伝達する手段は、電報や電話であった。津波予報までの時間を短縮化するために、まず地震の震源及び規模の決定をできるだけ迅速に行う目的で、気象庁は観測データ収集のための伝送網の整備や処理の自動化等を行った。

　昭和55（1980）年には、コンピュータを使用した通信システム（L-ADESS：Local Automated Data Editing and Switching System）を取り入れて地震観測データの迅速な収集が可能となり、津波予報に要する時間

が約14分に短縮された。その3年後の昭和58（1983）年5月26日の日本海中部地震の際には地震発生後14分で津波予報（警報）を発表することに成功した。しかし、一部の沿岸には予報が出るよりも早く、地震発生の7分後に津波の第一波が到達していた。

このため、地震発生後7分以内の予報を目指して、地震を自動探知して、地震の位置・規模の計算、津波の可能性の判定及び発表に至る一連の処理を自動的に行うシステム（EPOS：Earthquake Phenomena Observation System, ETOS：Earthquake and Tsunami Observation System）が導入され、同時に津波予報は報道機関からの緊急放送でも送出されることとなった。このシステムは、平成5（1993）年7月12日の北海道南西沖地震で実際に稼働し、目標時間を下回るわずか5分で津波警報が発表された。しかしながら、奥尻島には最大10mの津波が早いところでは3分で来てしまった。

このように、時間短縮の努力がなされていた。また同時に、「津波有り無し」という予報の内容についても課題が指摘されていた。

(3) **津波予報の向上──経験則から数値計算の応用へ──**

適切な避難行動のためには、迅速で正確な情報が不可欠である。気象庁では、従来使用してきた津波予報図に代えて、津波数値計算結果を使用する新しいシステムを開始した。10万回程度の詳細な数値計算を前もって行い、その結果をデータベースとして保存しておく。地震発生時に、震源と地震のマグニチュードが決まれば、瞬時に計算結果を引き出して予報できるようになった。世界で初めての量的予報システムである。

その結果、全国の海岸を、長さ（直線距離で）100kmから200km程度の66の海域に分割して、それぞれの海域における津波高を予報している。これは、ほぼ各県の海岸ごとといってよい長さである。予報される内容（津波高さ）は、これまでどおりであるが、その中身は「大津波」で3m、4m、6m、8m、10m以上の5段階、「津波」で1m、2mの2段階、「津波注意」で0.5mの1段階となる。高さに加え、津波到達予想時間も発表される。平成11（1999）年4月から量的津波予報システムが運用開始された。

なお、このように詳細に予報されるようになったが、ここでもまだ問題は残る。予報区の長さが各県あたり程度と短くなったとしても、予報値は予報区あたりの代表値（平均値よりも少し大きい）であるから、当該予報区内での来襲津波高は、これより大きな所も小さな所もある。一つの湾でも、湾口と湾奥とでは、津波高に相当な違いが出るのが現実の津波である。

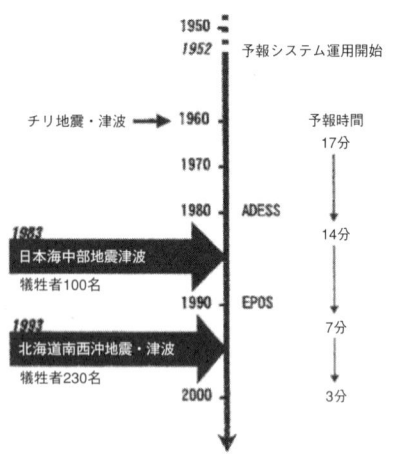

図3　津波予報システムと発表までの所要時間（気象庁資料）

こうした差を明確に出すには、気象庁予報値に対応する対象海岸ごとの値にするため、もっと詳細な検討が必要である。

3. 避難できない実態と課題整理

　冒頭に津波避難の実態を紹介した。最近の津波来襲状況と被害の事例を通じて、津波情報のような緊急情報に関する課題は以下にまとめられる。
　① 情報の即時性（津波が来襲し避難できるまでに情報を伝達できるか？）
　② 提供の確実性（災害発生時においても確実に、必要な人に伝達できるか？）
　③ 内容の理解性（切迫する自然外力や被害の程度を予測できる内容になっているか？）
　④ 対応方法の確保（いざ避難行動を開始するときに、安全な手段や場所は確保できるか？）

　①に関しては、最も向上が図られている項目であり、現在では3分程度で第一報が出される状況ではある。現在、緊急地震速報により平成19（2007）年3月25日の能登半島地震では、わずか1分40秒で発表できた。しかし、予報時間が十分避難に間に合う時間であるかは、津波発生からの来襲時間と地域での避難所要時間との比較で決められることである。後者

についての事前確認はほとんどされていない点に大きな問題がある。陸上での住民等の避難だけでなく船舶についても同様である。

②に関しても、確実な災害情報の伝達・提供を目指して、マスメディア、防災無線、携帯電話などが整備されているが、ここにも盲点がある。沿岸には不特定多数の利用者がおり、彼らが最も津波に対して危険性が高いうえに情報提供が難しいということである。昭和58（1983）年日本海中部地震津波では、地元の住民よりも、遠足、つり客、港湾工事従事者の犠牲者の方が多く、平成15（2003）年9月26日十勝沖地震津波でも、つり客が2名死亡している。

③については、深刻である。平成14（2002）年3月に初めて量的津波予報（津波警報2m）が沖縄で、翌年9月に十勝沖で出された。たが、この時も課題になった点である。単なる「2m」という数字では、一般の人にとってどれくらいの津波の脅威なのか？今いる場所で2mの津波により命の危険があるのか？という想像や判断ができず、そのために避難行動がとれない。さらには、通常の風波「2m」と同等と見なして、安心情報になっている状況もある。

緊急情報を提供し、その内容を住民が理解しさらに行動までとるには、いくつかの段階がある。まず、情報の発信側と受け取り側で災害や防災に

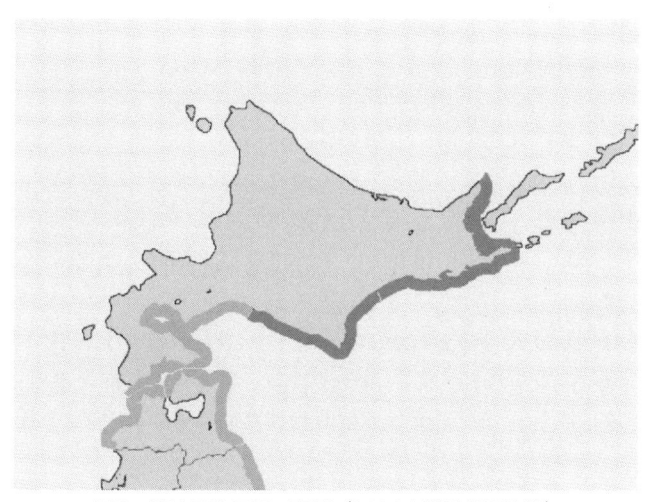

図4　津波量的予報の事例（2003十勝沖地震津波）
濃色は津波警報高さ2m、薄色は注意報高さ0.5m

関する経験・知識を共有し、自分の課題として認識しておく必要がある。個人的な経験には、内容が限定しているために、他へ適用すると誤った情報になる場合がある。より正しい経験・知識の共有及び認識のためには、ハザードマップの作成・活用、避難訓練、防災講演会などを実施すると効果的である。これらは事前に実施しなければならない。災害が発生した際には、状況を共有し、必要な対応に関する情報を行政側が発信しそれを住民側が理解し、判断する。判断基準は、事前の学習などで整備していれば問題は多くないと考える。

　最後に④については、①と同様であるが、情報を得たとしても、安全に避難できなければ人的被害を軽減することはできない訳であり、事前に、いつ、どのような手段で、どの経路で避難を実施すべきであるのかを各個人・家庭で確認していなければならないことである。

　以上、①〜④の課題は、津波情報に関係するものであるが、地震発生直後に対応すれば解決できるというものではなく、発生する前の段階から個人が対応すべきことが多い。この点を忘れてはならない。

　現在、各地でハザードマップや防災マップが作成・活用されて防災意識の向上が図られ、各人でできる対応を考える段階になると思われるが（波となぎさ、2004）、津波情報の現状と課題①〜④もあわせて検討して頂きたい。

　また、情報そのものの課題ではないが、個人として自分の命を守るポイントを以下に挙げたい。

---

① 災害情報を常に入手する努力をする。
② 災害情報の信頼性は高まるが過度に依存してはいけない。
③ 過去の経験・知識にないものを軽視してはいけない。
　マニュアルに頼るのではなく、その場を見て即興的な判断ができるようにする。
　過去の経験は大切であるが、将来についてもそのまま適用できるとは限らないことを周知する。最後まであきらめずに打開を試みる（たとえ津波に流されても漂流して救助された例は多い。）。

4．リアルタイム津波予測に向けて

(1) アップデートされる津波予報・情報

　地震発生から津波が沿岸部まで到達し、最大波が出現し、最終的に収束するまで、緊急地震速報などの地震情報、津波観測情報など様々な情報が得られる。迅速性を優先すれば限られた情報での予報になるので信頼性（精度）が低くなるので、時間経過とともにアップデートする津波予報システムが望まれる。また、データベースを改良することにより、県単位での予報値ではなく、沿岸での詳細な値を提供することも可能となる。

　ここでは、事例として平成18（2006）年11月15日に千島列島で発生した地震津波を取り上げる（阿部・今村、2003、2007）。この津波により、太平洋沿岸各地で長時間にわたり津波が影響し、注意報解除の後に漁船転覆などの漁業被害が発生した。当時、地震発生後、およそ15分で津波警報・注意報が発表され、地震発生後5時間を過ぎた16日1時30分には、全ての津波警報・注意報が解除された。しかし、津波警報解除後に、各地での津波の最大波が観測され、漁船転覆の被害が発生しており、季節や天候によっては重大な被害が発生する危険性があった。特に、住民の避難率が極めて低かったこと、さらには避難勧告などの行政対応が隣接する市町村でも統一されていないなどの問題も報道されている。

(2) 千島列島津波の概要

　千島列島地震は、北米プレートの下に太平洋プレートが沈み込む千島海溝付近で発生した典型的なプレート境界の逆断層地震である。地震発生の1時間15分後には根室で0.4mの第一波が観測されたほか、名瀬や那覇でも津波が観測された遠地津波である。この地震発生に伴い、気象庁から発表された津波予報及び震源情報の一覧を表1・2に掲載する。

(3) 計算条件

　地震発生後に気象庁から発表される震源情報には、速報値、暫定値、確定値の3種類がある。速報値は、地震発生直後に得られる情報であるが、暫定値は数時間後、確定値は数か月後の発表にもなるため、リアルタイム津波予測には利用できない。そこで、地震発生直後に得られる速報値を利用して津波予測を行うことを試みた。速報値には、断層の大きさや走向などの津波数値解析に必要な情報が含まれない。また、震源が断層原点と一致するとは限らないために、津波数値解析の断層パラメータを設定する際には、最も危険なケースを想定できるように配慮することが必要となる。

表1　津波予報発表の状況

20：29	津波警報、北海道太平洋沿岸東部、北海道オホーツク海沿岸、高いところで2m
	津波注意報、北海道から静岡県、高いところで0.5m
23：30	津波警報→津波注意報へ切替、オホーツク海沿岸、静岡県
01：30	全ての津波注意報を解除

表2　震源情報

	M	緯度	経度	深さ
速報値	8.1	46.6	153.6	30km
暫定値	7.9	46.7	154.05	30km

そこで、震源位置を四隅に設定した4枚の断層を元に津波数値解析を実施して（図5参照）、波高が高くなるケース、到達時間が早くなるケースを津波予測のケースとして求める。そのほかの断層パラメータは表3のとおり設定する。

計算領域（図6参照）は、震源域が十分に含まれるよう設定し、短時間で広域的な津波伝播を把握することを目的とした格子サイズ1,350mの計算領域（A領域）と、より詳細な解析を目的とした格子サイズ450mの計算領域（B領域）を設定した。また、リアルタイム津波予測では早期の情報発信が必要であるため、計算時間を短縮できるような線形長波方程式とCFL安定条件を満たす計算時間間隔を設定した。

(4)　震源速報値による計算結果

A領域（格子サイズ1,350m）の計算には4台のPCを利用した。4つのケースのうち、震源に最も近い北海道太平洋沿岸東部に津波が到達する65分より早く計算を完了させるために計算時間を1時間と設定してリアルタイム津波予測の限界となる再現時間を求めた。計算時間を測定した結果、各ケースを個別のPCで計算することにより実時間の約3分の1で計算を完了することができたため、再現時間を3時間に設定して最大波高を求めた。その結果を図7に示す。

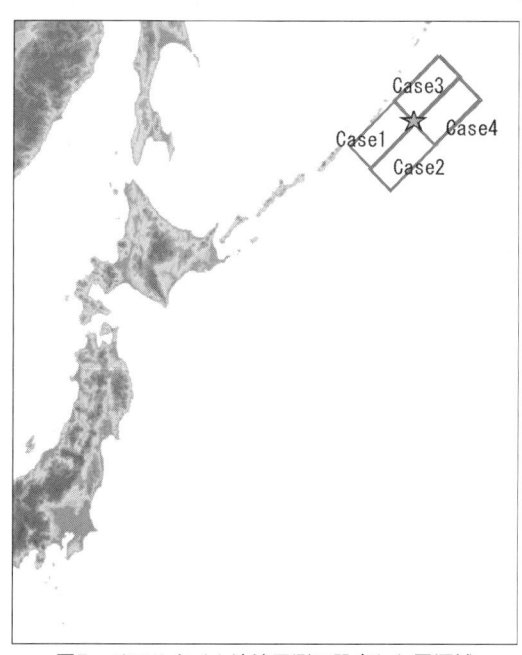

図5　リアルタイム津波予測で設定した震源域

表3　速報値による断層パラメータの推定

断層長	141.2km	断層の相似則から設定（M8.1）
断層幅	70.6km	
すべり量	7.08m	
走向	223度	1963択捉島沖地震の研究実績から設定

表4　計算条件

領域		A領域	B1領域	B2領域	B3領域
領域	格子サイズ	1,350m	450m	450m	450m
	格子数	2,000×2,000	780×630	420×840	720×600
計算時間間隔		1.5秒	0.5秒		
支配方程式		線形長波理論			
陸側境界条件		完全反射			

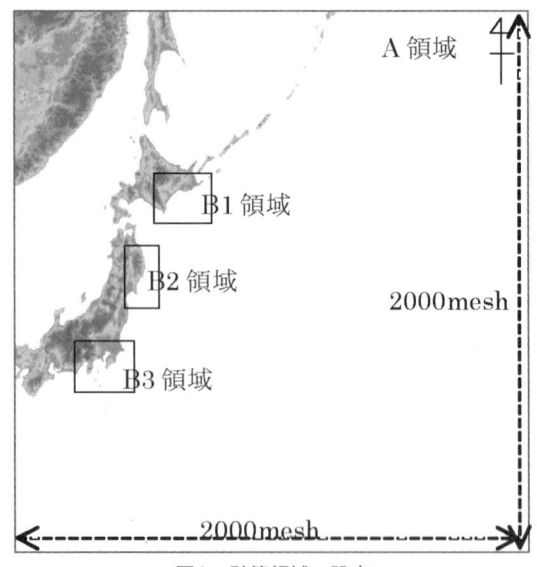

図6　計算領域の設定

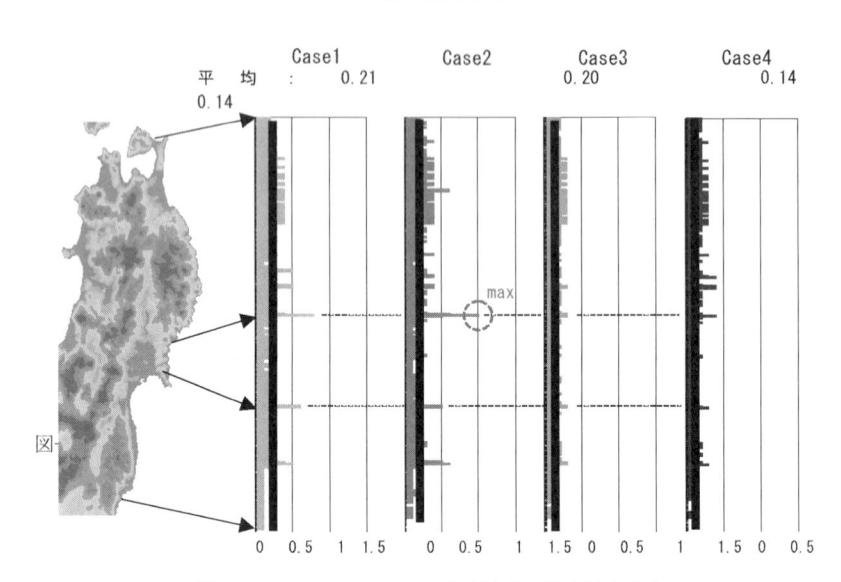

図7　1,350mメッシュでの東北地方の最大波高分布

2006年千島列島津波では東北太平洋沿岸全域に0.5mの津波注意報が発表されたが、今回の検討によって気象庁の量的津波予報のようなデータベース検索による地域ブロックごとの津波予測に加えて、地域ごとにより詳細な津波予測情報をリアルタイムで提供することが可能であることが分かった。

　今回の検討では、東北地方における最大波高かつ最も早く到達するケースはCase 2であり、その波高は概ね注意報レベルの0.5m以下であったが、局所的には1mに達する場所もあった（**図7参照**）。さらに、格子サイズ450mの領域における数値計算結果を気象庁の検潮記録とも比較したところ、震源速報値から相似則により求めた初期波源では、東北地方では到達時間は計算結果のほうが遅く、波高も小さくなった。図8、9は気象庁のホームページで公開されていた検潮データ（画像）ファイルを、数値解析の結果と合成したものである。

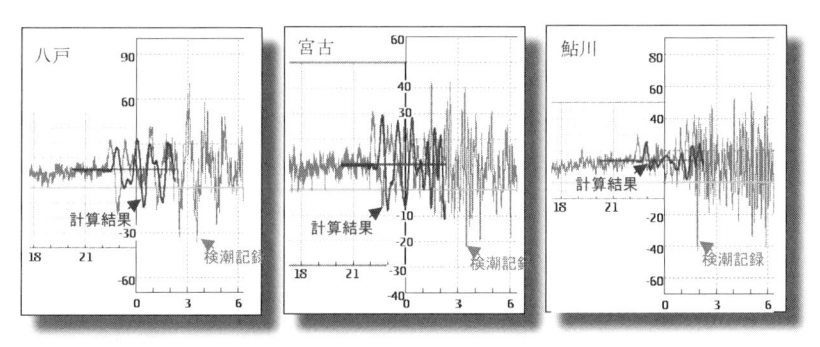

図8　東北地方での計算結果（Case 2）と検潮記録との比較

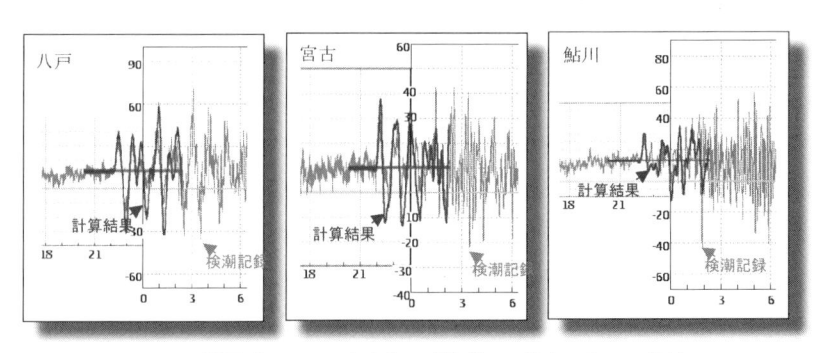

図9　断層パラメータ決定後の計算結果と検潮記録との比較

地震動解析による断層パラメータ決定後の計算結果について、地震発生後、数十分で断層パラメータの詳細が決定されるため、より正確な数値解析が可能となる。今回の津波においては東京大学地震研究所ＥＩＣ地震学ノートNo.183に掲載された断層モデルを利用して、断層パラメータ決定後の再現計算も実施した。断層パラメータ決定後の計算結果は、第一波の到達時間および波高において、検潮記録に近い値となった。

(5) **震源速報値と断層パラメータ決定後の計算結果の比較**

震源速報値から相似則により断層パラメータを決定した断層モデルでは、到達時間が実際のものより遅く、また波高が小さくなるという結果が得られた。到達時間については、地震動解析によるモデルのほうが、断層長が1.4倍も長く、その波源域が日本列島により近くまで延びているためと考えられる。また、波高についても、地震動解析によるモデルのほうが、すべり量が1.3倍も大きく設定されたこと、及び断層サイズが大きくなったことが影響し、相似則による推定より波高が大きくなり、検潮記録とより一致するようになったと考えられる。

このように今回の検討結果では、震源速報値に基づく推定が過小評価となった。これは、全ての地震を概観するような相似則によって設定した断層パラメータと、実際に個々の地震動を解析することによって得られたパラメータの相違を示すものであるが、このような震源速報の不確実性による影響を取り除くためにも、事例検証により推定できる精度の幅を検討して、それらを見込んだ数通りの計算を行うことがリアルタイム津波予測の精度を確保する点で重要である。

表5　震源速報と地震動解析による断層パラメータの比較

	震源速報値からの推定	地震動解析による推定	地震動解析／震源速報の比
断層長	141.2km	200km	141.6%
断層幅	70.6km	50km	70.8%
すべり量	7.08m	9.4m	132.8%
走向	223度	225度	−
傾斜角	22度	30度	−
すべり角	90度	94度	−

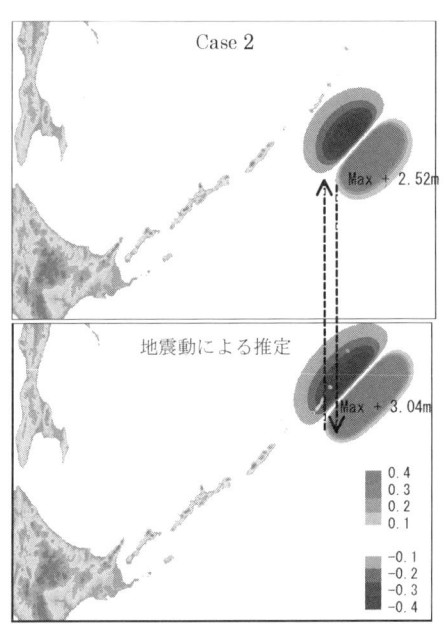

図10 震源速報値と地震動解析による初期波源域の比較

　今回の津波では天皇海山群による散乱波により、最大波高の出現が遅れたことが報道されているが、天皇海山群までを含めた広い範囲で数値計算を行った場合においても、必要な計算時間は実時間の37.9%となった。これまでのリアルタイム津波予報は、気象庁の津波警報システム（事前の数値計算によるデータベース）のみであったが、計算機の高性能化に伴い、複数台のPCを同時に利用して、領域や役割を分担することによって、より詳細な格子サイズでリアルタイムに数値解析が可能であることが分かった。また、今回の検討で示したように、リアルタイム数値解析の精度を上げるためには、地震動の解析によるメカニズム情報の早期取得が大変重要であるが、津波観測データを利用した精度の向上も必要と考えられ、今後、検討を進めてゆく必要がある。

5．おわりに

　過去の津波予報システムの開発からいくつかの津波被害を経験する中で、技術や情報内容を向上してきた歴史を紹介した。いまや、世界最先端

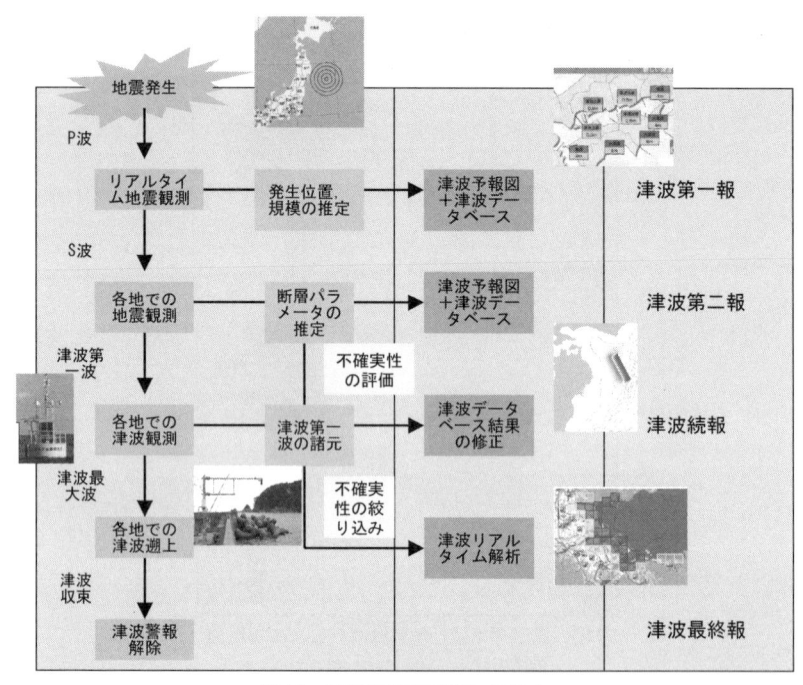

図11 将来の津波予報システム

な技術が、24時間我々の安全な暮らしを守り続けている。ただし、近年の津波発生後の状況を見ると、沿岸域でわずか1割程度しか避難できない実態がある。情報の受け手側の課題もあるが、情報提供側でも、迅速で信頼性の高く詳細な内容に改良しなければならない。ただし、迅速性と信頼性を同時に上げることは難しく、図11に示したような、時々刻々得られる観測情報を基に、津波の予報を提供しつづけることが重要であると考える。今回の緊急地震速報により、第一報の発表時間が格段に短くなると考えられる。地震直後からの情報を得ることができ、最終的に収束するまで様々な情報をマルチメディアで提供でき、今後予想される地震津波による被害軽減が大いに期待できるであろう。

(いまむら　ふみひこ／あべ　いくお)

参考文献 ────────
・阿部郁男・今村文彦：リアルタイム津波予測実現に向けた計算方式の評価と改良、

土木学会地震工学論文集、No.27、pp.319－325、2003.
- 阿部郁男・今村文彦：2006年千島列島津波から見たリアルタイム津波予測の可能性、東北地域災害科学研究、第43巻、pp.103－108、2007
- 牛山素行・今村文彦：2003年5月26日「三陸南地震」時の住民と防災情報（基礎資料、東北大学津波工学研究報告、第21号、pp.57－82、2004.
- 今村文彦・首藤伸夫：世界語になったTSUNAMIの研究・技術、土木学会誌、12月号、pp.59－64、2000.
- 気象庁：津波予報、http://www.jma.go.jp/jp/tsunami/
- 鹿島出版会（1989）：日本の地震断層パラメータ・ハンドブック、pp.230－235
- 防災科学技術研究所：強震動の基礎、http://www.k-net.bosai.go.jp/k-net/gk/publication/
- 東京大学地震研究所：EIC地震学ノートNo.3、http://www.eri.u-tokyo.ac.jp/sanchu/Seismo_Note/2006/EIC183.html

4 電力分野における活用のあり方

電源開発株式会社
技術開発センター
有賀　義明

電源開発 URL　http://www.jpower.co.jp

著者プロフィール
1975年埼玉大学建設基礎工学科卒。1978年東京工業大学大学院社会開発工学専攻修士課程修了、同年電源開発㈱入社。専門は地震・防災工学、ダム工学。博士（工学、埼玉大学）、技術士（建設部門）、土木学会特別上級技術者（防災分野）。

1．電力施設の特徴

電力施設の地震防災を考える際には、施設の複合性、末梢部の脆弱性、地盤の不確実性等を念頭に置いておくことが必要である。

①施設の複合性：電力施設は、図1に模式的に示したように様々な設備や構造物によって複合的に構成されている点に大きな特徴がある。そのため、地震防災を考える際には、単体の設備や構造物についてのみならず、隣接する設備や構造物との相互の影響や被害連鎖を考慮することが必要になる。

②末梢部の脆弱性：電力施設では、心臓部である発電機が地震により損傷を受けて発電が停止することは極めて稀であると考えられるが、碍子や電柱、機器配管系等の末梢部が破損することによって、発電や送電が停止することは往々にして発生する。人間の体の場合は、手足に多少の傷を負っても生命には直接影響が及ぶことは少ないが、電力施設の場合は、末端部の脆弱性が発電機能、電力供給機能の保持に直接的な影響を及ぼすことが多い。

③地盤の不確実性：臨海域に立地された電力施設の場合、その基礎地盤は、堆積地盤、埋立地盤、切土地盤等、多種多様であり、地盤の不均質性や不確実性が伴うことが多い（**写真1**）。地盤が複雑で軟質な場合は、地震時の加速度や変位が複雑に変化するので、地盤や構造物の複雑な地震時応答を考慮した、避難行動や安全管理を考えておくことが必要になる。

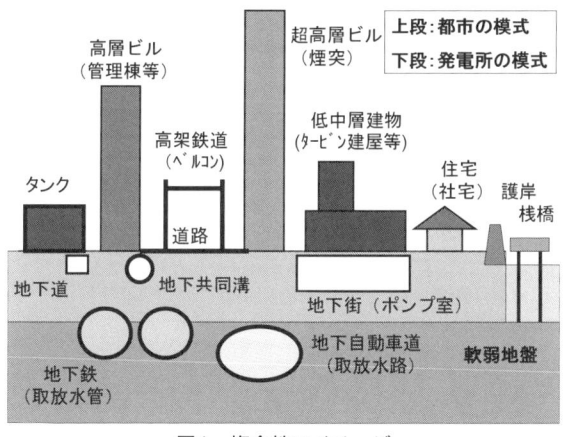

図1　複合性のイメージ

写真1　臨海域の発電所の一例

2．地震被害から見た活用の考え方

　地震被害から見た場合、緊急地震速報の活用の目的は、図2に示したように、人的被害の未然防止、物的被害の抑止軽減、経済的損失の抑止軽減、二次災害の未然防止、事業継続性の確保等を挙げることができる。人的被害の未然防止については、図3に示したように、寝ている人を起こす、安全な場所に避難する、危険作業や高所作業を中断し揺れに備える等、その場その場に応じた様々な対応が可能である。物的被害の抑止軽減については、施設の自動制御、平素からの耐震診断と耐震対策の実施、防災性能の向上施策の実施等の対応が可能である。経済的損失の抑止軽減に関しては、臨時点検・安全確認の迅速化、運転停止期間の短縮、修復期間の短縮等の

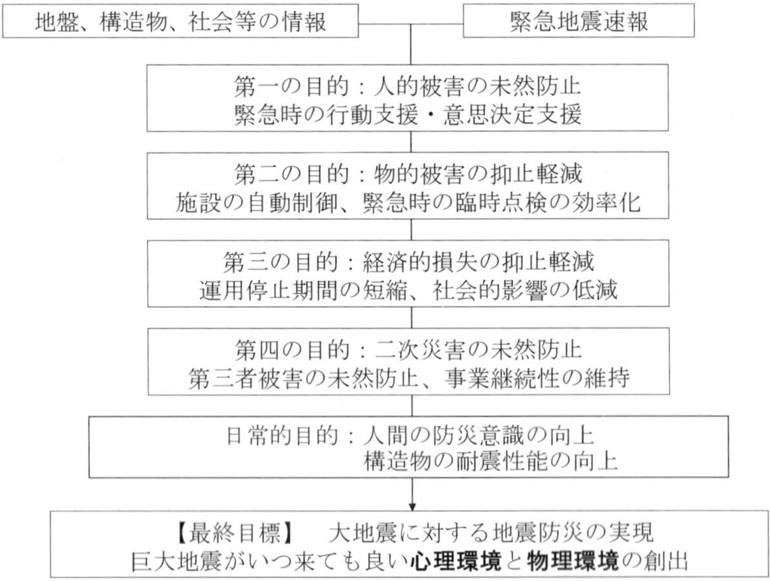

```
地盤、構造物、社会等の情報 ─── 緊急地震速報
              │
   ┌──────────┴──────────┐
   │ 第一の目的：人的被害の未然防止     │
   │ 緊急時の行動支援・意思決定支援    │
   └──────────┬──────────┘
   ┌──────────┴──────────┐
   │ 第二の目的：物的被害の抑止軽減     │
   │ 施設の自動制御、緊急時の臨時点検の効率化 │
   └──────────┬──────────┘
   ┌──────────┴──────────┐
   │ 第三の目的：経済的損失の抑止軽減    │
   │ 運用停止期間の短縮、社会的影響の低減  │
   └──────────┬──────────┘
   ┌──────────┴──────────┐
   │ 第四の目的：二次災害の未然防止     │
   │ 第三者被害の未然防止、事業継続性の維持 │
   └──────────┬──────────┘
   ┌──────────┴──────────┐
   │ 日常的目的：人間の防災意識の向上    │
   │ 構造物の耐震性能の向上         │
   └──────────┬──────────┘
┌─────────────┴─────────────┐
│ 【最終目標】 大地震に対する地震防災の実現    │
│ 巨大地震がいつ来ても良い**心理環境**と**物理環境**の創出 │
└─────────────────────────┘
```

図2 緊急地震速報の活用の目的

```
◆人的被害の未然防止
    ◇ 寝ている人を起こす
    ◇ 安全な場所に避難する
    ◇ 危険作業、高所作業を中断する等
◆物的被害の抑止軽減
    ◇ 平時の耐震診断と耐震対策の推進
    ◇ 施設の自動制御
    ◇ 地震防災性能の向上等
◆経済的損失の抑止軽減
    ◇ 運用停止期間、修復期間の短縮
    ◇ 信用、信頼の維持等
◆二次災害の未然防止
    ◇ 地震火災の防止
    ◇ 地震水害の防止
    ◇ 公衆被害の回避等
```

図3 地震被害から見た活用の目的

対応が可能である。二次災害の未然防止に関しては、地震火災、地震水害、地震地盤災害等への活用が考えられる。

緊急地震速報の活用の第一の目的は、地震動到達前の時間の有効活用であるが、地震動到達前の限られた時間で安全確保や避難行動を適切に実践するためには、地震発生前の日常の時間スケールでの活用を考えることも必要である。地震動到達前の数秒～数十秒を有効に活用するためには、地震防災に関する日ごろの啓発や教育・訓練が必要不可欠であり、物的被害を抑止低減するためには、地震発生前の数年～数十年の間に、構造物や施設の地震時損傷評価や地震被害想定を的確に行い、耐震性能に問題がある場合は耐震対策を実施するなど、事前の問題解決が必要である。

大地震は、いつ発生するか分からないが、将来必ず発生するので、大地震がいつ来てもよいような心理環境（咄嗟の際の心構え、臨機応変な避難行動の実践等）と物理環境（大地震に対する安全性の確保、構造物や施設に損傷や破壊が発生しても、人命に被害が及ばないような耐震性能の確保等）を実現しておくことが、緊急地震速報の活用の大きな目的であると考えられる。

3．時間軸から見た活用の考え方

緊急地震速報は、地震動到達前の数秒～数十秒の活用が最大の特長であるが、時間軸の上では、図4に示したように、平時、地震直前、地震直後に分けて活用を拡大することが可能である。平時の活用では、防災意識の啓発にどう活かすか、防災教育、防災訓練にどう活かすか、耐震診断、耐震対策にどう活かすか、事業継続計画にどう活かすか等の視点からの取り組みが有効である。地震直前の活用については、直前の心構えにどう活かすか、直前の安全確保にどう活かすか、直前の避難行動にどう活かすか、直前の自動制御にどう活かすか等の取り組みが有効である。地震直後の活用については、緊急時の臨時点検にどう活かすか、地震直後の安全確認にどう活かすか、余震の対応にどう活かすか、二次災害の防止にどう活かすか等の取り組みが有効である。

4．ダム及び水力発電所における活用

ダム及び水力発電所における活用に関しては、図5に示したように、地震直前の避難行動、既設ダムの臨時点検・安全確認の迅速化、関連設備の

```
★平時
    ☆防災意識の啓発にどう活かすか
    ☆防災教育、防災訓練にどう活かすか
    ☆耐震診断、耐震対策にどう活かすか
    ☆事業継続計画にどう活かすか
★地震直前
    ☆直前の心構えにどう活かすか
    ☆直前の安全確保にどう活かすか
    ☆直前の避難行動にどう活かすか
    ☆直前の自動制御にどう活かすか
★地震直後
    ☆緊急時の臨時点検にどう活かすか
    ☆安全確認にどう活かすか
    ☆余震の対応にどう活かすか
    ☆二次災害の防止にどう活かすか
```

図4　時間軸の上での活用の目的

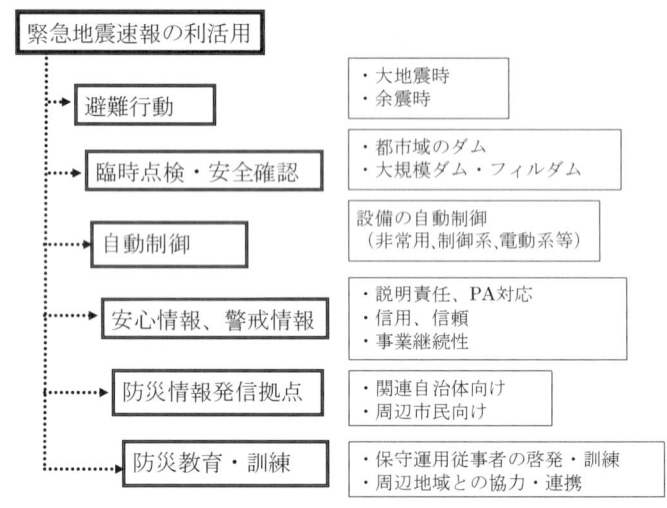

緊急地震速報の利活用
- 避難行動
  - ・大地震時
  - ・余震時
- 臨時点検・安全確認
  - ・都市域のダム
  - ・大規模ダム・フィルダム
- 自動制御
  - 設備の自動制御（非常用,制御系,電動系等）
- 安心情報、警戒情報
  - ・説明責任、PA対応
  - ・信用、信頼
  - ・事業継続性
- 防災情報発信拠点
  - ・関連自治体向け
  - ・周辺市民向け
- 防災教育・訓練
  - ・保守運用従事者の啓発・訓練
  - ・周辺地域との協力・連携

図5　ダム及び水力発電所における活用の基本的メニュー

自動制御、地震被害状況に応じた安心情報・警戒情報の発信、日常の防災訓練・教育への活用が考えられる。**表1**は、ダム及び水力発電施設に要求される性能と緊急地震速報の活用について記述したものであり、活用内容について少し細かく記述したものを**表2**に示す。

表1 ダム及び水力発電所に要求される性能と緊急地震速報の利活用

機能	想定される利活用	
	対象設備	利活用の内容
貯水機能	・ダム（コンクリートダム、フィルダム） 　　（堤高15m以上） 　　（堤高15m以下、ため池含む） ・山間域、都市域（都市化が進んだ地域）	・臨時点検の迅速化 ・安全確認の効率化 ・地震時損傷の確認
発電機能	・発電機　　　　・送電線 ・変電設備　　　・トンネル	・非常用系の自動制御
放流機能	・洪水吐ゲート	・地震前の制御系の確保
利水機能	・取水ゲート	・地震前の制御系の確保
安全性	・道路（ダム天端、貯水池周辺等） ・貯水池周辺斜面の安全問題	・通行規制
情報伝達機能	・ダム地点の既存情報伝達網の併用 ・ダム地点を拠点とした緊急地震速報の発信	・音声、サイレン ・ピクトグラム、警告燈
防災性能	・保守管理の職員、従業員への防災教育 ・地域防災力の向上	・啓発、教育・訓練 ・診断と対策

5．火力発電所における活用

火力発電所が被害を受けた地震としては、1964年新潟地震（M7.5）、1968年十勝沖地震（M8.2）、1983年日本海中部地震（M7.7）、1995年兵庫県南部地震（M7.2）等が知られているが、これらの過去の地震被害事例を踏まえ、地震時に想定される、火力発電所の地震被害を類型化した例を表3に示す。

発電所に要求される基本機能は、発電機能と電力供給機能である。火力発電所では、発電機やボイラーが破損して発電機能が喪失する危険性は低いと想定されるが、送変電に係わる機器類の破損等によって電力供給機能が喪失される危険性は高いと想定される。火力発電所の地震被害については、表4に示したように、

① 短期間で修復・復旧が可能な地震被害
② 長期間の発電停止に帰着する地震被害
③ 発電機能あるいは電力供給機能の停止・喪失に直結する地震被害
④ 事業継続性に影響が及ぶ地震被害

表2　ダム及び水力発電所における緊急地震速報の利活用（例）

項　目	分　類		想　定　対　象
人向けの活用	緊急避難安全確保	職員・従業員の注意喚起と緊急避難	事務所内の職員等への情報伝達 構内、施設内への情報伝達等
			屋内の窓際からの退避 屋外の建物壁際からの退避 落下物、倒壊物の危険箇所からの退避等
		作業中の従業員の緊急退避と安全確保	作業中の従業員 　（高所、不安定位置、危険位置、地震動増幅の大きい位置等）
施設向け活用	自動制御	自動的起動	情報伝達機器（テレビ、コンピュータ等） 設備制御機器 　（ゲート操作機器、発電所操作機器等） 非常用機器（非常用電源等）
		自動的停止	施設内のエレベータ等
			発電機の自動停止（非常に強い揺れが予測される場合、例：震度6強、震度7）
	事前警報	自動伝達	早期警報（館内、構内、周辺地域） 警報ネットワーク（周辺地域との連携） 避難誘導情報
	行動支援意思決定支援	行動支援意思決定支援	建物損傷予測 即時的被害予測（避難場所、避難経路）
平時の活用	耐震性能防災性能の向上	被害予測の精度向上 耐震対策への還元	地震被害を受ける可能性のある施設
			①貯水機能、放流機能の保持 ②発電機能、電力供給機能の保持 ③利水機能の保持 ④事業継続性の保持

に大別して考えることができる。第一の活用目的は、人的被害の抑止低減であり、物的被害・経済損失の抑止低減のための活用については、薬品・危険物、環境汚染物質、油等の輸送・供給系の自動制御、発電所構内のエレベータ、自動ドア、非常用電源等の自動制御において有効であると考えられる。過去の大地震では、自動あるいは手動で発電が停止された事例も

表3 火力発電所の地震被害要因と構造形式の類型化

被害要因	特徴	類型化可能な構造形式	火力発電所の対象施設
地震動	短周期地震動 キラーパルス	T字型構造物（トップヘビー構造物）	天井クレーン、コンベヤ、碍子、トランス
		逆L字型構造物（偏心構造物）	アンローダ
		連結構造物	貯炭サイロ、コンベヤ
		複合構造物	ボイラー、配管系、継手・接合部
	長周期地震動	長周期構造物	タンク、アンローダ、煙突
		線状構造物	桟橋、護岸、コンベア
液状化	沈下 浮上り	地表構造物（直接基礎、杭基礎共）	護岸 構内道路、構内排水
	側方流動 残留変形	埋設構造物（水路、管路等）	取放水路、ポンプ室 機械基礎、マンホール
断層変位	断層での大変位	線状構造物 長大構造物等	アクセス道路・橋梁・護岸 タービン建屋
二次災害	危険物等の漏洩	貯槽	アンモニア貯蔵設備 炭カルサイロ
	火災の発生	タンク	軽油タンク
	有毒ガスの発生	線状構造物	配管、パイプライン
津波		臨海域の構造物全般	耐震水門

あり、非常に強い地震動が予測される場合は、発電の自動制御の可能性の余地もあると想定される。人向けの利活用に際しては、活用ルールの整備、利用マニュアルの整備が大切であり、施設向けの利活用に際しては、地盤との相互作用を考慮した地震被害予測の精度向上、大地震時の地震被害予測結果の可視化、地震被害予測結果の耐震対策へのフィードバックが大切である。

表4 火力発電所で想定される地震被害と発電所の機能への影響（例）

分　　類	想定される地震被害（石炭火力発電所の例）
事業継続性に影響を及ぼす被害	・第三者被害（二次災害） ・発電機能の喪失（修復不可能な重大な損傷・破壊） ・電力供給機能の喪失
発電機能の停止に直結する被害	・タービン発電機の破損⇒発電機能の喪失 ・ボイラーの破損⇒発電機能の喪失 ・冷却水施設の破損 　　（取放水路、取放水口、ポンプ室、スクリーン） ・石炭払出施設の破損⇒燃料搬入機能の喪失 　　（リクレーマ、払出ベルトコンベア） ・ＯＦケーブルダクトの破損
長期の電力供給機能の停止に帰着する被害	・石炭受入施設の破損⇒燃料受入機能の喪失⇒燃料枯渇 　　（揚炭桟橋の破損、アンローダの破損、ベルトコンベアの破損） ・重・軽油受入施設の破損 ・排水処理施設基礎の破損 ・灰捨場護岸の破損（環境保全機能） ・燃料タンク基礎および防油堤の破損 ・一般公道の通行障害 ・アクセス道路、連絡橋
短期間で修復可能な被害	・埋立護岸 ・構内道路、構内排水 ・碍子、電柱

6．原子力発電所における活用

　施設の複合性、末梢部の脆弱性、地盤の不確実性は、原子力発電所においても共通の事項である。原子力発電所では、従来から、耐震的配慮が慎重になされているため、発電所の中枢部が地震被害を受けることはないと想定されるが、非常に強い強震動、地盤の残留変形、設備と設備の間の相対変位、断層の活動に伴う地盤変位、津波等によって発電機能や電力供給機能が停止することは発生し得ると思われる。そのため、原子力発電所においても、地震動到達直前の社員・従業員の安全確保・緊急避難、地震直後の臨時点検・安全確認の効率化、大地震時の情報発信の円滑化等に関して、緊急地震速報の有効な活用が可能であると思われる。原子炉の定期点検中に発生する大地震への対応、大地震後の臨時点検中に発生する余震へ

表5　火力発電所における緊急地震速報の利活用（例）

項　目		内　容	想定対象
人向け	人的被害の抑止低減	作業中の従業員の退避・安全確保	作業実施中の従業員 （高所、不安定位置、地震動増幅位置等の危険箇所）
			重機、クレーン等の吊上作業の緊急中断 岸壁、桟橋等での荷揚げ作業等の緊急中断
		社員・従業員の注意喚起・避難	構内の全従業員
			屋内の窓際からの退避 屋外の建物壁際からの退避 落下物、倒壊物の危険箇所からの退避
物向け	即時起動型の自動制御	自動的に起動	非常用電源の起動 　構内エレベータの緊急停止 　構内自動ドアのオープン 　重要施設（アンローダ、クレーン等）の免震 　　装置の緊急起動 　テレビ、電灯の電源オン
	即時停止型の自動制御	自動的に停止	揚油装置の緊急停止 揚炭装置の緊急停止（ベルトコンベヤ等） 薬品供給システムの緊急停止（アンモニア、 　硫酸、塩酸、水酸化ナトリウム等） 石炭灰輸送システムの緊急停止 油タンクの元弁の緊急閉
			発電プラントの自動停止 （例えば：震度6強以上の場合）
	即時警報型の活用	地震動到来の周知	早期警報（発電所構内） 警報ネットワーク（発電所周辺地域との連携） 避難誘導情報（発電所構内）
課題	行動支援 意思決定 二次災害	緊急行動支援 二次災害抑止	危険物拡散予測（化学薬品、環境汚染物質） 建築物倒壊予測（地盤と構造物の連成効果） 即時的被害予測（平時の被害予測との連動）
平時	耐震性能の向上	地震被害予測の精度向上 耐震対策の実施	地震被害を受ける危険性のある全施設 　①発電機能の保持 　②電力供給機能の保持

の対応等に関しても、人的被害および二次災害（災害の連鎖反応）の未然防止の視点から有効な活用が期待できると考えられる。また、原子力発電所では、放射性物質の取り扱いが伴うので、放射性物質の安全管理や環境汚染の未然防止の視点からの活用も可能であると考えられる。

7．電力分野における活用の動向

近い将来の発生が想定されている、宮城県沖地震、東海地震、東南海・南海地震等の関連から、これまで、主として、太平洋側に電力施設を有する電力会社（東北、中部、四国等）において、緊急地震速報の活用の試験運用と本格運用に向けた技術検討が実施されてきている。今後、気象庁からの一般配信の開始に伴い、電力分野での本格運用が図られていくものと考えられる。

8．活用の副次的効果

緊急地震速報の活用の副次的効果としては、電力施設の耐震性能の向上、事業継続性の向上、防災分野の経済活性化、世界の地震被災国への情報・技術提供等がある。緊急地震速報の活用の直接的効果は、地震被害の抑止低減であるが、副次的効果としては、個人、企業、国などの様々な局面での防災性の向上がある。役に立つ地震防災情報・技術を世の中に提供することによって、経済波及効果の創出も可能になり、世界への情報・技術の提供も可能になるものと考えられる。

9．活用促進のための今後の課題

今後、緊急地震速報を活用した地震防災を実現し、その実効性を向上させるためには、防災意識の啓発と防災教育の推進、緊急地震速報に関連した防災情報の付加価値の向上、大地震時の情報伝達の確実性の実現が重要である。緊急地震速報を活用した地震防災の実効を上げるためには、市民、企業、国等の様々なレベルでの防災意識の啓発と防災教育の推進が必要である。「自分だけは大丈夫」、「まだ大丈夫」という偏見・思い込みから脱却するよう、啓発・教育・訓練が必要である。また、大地震時には、情報伝達網の輻輳や混雑の問題が発生するのが通例なので、情報伝達の確実性の確保が必須である。緊急地震速報を施設の臨時点検や安全確認に役立てるためには、施設の地震時損傷や地震被害を想定しておくことが必要にな

る。精緻な三次元動的解析により地盤－構造物系の地震時損傷を予測しておくことにより、大地震時の臨時点検や安全確認の効率化が可能である。大地震時の被害予測の精緻化、地盤や構造物の損傷・破壊を考慮した、緊急時の避難行動支援情報・意思決定支援情報等の拡充も重要である。

　地震防災を実現するためには、「知らぬが仏」、「喉もと過ぎれば熱さを忘れる」を繰り返さないことと、「備えあれば憂いなし」、「転ばぬ先の杖」を実践することが必須である。「砂上の楼閣」を避け、「君子危うきに近寄らず」（危ない土地、危ない家に住まない）の原則が必要である。地震災害が繰り返される一因は、「安全性」と「経済性」を天秤にかけ、「経済性」を優先させる社会の価値観にあるものと考えられ、経済性より安全性の方が貴重であるという価値観、安全性を優先させる意識と物の考え方が必要であると思われる。

（ありが　よしあき）

第Ⅳ章 資料編

一般向け緊急地震速報の利用の心得

> 緊急地震速報の利用の心得
>
> 『周囲の状況に応じて、
> あわてずに、まず身の安全を確保する。』

　緊急地震速報を利用した適切な避難行動を図るための、緊急地震速報の利用にあたっての「心得」は、『周囲の状況に応じて、あわてずに、まず身の安全を確保する』ことに尽きる。

　緊急地震速報は、地震が発生してから強い揺れが襲来するまでのごく短い時間を活用して、地震による被害を軽減しようとする情報である。そのため、建物の中から屋外へ避難するようなことは極めて困難である。すなわち、緊急地震速報受信時の行動は、『周囲の状況に応じて、あわてずに、まず身の安全を確保する』ことが基本となる。

　なお、地震被害の軽減を図るためには、緊急地震速報の利用とともに、事前に、建物に耐震補強をしておくことや家具が倒れない措置をしておくことなどが必要である。

　以下に、この「心得」を踏まえた、さまざまな場面における情報受信時の具体的な対応行動の指針を示す。なお、この対応行動の指針は、あくまで一つの例であり、この指針を参考にして、緊急地震速報受信時に、どのように行動すれば良いかを、自らが考えていただくことが重要である。

【さまざまな場面における具体的な対応行動の指針】
1 　家庭
　家庭での対応行動の指針がすべての場面での基本であり、家庭以外の学校や職場等で緊急地震速報を受信したときの行動についても、家庭での指針を基に自ら考えておくことが重要である。
　・頭を保護し、大きな家具からは離れ、丈夫な机の下などに隠れる。
　・あわてて外へ飛び出さない。
　・その場で火を消せる場合は火の始末、火元から離れている場合は無理して消火しない。
　・扉を開けて避難路を確保する。

2 　不特定多数の者が出入りする施設
　施設の従業員等の指示に従うことを基本とする。なお、施設従業員等から明確な指示がない場合は、以下の対応行動の例を基本とする。
　・その場で、頭を保護し、揺れに備えて身構える。
　・あわてて出口・階段などに殺到しない。
　・吊り下がっている照明などの下からは退避する。

3 　屋外
〔街にいるとき〕
　・ブロック塀の倒壊や自動販売機の転倒に注意し、これらのそばから離れる。
　・ビルからの壁、看板、割れたガラスの落下に備え、ビルのそばから離れる。
　・丈夫なビルのそばであればビルの中に避難する。
〔山やがけ付近にいるとき〕
　・落石やがけ崩れに注意する。

4 　乗り物で移動中
〔自動車運転中〕
　・後続の車が情報を聞いていないおそれがあることを考慮し、あわててスピードを落とすことはしない。
　・ハザードランプを点灯するなどして、まわりの車に注意を促したのち、

急ブレーキはかけずに、緩やかにスピードを落とす。大きな揺れを感じたら、急ハンドル、急ブレーキをさけるなど、できるだけ安全な方法により、道路状況を確認して左側に停止させる。
〔鉄道・バスに乗車中〕
・つり革、手すりなどにしっかりつかまる。
〔エレベーター利用中〕
・最寄りの階で停止させ、速やかにエレベーターから降りる。

（参考）

大地震の時の心得
1．テーブルや机の下に身をかくしあわてて外に飛び出すな
2．大地震1分過ぎたらまず安心
3．テレビやラジオをつけて地震の情報を
4．海岸でグラッときたら高台へ
5．近づくな自動販売機やビルのそば
6．気をつけよ山崩れと崖崩れ
7．避難は徒歩で荷物は最小限に
8．余震が起きてもあわてずに正しい情報に従って行動を
9．不意の地震に、日頃の用意

「緊急地震速報」を活かすために

「緊急地震速報」が運用されても、地震への備えができていなければ身の安全を守ることはできない。「緊急地震速報」を活かすためには、以下のような点を、あらためて徹底することが不可欠である。

1．住宅・建造物の耐震化
2．家具・什器などの転倒・移動防止
3．備品の落下防止
4．ガラスなどの飛散防止
5．地震時に身を守るための行動や方法
6．安全な場所の確認
7．防災訓練の実施

一般向け緊急地震速報の放送における表現の例

1．テレビ放送のテロップの形式（例）

　強い揺れが推定される地域（震度4以上が推定される地域、以下「対象地域」という。）の表現は、放送エリア及び対象地域の広がりを考慮し、地方名、県名、地域名の中から、1ページで表現可能な最適な表現をその都度選択する。

	1	2	3	4	5	6	7	8	9	10	11	12	13	14	15	16	17	18	19	20
1	緊	急	地	震	速	報		①	②	③	④	⑤	⑥	で		地	震			
2	強	い	揺	れ	の	地	域		⑦	⑧	⑨	⑩		⑪	⑫	⑬	⑭			
3																				
4																				

・震央地名（①〜⑥）　　：最大6文字
・対象地域（⑦〜⑪・・・）：最大5文字／1都府県(北海道は四分割した地域)
　　　　　　　　　　　　：最大4文字／1地方
・「緊急地震速報」という表示を入れるか否かは、各テレビ局の判断

2．具体的な表現の例

　ここでは、全国放送を想定した具体的な例を示す。

　対象地域を原則、「県」単位で表現するが、1ページ（ここでは2行）で収まらない場合には、各地方で対象となる「県」が複数ある場合は「地方」単位で、一つしかない場合は「県」単位で表現する。

(1)　2004年10月23日の新潟県中越地震（マグニチュード6.8）

	1	2	3	4	5	6	7	8	9	10	11	12	13	14	15	16	17	18	19	20
1	緊	急	地	震	速	報			新	潟	県		で		地	震				
2	強	い	揺	れ	の	地	域			福	島		関	東		北	陸		長	野
3																				
4																				

※一般向け緊急地震速報の対象地域

地方単位	都道府県単位	地方単位	都道府県単位
東北	福島	北陸	新潟、石川
関東	栃木、群馬、埼玉	甲信	長野

(参考) 観測された最大震度
　　　　震度7　　　新潟県
　　　　震度6強　　（なし）
　　　　震度6弱　　（なし）
　　　　震度5強　　（なし）
　　　　震度5弱　　福島県、群馬県、埼玉県、長野県
　　　　震度4　　　宮城県、山形県、茨城県、栃木県、千葉県、東京都、石川県、
　　　　　　　　　山梨県

(2) 2005年8月16日の宮城県沖の地震（マグニチュード7.2）

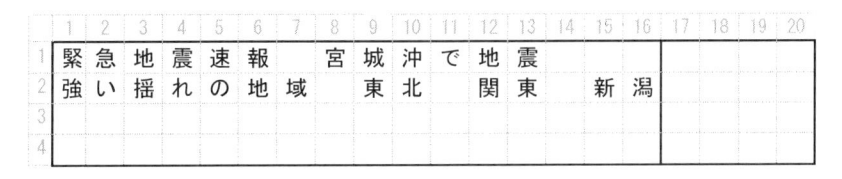

1	2	3	4	5	6	7	8	9	10	11	12	13	14	15	16	17	18	19	20
緊	急	地	震	速	報			宮	城	沖	で	地	震						
強	い	揺	れ	の	地	域		東	北		関	東		新	潟				

※一般向け緊急地震速報の対象地域

地方単位	都道府県単位
東北	青森、岩手、宮城、秋田、山形、福島
関東	茨城、栃木、埼玉、千葉、東京
北陸	新潟

(参考) 観測された最大震度
　　　　震度6弱　　宮城県
　　　　震度5強　　岩手県、福島県
　　　　震度5弱　　茨城県
　　　　震度4　　　青森県、秋田県、山形県、栃木県、群馬県、埼玉県、千葉県、
　　　　　　　　　東京都、神奈川県、新潟県、山梨県、長野県、静岡県

あとがき

　私自身が、リアルタイム地震情報について研究を始めたのは、平成12年である。その年はほとんど予算獲得にエネルギーを使い、12月に内示が下りてから、防災科研の有志研究者6人で本格的な検討を開始したので、実質的に6年半の歳月が流れている。また、平成15年度からの防災科学技術研究所・気象庁による実用化研究に参加してから数えると、4年半が過ぎた。その間、産学官のそれぞれの機関での志ある方々のご尽力の結果、ようやく一般利用を含めた本格的な実用化が開始されようとしている。小さな渦であった試みが、今や全国レベルのうねりの中で、本格運用を迎えようとしたことは、大きな喜びである。

　これまでのところ、数百の自治体・企業・集合住宅などで緊急地震速報の実験的な活用が試みられているが、これからは、遥かに大きなスケールで活用が始まる。その事業の実質的な推進は、自治体・企業などの実務に携わる方々が中心で、緊急地震情報を使って地震防災力の強化が取り組まれる。本書は、その際に必要とされる基本的な知識をまとめたものである。

　執筆いただいたのは、それぞれの分野で緊急地震速報に関する研究・開発・普及の先頭に立って推進されてきた方々である。およそ3か月程度で出版となる異例の速さとなったが、執筆をお願いした皆様がその趣旨をご理解され、普及もようやく機が熟したこと、この機を逃してはならないとの熱い思いを同じにされ、ご多忙にも拘わらず協力された結果だと思います。改めて、ご協力に感謝申し上げたい。

　リアルタイム地震情報を木に例えれば、数年前の双葉がしっかりとした若木となり、丘の上で夏の風に若々しい葉を揺らしながら立っているイメージである。遠くない将来に大きな樹木となることを期待したいし、その方向に全力を挙げたい。我々が目指すのは、緊急地震速報が、全国的に普及し地震災害の軽減に実質的な貢献が常に出来ている社会を作ることである。その目標の達成には、それこそ国民運動の一環としてとり組まれなければならないと思います。また、自らもまだまだ汗をかかなければならないと覚悟を固めています。

　本書をお読みになって、お気づきの点は、何なりとご指摘頂ければ、誠にありがたいことと思っております。忌憚ないご意見をいただき、改版の際に改善させて頂くつもりです。

　最後に、東京法令出版㈱の清水・杉山氏の熱い思い、粘り強い激励、柔軟かつ的確な判断がこの書が短期間に誕生をみるうえで大きな力であったことをお伝えし、感謝の気持ちを表わしたいと思います。

リアルタイム地震情報利用協議会　専務理事　藤縄　幸雄

緊 急 地 震 速 報
―揺れる前にできること―

平成19年9月1日 初 版 発 行

監　修　　目黒公郎／藤縄幸雄
発行者　　星　沢　哲　也
発行所　　東京法令出版株式会社

112-0002	東京都文京区小石川5丁目17番3号	03(5803)3304
534-0024	大阪市都島区東野田町1丁目17番12号	06(6355)5226
060-0009	札幌市中央区北九条西18丁目36番83号	011(640)5182
980-0012	仙台市青葉区錦町1丁目1番10号	022(216)5871
462-0053	名古屋市北区光音寺町野方1918番地	052(914)2251
730-0005	広島市中区西白島町11番9号	082(516)1230
810-0011	福岡市中央区高砂2丁目13番22号	092(533)1588
380-8688	長野市南千歳町1005番地	

〔営業〕TEL 026(224)5411　FAX 026(224)5419
〔編集〕TEL 026(224)5412　FAX 026(224)5439
　　　　http://www.tokyo-horei.co.jp/

Ⓒ　Printed in Japan, 2007

本書の全部又は一部の複写、複製及び磁気又は光記録媒体への入力等は、著作権法上での例外を除き禁じられています。これらの許諾については、当社までご照会ください。
落丁本・乱丁本はお取り替えいたします。

ISBN4-8090-3126-7